全新垂钓知识图鉴

新手到高手的垂钓技巧

李木子　编著

江苏凤凰科学技术出版社 · 南京

图书在版编目（CIP）数据

全新垂钓知识图鉴 / 李木子编著 . — 南京：江苏凤凰科学技术出版社, 2022.2（2022.8 重印）
ISBN 978-7-5713-2486-5

Ⅰ . ①全… Ⅱ . ①李… Ⅲ . ①钓鱼（文娱活动）- 图集 Ⅳ . ①G897-64

中国版本图书馆 CIP 数据核字 (2021) 第 215150 号

全新垂钓知识图鉴

编　　著　李木子
责任编辑　陈　艺
责任校对　仲　敏
责任监制　方　晨

出版发行　江苏凤凰科学技术出版社
出版社地址　南京市湖南路 1 号 A 楼，邮编：210009
出版社网址　http://www.pspress.cn
印　　刷　天津丰富彩艺印刷有限公司

开　　本　718 mm × 1 000 mm　1/16
印　　张　12.5
插　　页　1
字　　数　340 000
版　　次　2022 年 2 月第 1 版
印　　次　2022 年 8 月第 2 次印刷

标准书号　ISBN 978-7-5713-2486-5
定　　价　45.00 元

前言

我国的垂钓活动最早出现于旧石器时代，至今已有数万年的历史。关于垂钓活动的确切文字记载，则可见于2000多年前的诗歌总集《诗经》，那时候，人们已经在江河中垂钓了。而把垂钓作为一种休闲娱乐活动，秦汉时期就已经出现了。如今，穿越几千年的时光，垂钓变成了一种高雅的户外休闲运动。随着人们生活水平的提高和生活观念的不断变化，垂钓受到越来越多的人喜爱。

这个忙碌的时代，在城市生活和工作的人们，繁忙的工作之余，垂钓于江河湖海，享受清新的空气、明媚的阳光，给心灵放个假，无疑是有益身心健康的。

垂钓看似简单，其实不然，它更像是人类与鱼在斗智斗勇，要想胜券在握，则大有学问。垂钓者不但要掌握一定的钓具、钓饵和钓技知识，还要懂得一点鱼性、水性、天文和地理的基本知识。只有把这些知识融会贯通，灵活地运用于垂钓实践中，才有可能成为垂钓队伍里的行家里手，收获无穷的乐趣。

我国有广袤的国土、绵长的海岸线、众多的湖泊和河流，有丰富的鱼类资源，这一切都为垂钓活动提供了坚实的基础，为垂钓活动的发展勾勒出美好的前景。

为了让广大垂钓爱好者和对垂钓活动怀着兴趣的初学者全面了解垂钓的相关知识，掌握垂钓技巧，笔者综合参考有关垂钓方面的理论知识和实践经验，结合现代垂钓的特点，编著了这部《全新垂钓知识图鉴》。

本书内容生动活泼，文字通俗易懂，图文结合，力图让广大读者全面、准确地了解垂钓知识，掌握垂钓技巧，直至成为这一领域的佼佼者。

最后祝愿每一位钓友都能尽享垂钓乐趣，于美好的山水间寻得更多的健康与快乐。

垂钓的历史和益处

垂钓起源于古代先民的生产活动，最初只是人类维持生计的一种手段。后来，人们逐渐把垂钓看作一项有益身心的娱乐活动。古代名家留下许多脍炙人口的佳句，如唐代诗人张志和的《渔歌子》：“西塞山前白鹭飞，桃花流水鳜鱼肥。青箬笠，绿蓑衣，斜风细雨不须归。”随着人们生活水平的提高，如今，垂钓已经演变为一种充满趣味、活力，格调高雅、有益身心的文体活动。许多不了解垂钓活动的人认为垂钓没有多大的运动量，不过是退休大爷们的休闲活动。其实，垂钓的运动量是足够大的，它更是一种脑力和体力相结合的运动方式。

1 垂钓是一项快乐的运动

垂钓是一项快乐的运动，垂钓时，在安宁愉悦的环境中，垂钓者可以达到振奋精神的目的。

2 垂钓可以锻炼身体

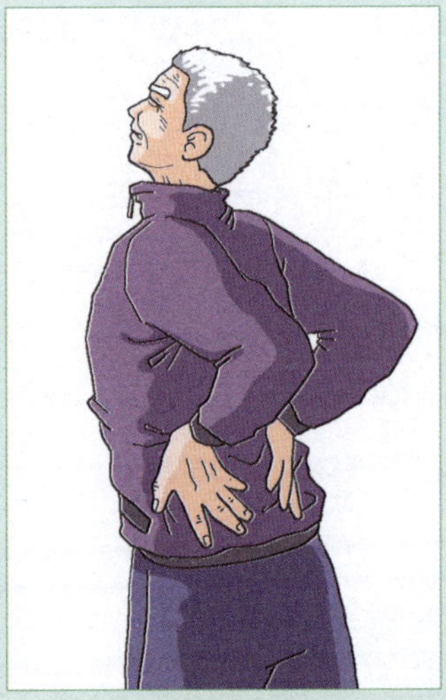

垂钓对身体有一定的锻炼作用，可以提升人体免疫力，促进身体健康。

3 垂钓可以陶冶情操

垂钓活动多在山水之间进行，空气清新、美景环绕。长时间处于大自然中，可以让人有心胸开阔之感，也能陶冶情操。

垂钓所需的装备

垂钓是一项充满趣味、充满智慧、充满活力、有益身心的文体活动。试想如果在节假日，扛着钓竿，远离喧嚣的都市，寻找一个清静的好去处，人与自然和谐地融合在一起，感受天地之灵气，多么惬意！怀着对大自然的热爱，深谷的清风吹走了城市的喧嚣，无数垂钓爱好者陶醉于这项活动之中。

垂钓活动需要垂钓者具备一定的技巧，还要有一定的装备，以下列出的是垂钓爱好者的常见装备。

垂钓装备

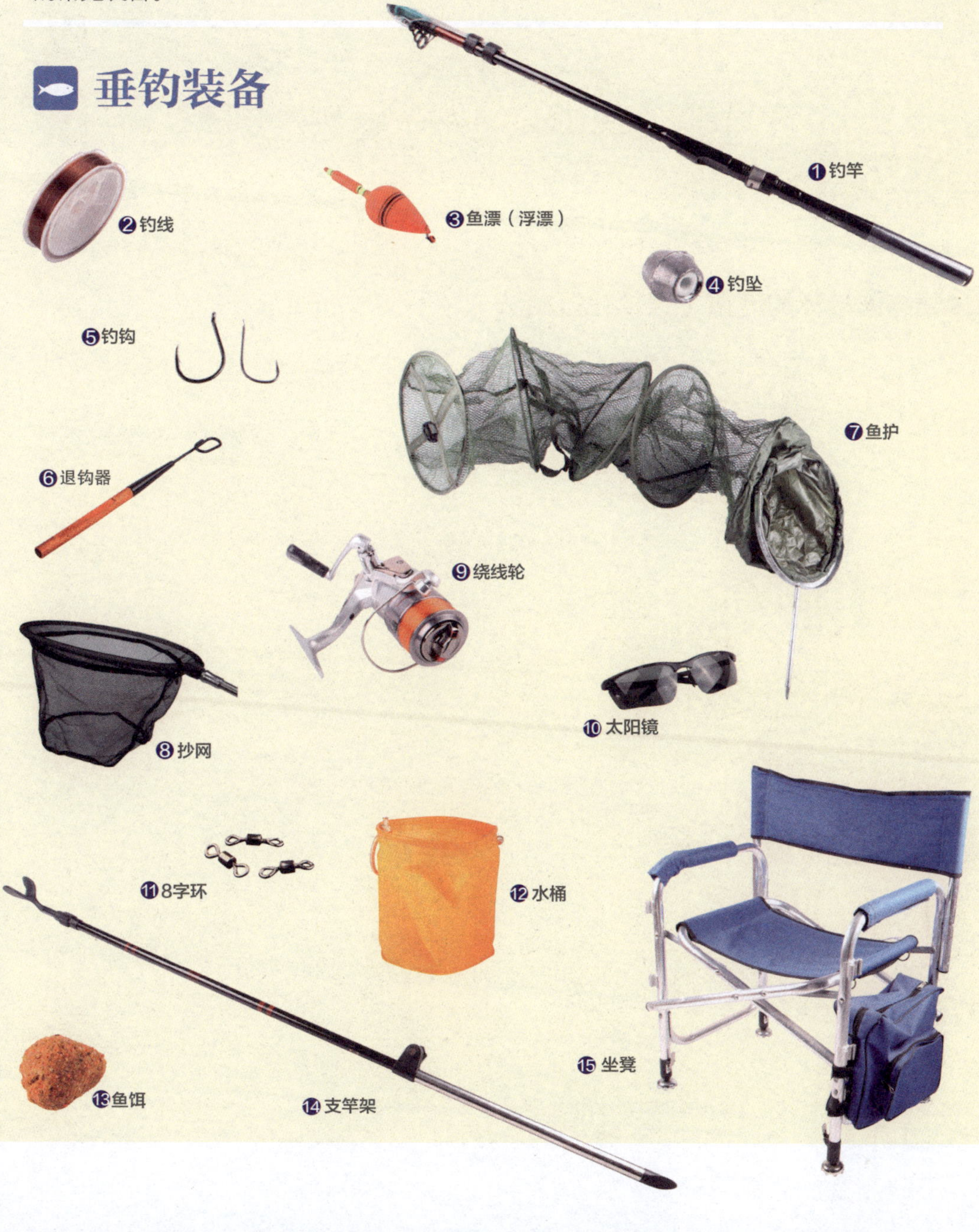

打结的基本技巧

1 线与钓竿的连接（双重8字结）

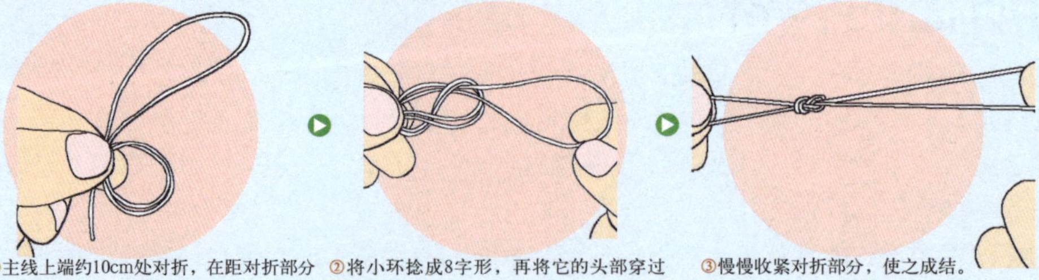

①主线上端约10cm处对折，在距对折部分约5cm的内侧，做一个小环。

②将小环捻成8字形，再将它的头部穿过对折部分。

③慢慢收紧对折部分，使之成结。

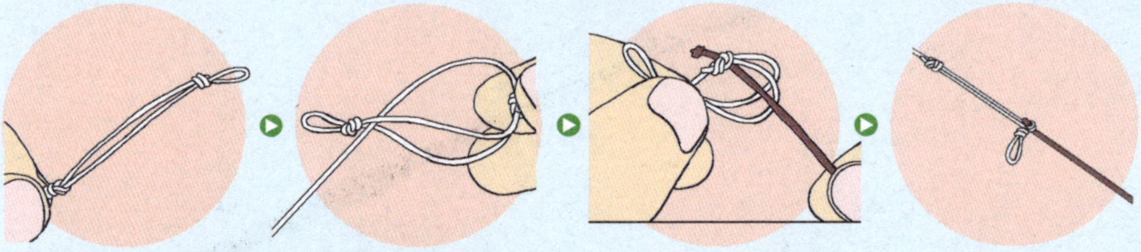

④在头部再次打一个8字结，成一小环。

⑤与竿尖相连时，如图所示，将双重8字结的大环折成两个。

⑥将竿尖上的针织线绳穿过刚做成的环。

⑦收紧边线即可。

2 线与连接环的连接（大众化打结法）

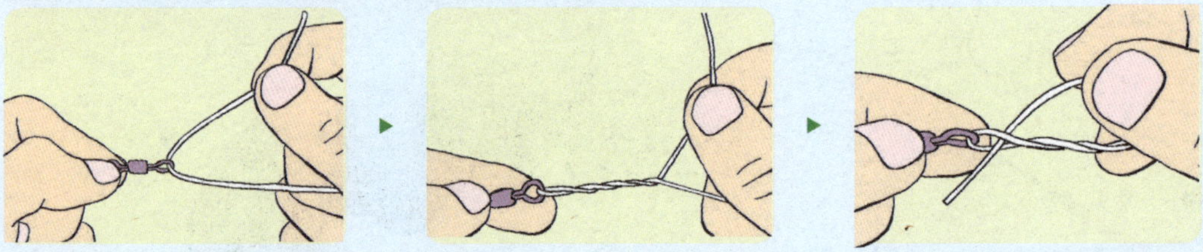

①将线穿入连接环。

②边线缠绕主线5～6次。边线最好留10cm左右。

③将边线引入最初缠绕的环中。

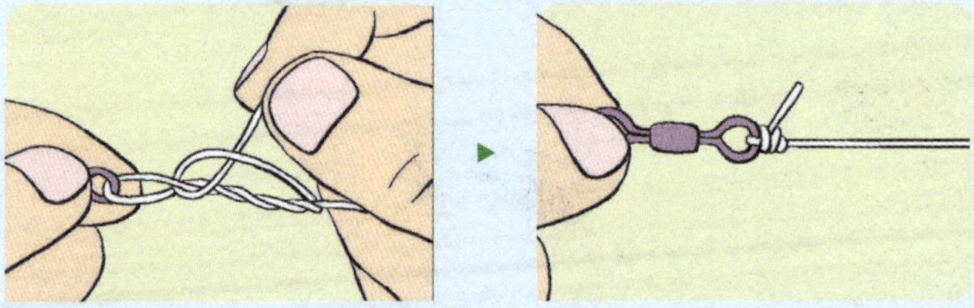

④线头穿入刚做成的环内。

⑤捏住边线和连接环，慢慢收紧主线，此结便完成了。

3 线与线的连接（8字结）

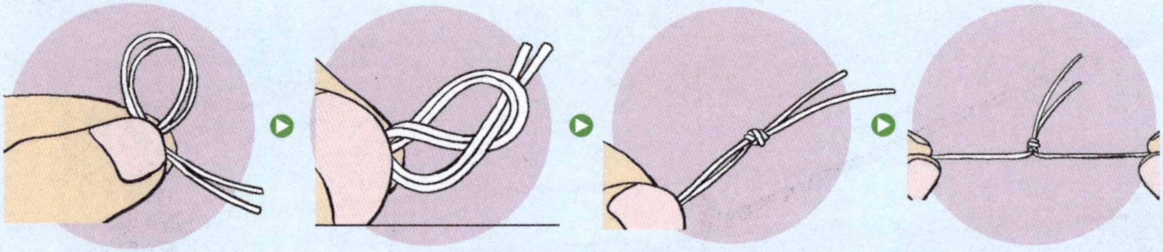

①将两根线并列拿好，先做一个小环。

②将小环捻一次之后，将边线穿过刚形成的小环。如此，线便呈8字形。

③将结慢慢收紧。

④将主线收紧即可。

目录

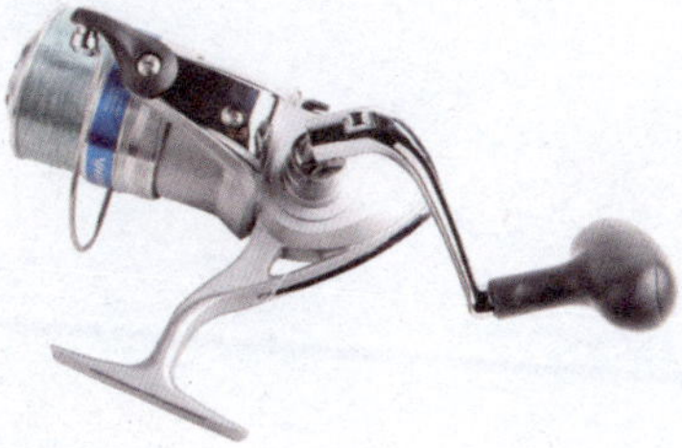

第一章 钓具

第二章 鱼饵

第三章 垂钓的方法

第四章 选钓点和打窝子

第五章 四季垂钓知识

第六章 常见对象鱼的钓法

第一章

钓具

垂钓时所使用的工具很多，按其用途可分为主要钓具、辅助钓具、其他钓具三类。

主要钓具是垂钓时必不可少的工具，包括钓竿、钓线、钓钩、鱼漂、钓坠等。

辅助钓具是帮助主要钓具一起完成垂钓活动的工具，包括绕线轮、打窝器、撒饵器、退钩器、抄网等。

其他钓具包括遮阳伞、水桶、太阳镜、手电筒等用具，它们也与垂钓活动密切相关。

本章为大家介绍主要钓具和辅助钓具。

part 1 钓竿

钓竿的种类

钓竿是主要钓具。钓线、钓钩、钓坠、鱼漂等都是与钓竿配套使用的。钓竿可通过作用于更多的垂钓面积或增加钓线的长度来扩大垂钓范围；借助其弹性，钓竿能缓冲鱼在上钩时的挣扎力，牢牢钩住鱼体。

钓竿按材质分为竹、玻璃钢、碳纤维等，竹竿多为自制；钓竿按用途分为手竿、海竿（又叫抛竿/甩竿/投竿）和矶竿（又称手海两用竿）三类。下面按用途分别为大家介绍。

手竿

手竿主要用于塘钓和溪流钓，水库钓、湖泊钓也适用。购置时选择的主要标准是：一要直，二要牢，三要轻巧，四要便携，五要弹性好。特别是竿尖部分，既要有弹性也要有韧性，弹性好、不易变形的手竿为上乘。

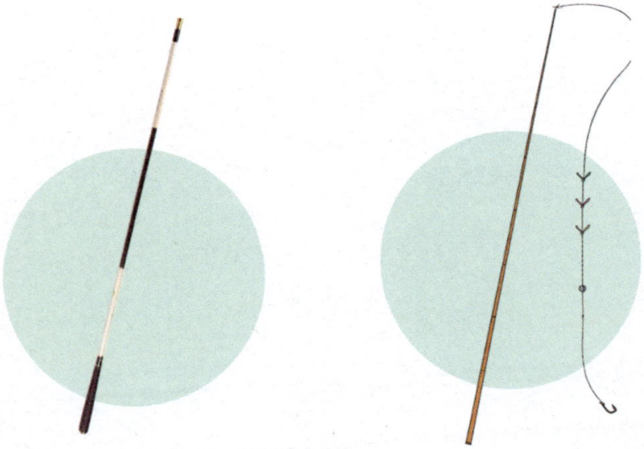

海竿

大部分海竿长1.8～3.6m，也有更长一些的。这种竿弹性好，价格便宜，因为是由实心材料制造而成的，所以坚固耐用，不怕日晒雨淋。它不仅可用于海洋垂钓，也广泛用于淡水垂钓。海竿弹性好，可借助弹力将钓钩抛出很远，抛到手竿达不到的水域，钓取手竿钓不到的鱼类。

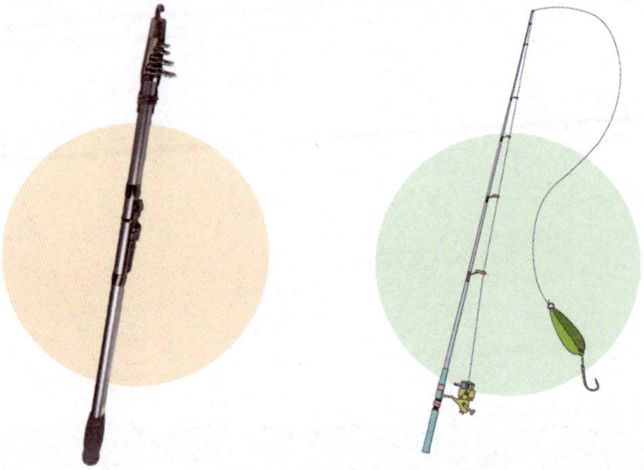

矶竿

又名手海两用竿。矶竿综合了海竿与手竿的优点。当钓到大鱼时可通过放线起到缓冲鱼的挣扎和节省垂钓者力气的作用，以免发生断线和逃鱼的情况。用手海两用竿进行浮钓效果很好。

此外，还有一种比较常见的钓竿叫路亚竿，即用于路亚钓法的钓竿。路亚钓法其实是一种拟饵钓法，钓钩制成小鱼小虾的样子，吸引凶猛的肉食性鱼类来抢食上钩。

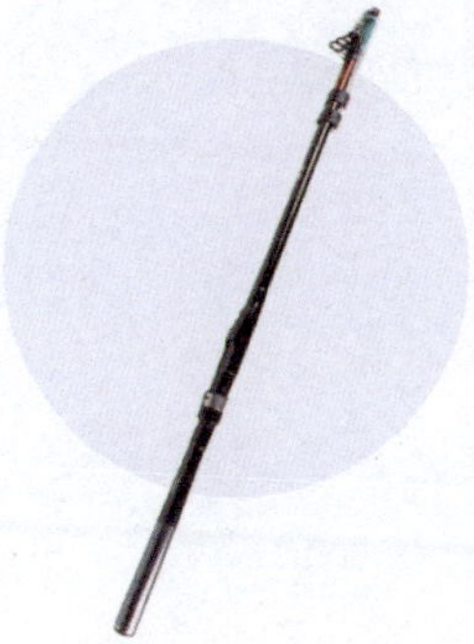

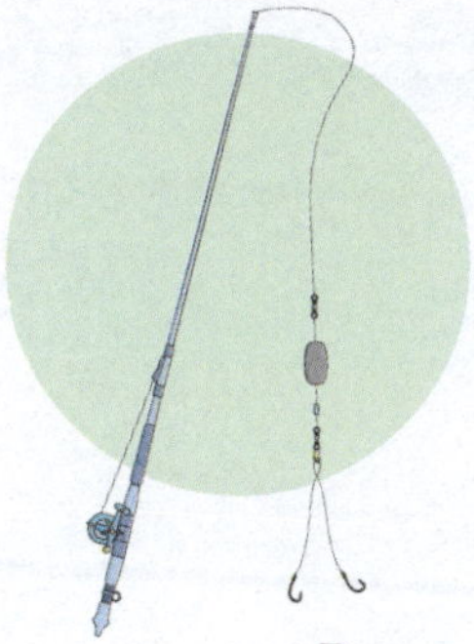

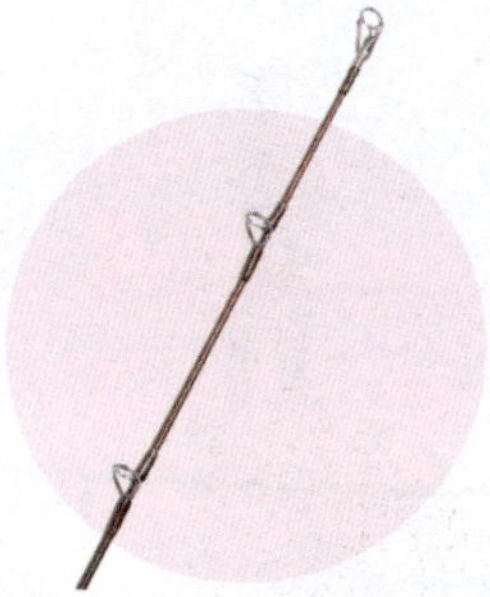

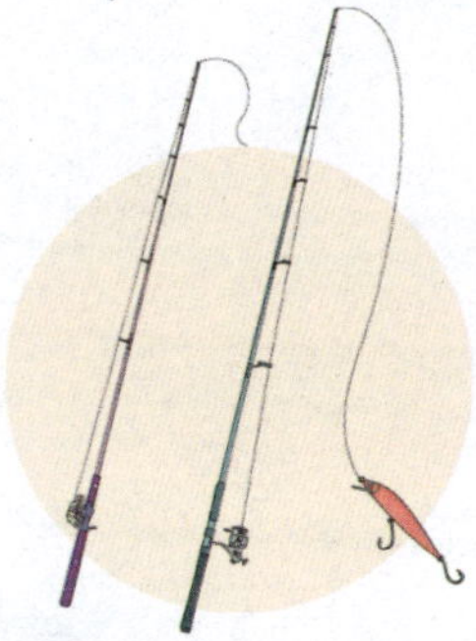

选钓竿的标准

不同的钓竿适合不同的垂钓场景，而同样的场景，因为垂钓目的不同，也可能会选择不同的钓竿。下面我们就为大家分析一下挑选钓竿时的一些常见评判标准。

（1）首先考虑钓竿的长度。钓竿的长度是指把钓竿完全展开后的实际长度。目前国内广大竞技钓爱好者使用的钓竿长度有2.7m、3.6m、4.5m、5.4m、6.3m等。这些钓竿也叫竞技钓钓竿。一般在垂钓过程中使用齐竿线钓法。而休闲野钓竿一般是指在江河、水库、溪流、湖泊、沙坑等野外水域垂钓时用的钓竿，每一个垂钓爱好者可根据自己所垂钓的对象鱼来选用适合自己的钓竿；一般在钓竿长度上没有特别的要求，由个人爱好和对象鱼选择1.8m、2.7m、3.6m、4.5m、6.3m、7m不等长度的竿均可。

（2）观察钓竿的外观及重量也很重要。先看竿体上印的文字，观察其图案是否清晰、颜色是否鲜艳、字体是否端正等，可以借此评判其工艺质量，判断是否为正规厂家生产。有些钓竿上标有“ISO-9000”质量认证文字，有此文字的钓竿质量更为可靠。此外，钓竿的材质不同，其重量差别也较大，如碳纤维竿的重量往往是同样长度的玻璃钢重量的1/2或3/4。无论垂钓者选购哪种竿，都可以用另一种竿进行比较。比如，一支长度为3.6m的高质量碳纤维竿重量仅为200g左右，而同样长度的玻璃钢竿重量可能会达到400g。

（3）钓竿的调性也需要考虑。所谓钓竿的调性，一般来说就是指钓竿的强度。把一根钓竿完全展开，在竿梢保持水平的状态下，通过竿梢能够提起多大的重量和竿体出现多大的弯曲度来判断其调性。通常情况下，拉起的重量越大、弯曲度越小的钓竿，其调性就越硬，反之调性就越软。钓竿的调性分为中调、中硬调、硬调、超硬调、极硬调五个等级。

软竿好还是硬竿好

软竿和硬竿各有千秋，要根据钓场的不同确定选用何种钓竿。一般海水钓多用硬竿，因为海鱼吃食凶猛；在淡水水域垂钓时，如在江、河钓大型鱼类也要求竿硬一些。但在淡水水域垂钓较小型的鱼类就以软竿为好，因为软竿弹性好、使用方便，鱼上钩后不易跑掉。此外，也要根据垂钓者的具体情况而定，体弱者不宜用较长、较硬的海竿。但若参加比赛则用较硬一点的竿好。概括而言，软竿和硬竿的优缺点分别如下。

软竿

优点：

柔韧性好，竿较细，轻便；鱼上钩后，反馈信息明显，适于钓小型鱼类。

缺点：

钓到鱼后拉出水慢，不适宜钓大型鱼类。

硬竿

优点：

适宜在有水草、水面有杂物的水域使用，可用于长竿、短线垂钓法，适宜比赛或钓大型鱼类。

缺点：

竿体过硬，若大鱼挣扎易折断钓竿。

中调竿

优点：

调性适中，适宜多种水域垂钓，鱼吞食饵料后，前段竿体、竿尖反映灵敏，手感适中。

缺点：

持竿投抛较难，风力大时更是难于投抛。

钓竿的养护

正确使用、良好养护、定期修整，能够延长钓竿使用寿命。

在垂钓季节里，由于使用不当或者养护不及时，钓竿可能受到不同程度的损伤。品质优良的钓竿，垂钓者更应该如同骑兵爱护宝马一样去呵护它。

钓竿上的穿线导环多为金属质地，表面经过电镀处理，在垂钓后如果不用净水清洗擦拭，久而久之很容易造成金属表面锈蚀，严重的还有可能影响钓竿的正常使用。对已经出现锈蚀的地方可以用机油反复擦拭，然后在锈点处涂抹上透明的指甲油，避免锈面扩大，若锈蚀严重则需要到专业的渔具店更换同型号的导环。

另外，每根钓竿都应该有一个护套，避免把多根钓竿放在同一个渔具包中，否则钓竿和钓竿之间相互碰撞、摩擦，容易对钓竿造成损伤。护套可以购买，也可以根据钓竿的规格自己动手制作。

想更好地发挥钓竿的作用应当在使用过程中注意保护，使用结束及时擦拭，轻拿轻放。总之，我们对钓竿的加倍呵护是为了让它们能在垂钓时发挥更好的作用。

钓到大鱼时欣喜若狂，随手将钓竿扔在沙滩上或礁石上，易造成钓竿表面出现划痕；拉扯过猛而导致钓竿折断；使用不当，令钓竿被海水腐蚀……这些都是养护钓竿时应避免的误区。

钓竿使用后，打开竿身尾部的丝扣，抽出每节竿，清洗干净，擦干表面水分后，放于阴凉通风的地方5小时以上，再抹上竿油即可。

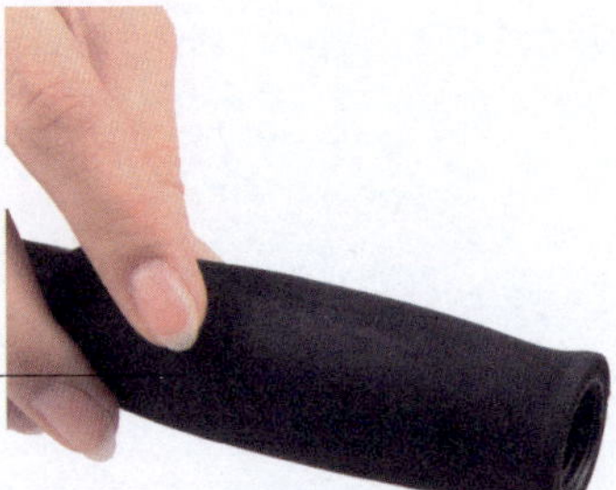

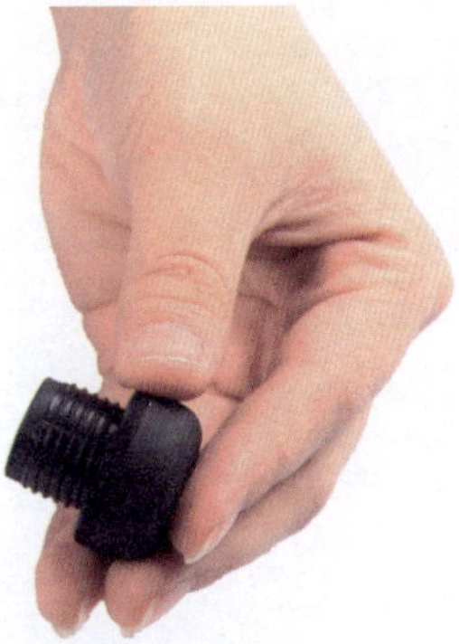

我们所使用的钓竿，绝大多数在最后一节都有底座旋钮；应在每次使用后将其拆卸下来，倒出残留在竿内的沙石和灰尘，目的是避免在抽拉钓竿时造成钓竿磨损。

手竿的种类

不带收线装置的钓竿称为手竿。手竿有多种分类方法，按其收缩长短不同，可分为短竿、中长竿和长竿；按其用途可分为鲫竿、罗非竿、战斗竿、溪流竿、八工竿等；按它的硬度可分为极硬调、超硬调、硬调、中硬调和中调；按它的材质，有玻璃钢手竿、碳纤维手竿，还有用竹子做成的手竿；按其收缩方式分为拔节竿和插接竿。现在还有一种分类，以收缩后长度1m为标准，小于这个长度的叫溪流竿，反之是台钓竿。按照这个分类标准，鲫竿、罗非竿、战斗竿都属于台钓竿，因其收缩后竿长均超过1m。

台钓竿特点

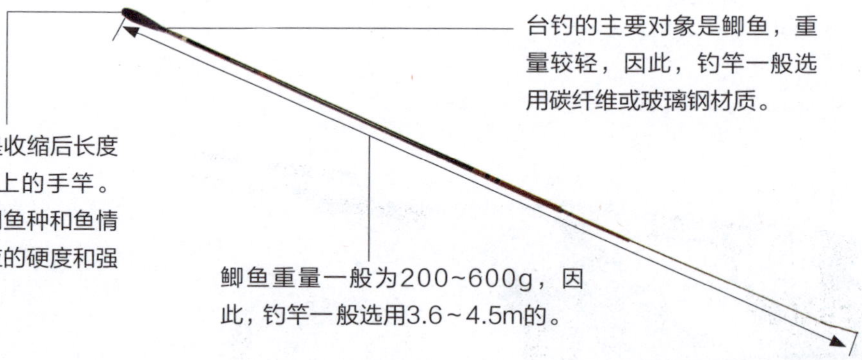

台钓竿按用途分类

名称	特点	适用鱼类/场合
鲫竿	自重轻，便于长时间持竿和连续抛投，调性在硬调以上，扬竿起鱼迅速	适合钓小型鱼，如鲫鱼、鳊鱼、马口、白条。很适合钓鲫竞技使用
罗非竿	竿子软硬由H标注，从2H到9H，H前的数字越大，竿子越硬；钓竿前端竿节特别粗，1kg左右重的罗非鱼可直接提起，甚至提鱼时能将钓竿竖直	专门针对华南地区常见的罗非鱼种
战斗竿	从罗非竿演化而来，壁厚、结实、自重大，不太适合休闲钓	一般情况下，战斗竿是比赛时用的，主要是用在钓快鱼的比赛中。深受竞技达人的喜爱

溪流竿分类		
名称	特点	适用鱼类/场合
常见溪流竿	溪流竿一般长50~80cm，50~70cm称为短节竿，70~80cm称中长节竿。溪流竿是市面上销售最多的手竿，专为溪流垂钓设计，收起后较短，携带方便，价格便宜。其缺点也较明显：节多，调性软，硬度不高，只适合钓小型鱼种，遇到大鱼上钩时，常常会断竿；尤其是所用线组较粗时，用力稍大，极易发生断竿	专门在山涧溪流、水流较急的浅滩等水域使用，主要用于钓马口鱼、长吻鱼、油鱼等中小型鱼类
八工竿	可以算溪流竿的一种，“八工”两字来自日文，发音为“嗨”。竿子设计调性极软，以求搏鱼快感。又因不用竿架仅靠手持，所以重量要求越轻越好（长度4.5m，重量35~50g），既轻且细，和常见溪流竿比，八工竿调性相对更软	八工竿所适用的目标鱼体形小、多栖息于溪流缓水区

手竿易折断的原因

（1）鱼咬钩后，垂钓者为了使鱼靠近自己，于是竖直举竿。这时只有竿尖负重。如果垂钓者用手去抓钓线，会加重竿尖的负荷，再加上鱼的挣扎，此时竿尖很易折断。

正确的做法是鱼上钩后，提鱼时先将钓竿偏向握竿手的外侧，而后向侧后方拉竿，使钓竿形成大弯，全竿通体受力，就不易损坏竿尖。

（2）钓鱼时如果垂钓者手移至竿中部，甚至尖端，使竿身的后部失去承受负荷的作用，只有竿尖负荷，这样也易使手竿折断。

正确做法是手握竿柄，利用钓竿的弹力与鱼周旋，待鱼疲乏之后及时提竿。

（3）钓钩挂底后猛提竿也易引起折竿。

正确做法是钩挂底后，手抓线往上拉，可大概率保住钓竿。

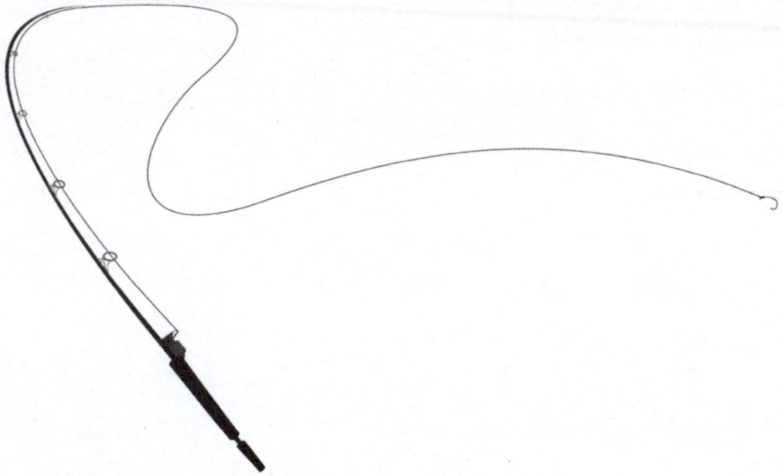

手竿长短竿的优点与不足

手竿通常可分为短竿、中长竿和长竿，但使用者通常是将2.5m以下的竿称短竿，将2.5~6m长的竿称中长竿，6m以上的竿称长竿。

短竿最大的优点是灵巧方便，在钓近点和钓小鱼时，短竿尽显才能。短竿的不足也是因其短，在对抗大鱼的冲撞时易感到吃力。又因其短，覆盖水面的半径小，对钓点的选择自然也少。

钓友使用中长竿非常多，在这里特地加上“非常”二字，是因它被人广泛使用，又因其本身长度合适，对各种淡水钓都比较适应。还有这种竿对远近两端有一定替补性，也就是说在一定条件下可做长竿或短竿用。

长竿由于竿长、覆盖的水面宽、钓点多，使垂钓者有更多的选择。如一支9m长的竿，配齐竿线，竿线总长为18m，除去钓手所握竿柄及水线的长度外，钓点大致可达离岸15m远的地方。在此范围内钓手可任选钓点。长竿也是钓大鱼的利器，由于竿长线长，能缓解大鱼的冲撞。长竿还有一独特的功能，就是在水草覆盖的水面，对持一般钓竿的钓友，只能是“望草兴叹”，而这时正是长竿配短线大显身手的时刻。长竿配短线后，钓竿伸至远处，钓线可直上直下，将钩和饵递到草丛边或草洞中去，这就是有名的长竿配短线的“三戳”——“戳拱”“戳茬”和“戳洞”。长竿还有一种配中长线的方法，就是只配竿长2/3的线。如一支9m的竿配6m的线，此法的优点是出线方便、落点准确、遛鱼省力，也具有与大鱼周旋的能力。长竿的不足也是因其太长，操作不便；又因其竿长体重，钓手要有较好的体力才能操作得当。

海竿的优点与不足

与手竿相比，海竿有如下优点。

（1）相较于手竿，海竿甩得远。海竿有充足的储线，并有铅砣、饵团，垂钓者很容易将之甩到几十米外的水域，经验丰富的垂钓者可甩至100m之外。凡是各种大鱼，多栖息于远岸深水区，少在近岸浅水区游动。因此，甩得远给钓大鱼创造了条件。

（2）饵料足，诱鱼力强。海竿多用炸弹钩（组钩），饵料捏成鸡蛋大、乃至拳头大的饵团，6~10枚钓饵包在其中；这么大的饵团入水后，自然形成一个诱饵点；饵料多，有持久的诱鱼效果。加上钓钩多，鱼在摄食时常常易于误将钓钩吞下。因此，饵料足、钓钩多也增加了鱼上钩的机会。

（3）大鱼难以脱逃。海竿有绕线轮，上面蓄有足量的钓线，并有曳力装置，在钓到大鱼后，可随意地放线、收线，充分发挥绕线轮的长处，并可调整曳力装置，有效地控制鱼的冲力，使鱼难以挣断钓线。而手竿钓到大鱼，回旋余地较少，很多时候只能眼睁睁地看着大鱼扯断钓线，甚至折断钓竿而脱逃。

（4）相对而言，海竿更加不怕风浪干扰。海竿一般不用鱼漂，它是借助竿尖或铃响来传递鱼咬钩的信息，只要竿尖上下抖动，或是铃声大作，就知道鱼已上钩，风浪对鱼咬钩信息的反馈没有什么影响。另外，在风大浪急时，很多鱼类都沉于深水，手竿就更难发挥作用了。

（5）比较省力。海竿不像手竿那样，需要垂钓者死死盯住鱼漂，它可由铃声传递咬钩信息，避免垂钓者长时间盯看，使人不至于太疲劳；特别是在酷暑高温时节，垂钓者不必顶着烈日手握钓竿死守之，而可坐在树荫下观察，待铃响而提竿。另外，一个垂钓者可同时照顾数根海竿，哪根铃响提哪根，可提高上鱼率。

（6）海竿的灵活性较大。海竿不但可底钓，也可甩至远方水域，带漂浮钓；不但可用炸弹钩，也可用串钩；不但可日钓，更适于夜钓。

海竿的不足

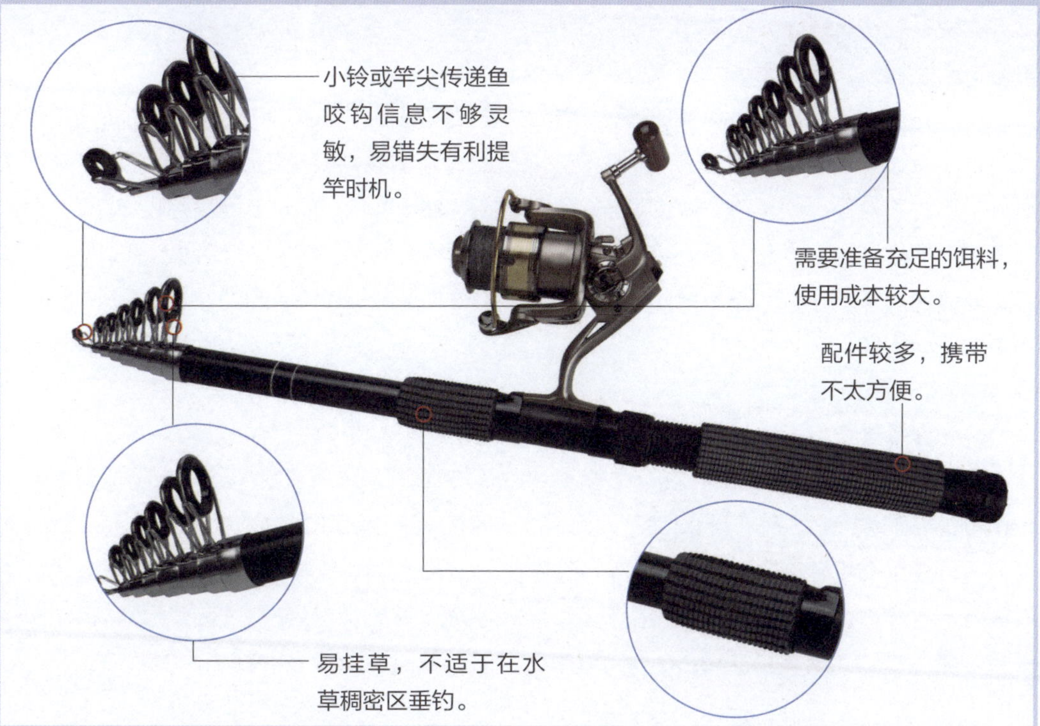

海竿的种类

海竿主要有两类：一类是真正意义上的海竿（用于钓取海洋中的鱼类）；另一类是以淡水鱼为钓取对象的海竿。海钓类海竿又可分为船钓竿、滩钓竿、浮游矶钓竿。淡水钓海竿可分为重磅海竿（以个体较大的鱼为对象）、轻便竿、筏竿等。海竿钓具和钓组的多变性，以及极强的适应性是手竿所不能替代的，正是海竿的这些优越性使它得到很多钓鱼爱好者的喜爱。

海竿的选购

（1）海竿长度的选择一般以2.4～3m为宜，这样的海竿既能保证一定的投甩距离（60～80m），又能最大程度地发挥海竿在收、放线方面轻便灵活的特性；4m以上的海竿，在淡水垂钓时就显得笨重有余、灵活不够了。

（2）在硬度上，软竿竿梢较细，柔韧性好、灵敏度高，适用于较小的水面，也适用于钓中、小型鱼类，比较适合初学者使用，选购时应注意选择实心竿梢。硬竿竿梢较粗，刚性较强，适用于大水面或激流中钓游速快、力量大的大型凶猛鱼类，如体形较大的哲罗鱼、狗鱼、鲶鱼等。钓几十千克的鲤鱼、草鱼、青鱼、鳙鱼等，硬竿也占有绝对优势。如想专钓这类鱼，最好选用插接式实心玻璃钢海竿，并配大型绕线轮，蓄线量150～200m为佳。

插接式海竿组件示意

（3）在类型选择上，按不同的特征，海竿分为许多类型，如：伸缩内藏式和插接式；长节竿（收缩长度在1m以上）和短节竿（收缩长度在70cm以下）等。对生产厂家来说，每种海竿的设计都是有针对性的。选竿时应充分考虑自己拟钓的鱼种和钓场特点，钓竿选得不合适，虽然也能使用，但无法做到得心应手。长节海竿和插接式海竿整体性好，使用效果优于短节竿。但短节竿轻巧灵便、便于携带，如果不是假劣品，对付一般大鱼也没有问题。如果经济条件允许，不妨有针对性地多准备几种型号的海竿。

（4）在海竿外包装或说明书中一般都会注明该海竿所适用的坠负荷，有的以g（克）为单位，有的以号为单位（1号＝3.759g）。坠负荷数值大，海竿适配的钓坠较重，竿体强度相应也大，易于远距离投甩；坠负荷小，则海竿适配的钓坠较轻，竿体较柔软，难以远投。综合考量，选购海竿的坠负荷不应小于40g。

使用海竿的注意事项

（1）在抛投时不要忘记打开线挡，这对于使用海竿钓鱼的人来说不是什么难事，却是时常发生的问题。有些垂钓者总会在抛投前忘记打开线挡。原因有二：首先，新钓手操作技术不熟练；其次，有些老钓手操作马虎。尤其是处在钓鱼比赛过程中，因加快了投竿频率而遗忘此事。在线挡未打开的情况下实施抛投动作所造成的后果很“惨烈”——有的炸弹钩成了“天女散花”，有的因用力过猛而断线伤竿。

（2）垂下线不要留得过长。这里所说的垂下线是指从海竿竿梢过线环到垂下至炸弹钩这段距离的线。这段线由三部分组成：主线、串钩线和炸弹钩的连接线。由于每个人的使用习惯不同，有的人单独使用炸弹钩，有的人单独使用串钩，此时垂下线都不会太长，一般在30cm左右。串钩和炸弹钩并用时垂下线就比较长。如果串钩拴8～10个，加上炸弹钩的连接线、主线，三者合起来甚至超过60cm。这样长的垂下线严重地制约着海竿的抛投动作，造成垂钓者发力受阻，投不远；而且，在海竿竿梢向后下沉时，炸弹钩易与地面接触，勾住地面上的树枝和杂草之类的东西，造成不必要的损失。因此，即便是串钩、炸弹钩并用，垂下线也不应该超过40cm。

（3）不要把绕线轮的曳力装置拧得太紧。在海竿抛投前，要检查一下绕线轮曳力的松紧情况。拧曳力轮时用手拉一下主线，轮子能自如转动并出线就可以了。有的钓友往往忽略这个细节，绕线轮的曳力装置拧得很紧，钓上大鱼时钓竿被拉倒（横卧）甚至竿体被施入水中；如果支架插得较牢，垂钓者又来不及提竿，大鱼可能会将钓线拉断。如果绕线轮的曳力装置拧得稍松一点，当钓上大鱼拉线时，即使是垂钓者来不及提竿，钓线也能自如地出线，然后垂钓者持竿收线，并根据实际情况再对绕线轮的曳力做适当调整。

海竿绕线轮内部构造示意

（4）海竿被水中障碍物缠绕，难以回线时，可考虑“丢卒保车”。因为海竿多用作底钓，所以经常出现钩坠被水中障碍物挂住而无法收线的现象。这时垂钓者就可以考虑“丢卒保车”的办法。首先，垂钓者拧转竿体，让竿梢的前几节尽量多绕一些线，竿上的线多了，竿梢承受的压力就减轻了。这时，垂钓者再使劲拉线，线可能会断，但基本不会损伤钓竿。若有可能，垂钓者也可以下到水中去拽线，这样就更不会损坏钓竿了。因为钓竿的价值远高于钓钩和钓线，所以，无奈下采取的“丢卒保车”办法也可称得上是明智的选择。

刮大风时的注意事项

刮大风时，要把海竿从竿架上取下，与风向垂直放在地面上，在第三节下面放一个支撑物(石块或树枝)，使竿尖悬空，这样可以减少因为刮风造成的假信号，又可以防止风浪刮线造成回线。

矶竿的特点

矶竿主要用于矶钓，一般在一节装有3~4个导线环，二节装有2~3个导线环，三节装有1~2个导线环。

（1）价格不一。矶竿因材质不同，价格也相差较大。好矶竿重量非常轻，强度高，6.3m、200g重的矶竿钓20kg的海鱼没问题。不过，太贵的矶竿，一般人不能接受。

（2）在尺寸和号数上有自己的特点。最常见的长度尺寸是5m左右，4.5m以下和6m以上的矶竿较少见——短矶竿的回旋余地较小，长矶竿的自重偏大。矶竿的号数和重量成正比，入门者以选择2号和1.5号矶竿为多，0.8号和0.6号是专业级的，3号以上的是重矶了。

（3）分类。就如淡水用竿一样，什么样的对象鱼适合什么样的竿。浮游矶钓的矶竿大致可分为黑鲷竿、黑毛竿、远征竿、远投竿及综合矶竿。根据其自重，很多人也把矶竿分成轻矶和重矶。中通竿和前打竿等也属于矶竿范畴。

在挑选矶竿时，我们可以通过轻轻敲击竿身，听回声来进行判断，选择“韧”竿，放弃“脆”竿。通常而言，较“韧”的矶竿回声较短，是类似于金属声并带一点“皮”的感觉，甚至可能是类似硬木被敲击时发出的声音。“脆”矶竿被敲击时，回声较长，是一种类似瓷器、玻璃材质发出的声音。

一支好的矶竿拿在手里应该感觉配重得当、手感好；抖起来后竿子的恢复性好（也称弹性、黏性或反发力），垂钓者才能轻松抛竿、轻松搏鱼；导线环的位置好、不易缠线；轮座位置合理、强度高；涂装好、不会掉漆；握把设计科学、手感舒适。

常见的两类矶竿

名称	外形	特点
中通导眼矶竿	钓线从竿管中部穿出	优点是不容易缠线，钓重大。缺点是穿线不方便，需要借助钢丝
外导眼矶竿	以导环的形式穿线。导环目前有方导环和圆导环两种。其中高脚方导环是圆导环的升级，减少了缠线可能	优点是穿线容易，一般护套上都带有穿线器，如英大立晶J2800型矶竿，采用的就是高脚方导环，穿线很方便

矶竿的用法

矶竿，为人站立矶岩之上，居高临下抛钓饵进行垂钓的用具，一开始多用于海岸矶岩垂钓，但现在已被广泛运用于各种淡水钓中。矶竿在外观上同海竿有一定的不同，海竿显得粗壮而短，矶竿却比较细长轻便。矶竿绕线轮轻小，竿身比海竿细软轻便，普遍挂立漂垂钓，鱼讯反映比较灵敏，既可以像手竿那样操作，又可以同海竿一样进行远投垂钓，兼有手竿、海竿的优点。因此，矶竿为越来越多的钓友所喜爱。

矶竿淡水钓时一般用来钓鲤鱼、草鱼。矶竿钓鲤鱼有两种方法：一是如同手竿一样使用。如可选取长5.4m的竿，主线直径0.3mm，单钩4～7号，子线直径0.23mm（长10cm以内即可），鱼漂5～6号，调四钓二或调五钓三。钓底，以鱼漂信号确定提竿时机。二是如同海竿一样使用，不用鱼漂，主线上挂重坠，用炸弹钩或葡萄钩（炸弹钩与葡萄钩所用钓具相同，但包饵方法不同——炸弹钩是在弹簧或子线上包团饵，再将每只钓钩嵌入饵中；葡萄钩是在每只钓钩上分别包饵，提起子线时看着像一串葡萄），远投预定钓点，采取挂铃观竿尖或手握竿尾，以手感确定鱼讯和提竿。

矶竿钓草鱼，同钓鲤鱼有些许不同。主要区别是钓鲤鱼多用底钓法，而钓草鱼则基本上可以底钓也可以浮钓。

矶竿也可用来浮钓鲢鱼和鳙鱼。其常见钓具组合：先在主线上穿一粒太空豆，再穿一支较大的空腔鱼漂；然后在主线末端打一个死扣，把酸臭糟饵捏在炸弹钩上，侧钩轻插在糟饵上；最后将钓饵挂扣在主线扣上，摇轮收线使钓饵靠近竿尖，即可投钓饵到预定钓点，再将矶竿平放在竿架上。

矶竿与钓线、钓坠的匹配

矶竿一般调性较软，配小号绕线轮，竿体轻盈，不像海竿那样粗壮、威猛，远投也不可能像海竿那样动辄30～50m，所以钓线的选择、钓坠的配制与海竿大不相同。

（1）钓线的选择要适宜。因为矶竿采用碳素材料制作，自重轻，竿身的强度、导线环的强度都远不及海竿，如果主线太粗，钓线强度超过竿身的承受能力，碰到大鱼时往往出现断竿现象，损失较大，所以一般情况下矶竿配直径为0.2~0.28mm的线较为合适。

（2）钓坠的配制有一定的要求。采用传统钓或台钓时，钓坠参考平常配置，保证钓组的灵敏度，具体可视钓场情况，采用单钩、双钩均可。流水浮钓时，采用单钩、双钩，也可采用串钩；鱼漂采用大漂；钓坠也不宜太大，保持钓组垂度，保证钓深，防止钓组缠绕。流水底钓或矶竿投远时，一般采用无漂垂钓，钓坠以15～20g为宜，能拉直钓线即可，过重则不易操作，而且对竿身损伤较大。

常见矶竿对象海鱼

竹荚鱼　真鲷　海鲫鱼　带鱼

part 2 钓线

钓线的种类

按材质分		
名称	优点	缺点/特殊构成
透明胶丝	耐腐蚀、韧性好，且由于无色透明，在水中很难被鱼发现，隐蔽性好	不耐摩擦，高温下易老化
不透明尼龙线	韧性强，不易被鱼咬断	易缠线，且因线体多为白色，易被鱼发现
金属钓线	结实，多用于垂钓凶猛的鱼类	可于市场上购买，也可以自己制作：可经剥掉电线、多股电话线的绝缘层，抽出细芯制作而成
陶瓷线	高强力钓线中的一种，有优良的抗拉强度、耐磨性，很低的结节破坏率，具有一般钓线不具备的优点，即入水后能抵御水体对线的侵蚀，加上自重轻，能减轻线体重量，因此可提高鱼讯反馈的灵敏度	主要采用高分子聚合材料制作，在线体成型过程中对本体材料分子的间隙内填充特种树脂，提高线的抗拉强度；随后，加第二层特种树脂，增强钓线的耐磨性；最后再加第三层特种树脂提高线的抗水性

钓线按所处位置可分为主线、风线、子线和水线。

主线也称大线或母线，指连接竿梢和8字环的钓线，须注意的是，拴钩的子线不属于主线。

垂钓时，从竿梢到主线入水之前这一段漂于水面或空中的线，被称为风线。风线与主线不能混为一谈。

子线又称脑线，一头拴钩，一头拴在8字环上。竞技钓使用的子线是由长度不同的双线组成。除浮钓时子线可以和主线同粗以外，一般子线都比主线细。子线比主线细可以保护主线不易被切断。子线越细，越能降低鱼的警觉性，细而柔软的子线更利于鱼吸饵入嘴。子线长度一般在15cm以内。

水线由部分主线与子线组成。水线长度要确保下钩到位，鱼漂露出水面并同水线、钓钩保持垂直状态时，从钓钩到鱼漂与水面相交点的长度就是钓点的实际水深。有些钓友在计算水深时忽略了鱼漂的长度，这样就易导致误差。

钓线型号的意义

钓线的型号指钓线的粗细，是有标示的。其标示的是钓线横截面的直径，但因为其位数太长，于是经过业内制定标准，采用了号数制——钓线号数的数字越大表示线越粗，数字越小表示线越细，常见的钓线线号从0.2~40号，共有26种尺寸。

需要注意的是，并不是说两种钓线的号数值相差多少倍，二者的直径就相差多少倍。钓线的号数是和钓线的截面积成正比的。如甲号钓线的号数值是乙号钓线号数值的多少倍，则甲号钓线的截面积和强度就是乙号钓线截面积和强度的多少倍。由于尼龙线种类繁多，即使是同一种类的线，也会因为各厂家生产工艺水平的高低不同，所选原材料的不同，最终令成品钓线在抗拉强度上出现较大差别，所以本书对钓线的讨论都是以同样材质或同样品牌为前提的。

大体而言，垂钓高手用线一般偏细。他们所用的主线多为0.6号（0.12mm）、0.8号（0.14mm）、1.0号（0.16mm）、1.2号（0.18mm）等，子线则多用0.4号（0.1mm）、0.6号、0.8号、1.0号几种。而很多垂钓者动辄就买2号（0.23mm）、3号（0.3mm）的线；普通垂钓也用5号（0.37mm）、10号（0.52mm）线的人也不少，其实用这么粗的线是没有必要的。

对初学者来说，垂钓需用何种型号的钓线，得视垂钓的水域和对象鱼而定。如果是在江、河、湖、水库中垂钓，因大鱼较多，建议选择粗一些的钓线；如果是在养鱼池或鱼塘钓鲫鱼，则选用1号线即可；如果是在野外钓猾鱼，线当然是越细越好，特别是静态水域，更宜用细线，以0.8~1.2号线为佳；反之，如果是动态水域，且水流比较急，就宜用粗线。更为详细的选线方法可见下文。

如何配置钓线

钓线配置是否得当，会直接影响垂钓成败，因此这是需要垂钓者重视的要点之一，我们为大家总结如下。

1. 粗细适宜

尼龙线的粗细主要指线径，从0.1~1.0mm不等。通常情况下，线越粗越结实，负荷力也越大，适合钓大鱼；线越细，出线阻力越小，隐蔽性越强，所以适合钓小鱼或猎鱼。俗话说，钓鲫鱼应“细线配小钩”，就是因为野生鲫鱼个头偏小且较为警觉，用细线不易被其察觉。一般情况下，主线要粗些，子线则要细些，子线应比主线更柔软，透明度也更高。在选择钓线时，不仅要研究钓力和线径的大小，还要看竿的种类、对象鱼的大小和垂钓季节的差异。比如，长竿钓深、钓远，大鱼上钩率高；水温高时鱼挣扎起来劲儿往往更大，线则宜粗，反之则线宜细。此外，细线在承受鱼的重量和拉力时，在水中更易被漂坠拉直，且灵敏度也更高，其优点是多于粗线的。

2. 质量过关

钓线负荷的大小，除了与钓线的粗细相关外，还与其质量密不可分。好的钓线必须具备以下几点。

①粗细均匀；②细韧且柔软；③透明度高，具有隐蔽性；④在水中的阻力较小，使钓饵能在水里呈现一种自然状态。

有的钓线表面呈黄褐色，粗细不均，僵硬少弹性，甚至手感粗糙，这就不是好线，垂钓者要尽量避免选择。

3. 一线多用

一些钓场虽大鱼较多，但水域辽阔、地势复杂。有时出水的大鱼在5kg以上，用手竿钓经常会出现断线跑鱼的现象，如果用海竿又易挂底。为了解决这个问题，不妨在手竿上安装导线环和绕线轮，然后把钓线接在导线环后的绕线轮上，再按照正常的手竿操作流程使用即可。这样一来，改造后的手竿和钓线既可以在很少挂底的地方施钓，又可以当海竿远投。换钓场时，既不用换钓竿，也不用换钓线，实现了一线多用的目的。

选钓线的步骤

商店里的钓线五花八门、品种繁多，有国产的、国外进口的，每盘钓线价格从几元到几百元不等，包装看着也是琳琅满目，这让很多垂钓者眼花缭乱，感觉无从下手购买，尤其新手更是如此。我们在此为大家总结了一些挑选钓线的建议，供读者们参考。

1. 观察

将钓线放在手里，看外包装上的说明及相关数据标示是否符合标准。然后打开外包装仔细观看，不管哪种颜色的钓线，线的表面必须具备光泽（编织工艺的线除外），透明线不能带颜色，带颜色的线着色要均匀，如透明线带色或有颜色的线着色不匀，则都不算是优质线。另外，也可以在购买前准备一段标准的钓线作为参照物，比对在同等号数下，二者的线径是否相当，若二者相差不大，则在质量上也会有一定保证。

2. 检查

将线拉出一小段，用手指试着轻轻拉扯，这样可以检验钓线粗细是否均匀，表面是否平整。然后将钓线放到手掌上，用适当的力进行挤压，再松开手掌，这样可以检查钓线受力后的恢复情况。如果钓线能在短时间内恢复原样，则证明其质量较好；如果恢复速度很慢或难以复原，那就一定是劣质的钓线了。此外，好钓线应柔软，特别是用作子线的钓线，更应选择柔软的。在线径一致的情况下，钓线越柔软越好。

3. 试用

直接用于垂钓，是检验钓线好坏的最有效方法。

（1）钓线经过水的浸泡之后，可以试出其拒水性能的好坏。表面粗糙、用劣质材料制作出的钓线，防水保护层的效果基本都不好，一旦进行垂钓，钓线就会出现吸水现象，进而影响钓具的灵敏度。好的钓线必然具备拒水性，长时间置于水中也不易吸水。

（2）钓线的耐磨性也很重要。有些钓线组需要一些小配件（如太空豆、漂座等），这些配件在安装时，可能需要反复调试，这就不可避免地会令钓线受到摩擦。如果钓线不耐磨，表面很快就会起毛或出现分叉现象，从而影响钓线的拉力。

（3）钓线在使用中难免需要打结。正常而言，钓线在打结处的拉力会降低，而质量好的钓线因制作材料及工艺的优良，即使打结也能最大限度地保留原本的拉力值。所以在进行钓线试用时，不妨在钓线上打个结，然后轻轻拉一拉，感受下钓线打结前后的强度变化，这也是检验钓线的一个方法。

常用钓线小配件和检测技巧

主线轴贴

主线盒

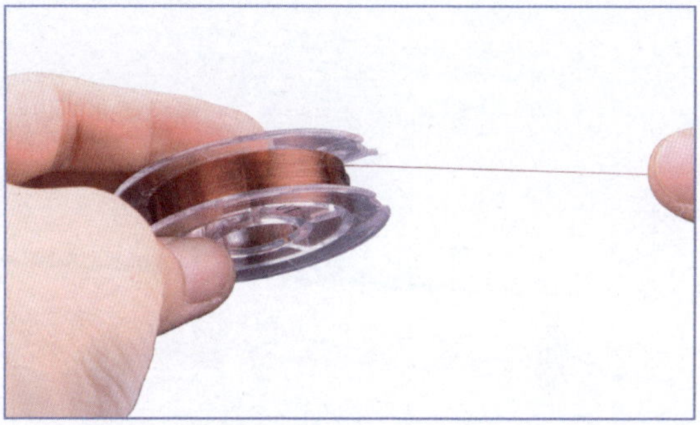

拿到钓线后，先放出30～50cm，用食指和拇指卡住，用力向下捋，然后放开，重复两次后未发现变细和卷曲现象，且钓线仍呈自然下垂状为优质线。

如何避免钓线断线

任何线都有一个抗拉强度，超过这个强度，线就会被拉断。

我们在使用钓线的时候，打结是必不可少的一个环节。主线的两头要打结，子线的两头也要打结。

业内有一种说法，一个死结要令钓线损失40％的抗拉强度，换句话说，某根线原来能承受10kg的拉力，仅仅是一个死结，这根线的拉力就只有6kg了，而且极易从打结处被拉断。

但是，不是所有的打结都会损失这么多拉力，所以我们把打结分为合理和不合理两种。看自己打的结是否合理，不妨买个家用的小弹簧秤，把线拴在上面拉一拉，基本能拉出最大抗拉强度的说明打结基本合理，否则就是不合理的。如前文所说，这也是对钓线质量的一个大概的检验。

有的时候，线是从钩柄处断的，这和打结有点关系，但主要还是操作不当。有的钓友不会搓食，总是先把饵料搓成一个小团，然后用钩子去扎饵料团。这种做法有很多缺点，一来是慢，二来钩柄处的子线不但被折叠，还经常在钩柄上磨，时间稍长很容易伤线。如果学会了搓食上饵，子线就很少从钩柄处折断。

钓线在使用的过程中磨损是不可避免的，为避免使用时突然断线，每次出线都要用力把线拉直了再用，这样不仅能方便后续垂钓时直接用线，同时也是对线的一次检验。

适时更换钓线

钓线应适时更换：一副新的钓线，一般钓过3～5次即应更换。具体而言，先看钓线表面光亮度是否消失，是否变色，如果是，即应更换；再看钓线表面是否粗糙，是否起毛，如果是，也应立即更换。适时更换钓线，确保钓线的良好性能，使钓组始终处在最佳状态，这是避免或减少断线跑鱼的重要手段。

钓线的日常养护

钓线作为钓组的重要组成部分，当然要加以养护。养护钓线的目的是避免其老化，确保其应有的抗拉强度。钓线养护可分两个方面：一是临场垂钓中上鱼摘钩后，搁置钓竿时应尽量避免钓线与硬物碰撞，防止钓线被碰伤。在换钓场垂钓时，若距离较远，最好将钓线取下收好，用时重新拴上。二是收线后，应及时用中性皂液将钓线上的水垢，连同鱼漂轻轻刷洗干净，再绕好备用。绕线板应装入收纳袋，以免被硬物摩擦损坏。

弯曲打卷的钓线，可以通过水蒸气加热法进行处理：一边加热钓线弯曲部，一边用力拉伸，将打卷的钓线校直。

钓线属于易老化的产品，太阳光的照射会加快钓线老化的速度。自然的散射光，对钓线老化也有一定影响。不使用时，钓线最好避光储存。

钓线的软硬调重要吗

常见一些钓线的外包装上有“软调”字样。凭想象，“软调”不外有两种含义，一是线质柔软，二是用于软调竿。其实，稍有些力学常识和垂钓经验的钓友都可以看出来，这种标示纯属画蛇添足之举，因为好的钓线本身就应该是柔软的。就竿线搭配原则来说，应是线的抗拉强度略小于竿的强度，强调钓线的软硬调是没太大意义的，钓友不要被某些商家的宣传误导。

矶竿钓线的挑选

矶竿用线必须慎重选择，否则会大大影响垂钓效果。

（1）要选择柔软一些的钓线。线从绕线轮出去的时候是螺旋形的，它在被离心力甩向远方的时候，钓线本身的弹性有一个回弹力，所以要选择比较柔软的。

（2）线径要适宜。因矶竿使用时要凭离心力将钓组送入钓位，而离心力的产生要借助钓坠和钓饵的重量，所以要想抛得远就必须要用柔软的细线，直径0.3mm及以上的线会和钓竿摩擦发出啪啪的响声，所以出线不远。线径在0.2mm以下时拉力值又稍嫌不足，所以线径应为0.2～0.28mm。

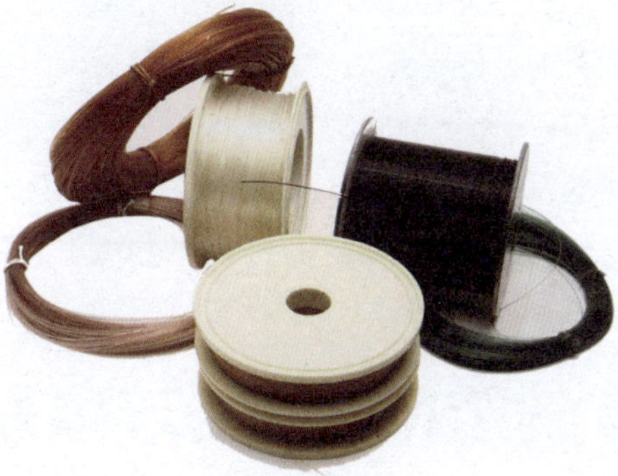

（3）线与水的重量比要恰当。应选择线水重量比数值在1以上的线，至少也要达到1.0，否则线会漂浮在水面上。若钓钩脱离钓位，漂在水面的线会减慢钓钩刺入鱼嘴的速度。

路亚钓线的挑选

尼龙线是路亚钓法中最常用的线种，一是经济实用，二是延展性强。在路亚钓法中，鱼儿上钩都发生在收线过程中，垂钓者往往突然警觉鱼讯而必须大力引拔，因此更需要尼龙线本身的延展特性，才不致使鱼脱钩或是对钓组产生直接冲击。

在路亚钓法上，PE线（比尼龙线硬，也更结实，但几乎没有延展性）的使用大部分是有针对性的，是为了应对目标鱼猛烈拉拽的需求。使用PE线还有另一个好处，就是其结构紧密，鱼讯传导特别敏锐，更可恰如其分地应用在路亚这种依赖手感的钓法上。若不受限于成本因素，也有许多高手将整组钓组以PE线进行配置，这样可以掌握更精确的水中变化，以求更大的收获。

为避免钓组前端磨耗造成挂底，也有很多钓友选择碳纤材料的钓线，因碳纤的耐磨性应用在路亚底层探索方面能发挥很理想的作用；特别是路亚对象鱼多半有尖锐的牙齿，这一点与矶钓很像，而碳纤钓线的耐磨性能很好地应对这些“牙尖嘴利”的对象鱼。此外，碳纤线的低记忆性有助于张线及钓组开展，因此碳纤线多使用在子线部位。

钓竿和钓线的连接方法

将钓线装上钓竿才能垂钓，这是垂钓中必要的一步。钓竿与钓线的连接要求是：牢靠、简单、快速。常见的钓线与钓竿的连接方法主要有以下几种。

（1）连接件连接是竿、线连接中最常见的一种。有些钓竿的竿尖上带钢丝圈或绳套，可用连接件加以连接，如卡钩或带卡钩的返捻环等。钓线可拴在封口的死圈上，系成死扣，卡钩的另一端能活动，用时卡在钢丝圈或绳套上即可。

这种连接法操作极为简便、迅捷，钓友们经常采用。

（2）活扣连接。对于竿尖带钢丝圈或绳套的钓竿，也可用活扣连接法。连接时，先将钓线末端拴出一个长 5cm 的死线圈，用这个线圈穿过钢丝圈或绳套，再挽一个活扣与钢丝圈或绳套套扣住即可。

为了便于卸线，可在钓线的死圈上加系一个小线圈，卸线时拉动这个小线圈，活扣随即松开，非常方便。

（3）活扣气门芯连接操作起来也较方便。若竿尖端没有绳套或钢丝圈，但竿尖处有用线缠绕的疙瘩，即可用此方法连接。

使用活扣气门芯连接时，先将一段长 2cm 的气门芯套入竿尖，越过疙瘩，再将钓线拴一个活扣套在竿尖上，拉紧活扣，最后将气门芯向竿尖推移，使之罩住活扣，可最大限度地保证活扣不散。

（4）对于竿尖有钢丝圈或绳套的钓竿，还可采用下述方法连接。

将钓线先拴一个长 5cm 的死圈，在死圈上再拴一个小线圈，然后将竿尖插入死圈中，并将钓线的另一端穿过竿尖的钢丝圈或绳套，再拉紧，使圈套连在一起。

（5）松紧带连接能保持钓线的弹性。用一段长约 20cm 的松紧带,内芯为一根橡皮筋，两头各用一只三角曲别针固定好，分别与竿尖和钓线拴死即成。

这种连接法，钓线有很好的弹性，钓到大鱼时有很好的缓冲作用，能有效地避免线断鱼逃。

（6）小绕线轮连接。用小绕线轮连接是一种很值得推广的连接法。这种小绕线轮市场有售，上面可缠 10～20m 钓线，利用螺丝松紧度可调整出线阻力；它用连接套套装在钓竿的前面几节上，竿尖处安一过线圈。使用时，将线端从过线圈中穿出，根据垂钓的需要放出钓线长度。

利用小绕线轮连接有三大优点：一是便于储线，不用时将之卷绕入轮，方便保管；二是大鱼难逃，它能储存十几米线，亦可调整出线阻力，便于遛鱼；三是可按需要调整钓线长度，放出和卷入都很方便。

（7）气门芯护竿线连接。若竿尖没有钢丝圈和绳套，连接时，可先将气门芯套入钓线，再将它连同钓线一起套在竿尖上。在留出所需长度后，将多余线绕于竿身上，一直绕到竿尾部，再用橡皮筋将绕线板紧箍在竿身上。

采用气门芯护竿线连接法可保护竿尖不易被拔出，即使拔出，也有钓线在竿上，不会丢失竿尖，也不易跑鱼。但装线和收线较费时费力。

钓线与环的绑接方法

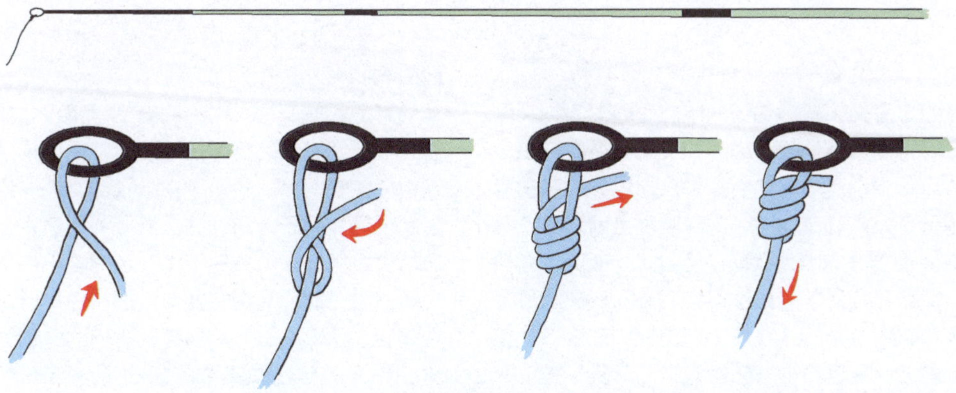

①将线穿入连接环，边线留15cm即可。

②捏住边线和主线，如图所示，将剩余边线做一小环。

③在小环内用边线缠绕3～5次。

④轻拽边线，形成结的形状之后再慢慢收紧主线。

part 3 钓钩

钓钩的种类

钓钩的形状很多，种类也很多，各有其特点。

常见的钓钩有圆形钩、袖形钩、无倒刺钩、毛饵钩等。

钓钩的型号以数字表示，常见的有1~15号等10多种型号。型号数字与钩的大小成正比，型号数字越大钩越大。通常钓小型鱼（如鲫鱼）可选4~5号钩，钓大型鱼（如草鱼、鲤鱼）可选8~12号钩。最常见的钩型号集中在4~10号。

常见的钓钩有三种颜色：金黄色、黑色、银白色，用得最多的是黑色钩。

如有条件，外出垂钓应准备多种型号、多种形状的备用钩，全都拴好子线，这样可以在钓场根据鱼情随时更换。

常用钓钩简介

圆形钩

顾名思义，是指钓钩的底部呈圆形，钩尖到后弯部分的过渡处相对圆滑，没有明显的折角。其特点是钩门适中、钩尖锋利且向内倾斜、钩底浑圆且受力点分布均匀、钩身坚硬且强度高，以上特点使得鱼被钩中后不易脱钩。此类钩有伊豆、伊势尼等品牌，其中伊势尼是圆形钩里最具代表性的。伊势尼可以钓取鲫鱼、鳊鱼等小型鱼，遇上凶猛且冲击力强的青鱼、草鱼、鲤鱼等大型鱼也有优异的表现，因而被钓友们称为“万能钩”，是征战自然水域的必备利器。

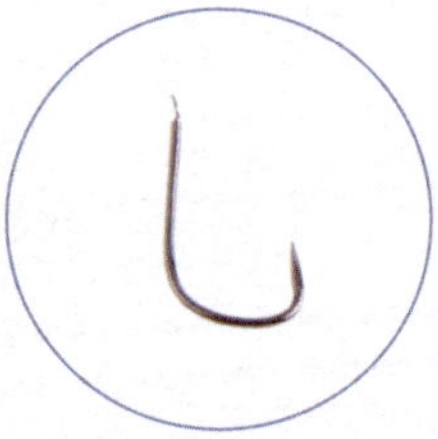

袖形钩

其形状似衣袖，钩的底部相对平直，底部与钩尖、钩把过渡的折角相对明显。袖形钩的特点是钩柄较长、钩门较窄、钩条较细、钩尖锋利，因此它具有易于入口、刺鱼直接、卸鱼方便快捷的特性，用它垂钓体形不大、鱼嘴较小的鱼类最合适。常见的袖形钩主要有金袖、白袖、黑袖、流线袖、秋田袖、万能袖等，它们的区别主要体现在钓钩的颜色和钩条的粗细上。无倒刺的金袖、黑袖、白袖在野钓中被广泛使用。

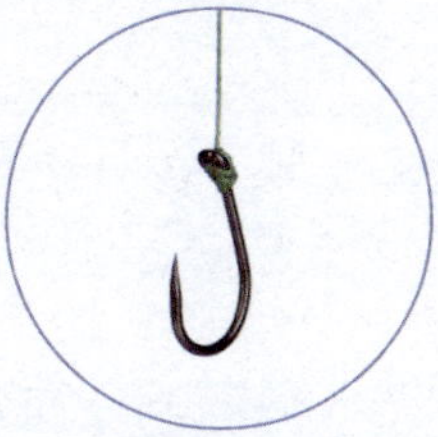

无倒刺钩

因钩尖内侧没有倒刺而得名，特点是刺鱼快、上饵迅速、摘鱼快捷且方便，对保护鱼唇也能起到一定作用。它的缺点是因钩上无倒刺，在使用时会因虫饵的蠕动挣扎而容易令其从钩上滑脱，因而此钩只适合使用有一定黏性的商品饵或植物类饵。

毛饵钩

指在钩柄的下端用羽毛、塑胶、鱼皮缠成类似陆栖昆虫、水藻类的饵料以引鱼上钩的一种假饵。其种类很多、形态各异。其色彩有深、浅两种。两类色彩各有特点，对垂钓效果也各有影响。另外，季节、气象、水流状态等因素均影响到选取何种色彩的毛饵钩。

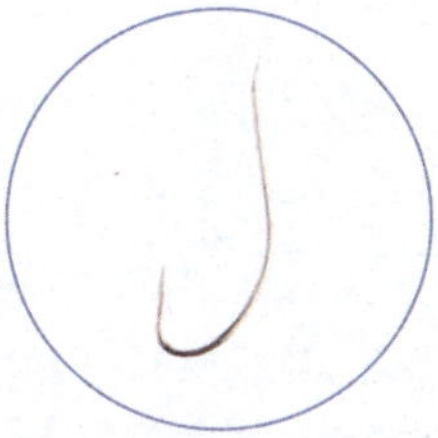

狐形钩

指形状类似泥塑狐狸的钩。如九六、秋田狐、三越狐、白狐等。其特点是钩柄较长、钩门较窄，因而挂饵容易、鱼吞食容易、中鱼后易摘钩。其中九六钩尖斜倾，以上优点就更突出，对敏感胆小的鱼尤为有效。其不足之处是重心易不稳、弹性小、用力时易折断。九六还有一种带背刺的升级款，适用于急流的河域或海流中垂钓；因其有背刺，饵料不易脱落。

有倒刺钩

在钩尖的内侧下端有倒刺或在其他部位也有倒刺的钓钩被称为有倒刺钩，爱好手竿传统钓的钓友最常用这类钓钩，只因在自然水域垂钓常用蚯蚓、红虫等活体钓饵，钩上的倒刺能很好地防止活饵滑脱。但有倒刺钩的缺点也是显而易见的：鱼咬钩时不易刺进鱼嘴；对中钩的鱼伤害大，加快了鱼的死亡；摘鱼慢，耽误时间，不适用于竞技钓；不慎钩中衣物时取钩困难。

钓钩的组成

钓钩由柄头、钩柄、钩弯、钩尖、钩门、钩底六个部分组成，每个部分都有其特定的功能。

钓钩的组成

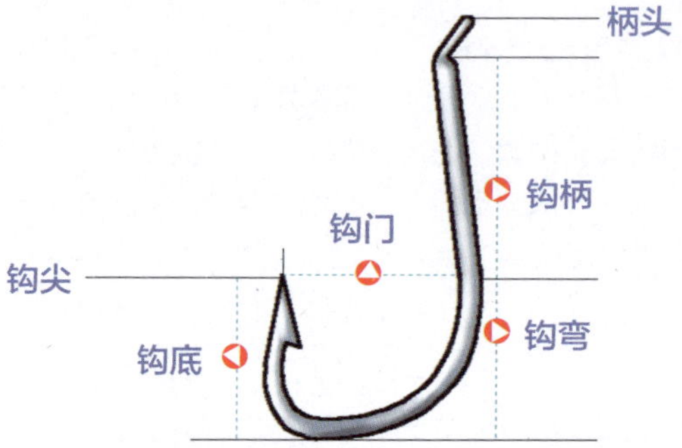

柄头	又称钩轴，是指钩柄的最上端部分，它唯一的作用是防止绑好的钓线滑脱。柄头有直扁头、侧扁头、圆头等多种形状，都要求其厚薄均匀，边缘应有一定厚度，否则薄似刀口，容易割断钓线
钩柄	也叫钩把，是从柄头到钩弯处的一段，上端用于绑线。钩柄有长有短，长钩把适合挂蚯蚓、虫饵等长形饵，多用于垂钓吞食凶猛的鱼类。长钩柄可使钓钩刺得更深，且不易跑鱼，又方便摘钩。用面饵、米饭粒等小颗粒饵施钓，宜选用短钩柄的钓钩
钩弯	是钓钩的弯曲部分，主要作用是能将鱼牢牢地钩住，同时可以在一定程度上减轻鱼对钩的拉力。钩弯会因钩形不同而有差异，有圆形、方形、流线形、下斜形等，角度设计合理的钩弯能增强钓钩的抗拉强度
钩尖	最先作用于鱼嘴，所以要求钓钩的钩尖必须锋利，秃钝的钩尖或虚尖是无法将鱼嘴钩牢的。有的钩尖内侧有倒刺，倒刺的翘度不可过大，也不可过小，倒刺在钩尖的1/3处比较合适。有倒刺钩的穿刺速度不及无倒刺钩，不过一旦被刺中，鱼将很难挣脱
钩门	也称钩口，是钩尖到钩柄之间的距离。钩门宽窄与钩号大小是成正比的，钩号越大一般钩门越宽；宽钩门的钓钩适合钓嘴大的鱼，窄钩门的钓钩适合钓嘴小的鱼
钩底	又名钩深，是钩弯底部到钩尖的深度，它可以分担鱼对钩尖的拉力。钩底的深浅也很有讲究：过深，鱼难以吞入口腔；太浅，容易造成跑鱼

钓钩钩尖的改进

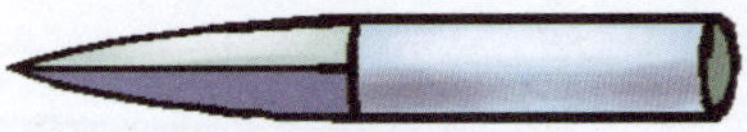

过去的钩尖

改进的钩尖

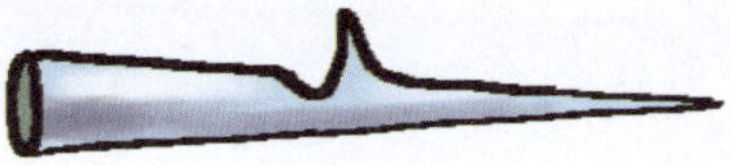

过去的倒刺

改进的倒刺

钓钩钩尖的改进使得钓钩更锋利、更易刺入鱼体。

好钓钩的特点

工欲善其事，必先利其器。优良的钓具组合是助你成为垂钓高手的利器，而钓钩是其中关键的一环。

完美的钓钩应当具备坚、利、韧、轻四个特点。

所谓坚，是指钓钩抗拉强度大、不易被拉直，又指钩柄具有绑扎后不易脱落的优点。

所谓利，是指钩尖锋利，穿刺性好。

所谓韧，是指钓钩具有一定的柔韧度，这对钓钩用钢材的含碳量有要求。含碳量过高，钓钩性脆，稍遇扭曲力即会折断；含碳量过低，钓钩抗拉强度降低，容易被拉直。检测钓钩韧度时，先固定钩柄，再旋转钩尖，在90~135° 角折断的钩，其韧性是最适宜的。

所谓轻，是指钓钩的重量轻。淡水鱼摄食多为吸入，钓钩重量越轻，越易被吸入，中鱼率越高，这就要求使用细径、轻质的钓钩。

要让钓钩同时具备上述四方面的特点是相当困难的。用大号粗径、高碳素钢材钓钩就要牺牲韧性和轻巧；而使用小号细径、中碳素钢材钓钩，那么钓钩的抗拉力又稍嫌不足。所以，要因鱼施钓，根据垂钓对象鱼的种类、大小、摄食方法及用饵等因素，选择不同型号、不同钩形的钓钩，使钓钩的性能发挥到极致。

钓钩的保养

绑钩时要注意，不管采用什么样的钓线，都应把钓线上下的两个抽头绑在钓钩的内侧，以保证起鱼时提拉用力的方向正确，不致使鱼脱钩。若用多股丝线做子线或自绑炸弹钩，绑钩时缠绕不要超过四圈，绕多了反倒不易绑紧，丝线容易从钩柄脱出。也可以打“8”字双扣线，这样可使钓钩绑得更紧、更结实。

每次用完钓钩要及时清除钩上及倒刺内的杂物，及时晾干。保存时不要靠近机油等有异味的物质。因为这些物质会令钓钩沾染气味，鱼的嗅觉十分灵敏，沾有这些异味的钓钩会对鱼咬钩起到不良影响。

钓钩选择要与线、竿相配

钓钩的使用还应和钓线的线径相匹配，例如：较细的钓线应搭配适合垂钓小型鱼类的钓钩，反之，在垂钓大型鱼时应以粗线搭配伊势尼、伊豆等钩。具体到实钓中应视钓场鱼的密度，鱼的大小，个人用钩、用饵习惯及季节气候等因素合理选用，这才是真正的用钩之道。

钓多大的鱼，用多大的鱼漂、多大钓钩、多大主线和子线，感觉是一个没有办法给出标准答案的问题。

短竿配小钩、细线，长竿配大钩、粗线，这是一般的原则。若是线承受的拉力过强，而竿子承重力小的话，钓着了大鱼，竿子承受不了过大的拉力，就会断竿。因此说，并非线越结实耐用越好，一定要与钩的型号、竿的承重力相适应，即使断线了，竿保住了，垂钓者承担的损失也小；若线不断而竿断，所受的损失就大了。

磨钓钩的方法

手持钩柄，将钩尖刺入塑料片，感觉平滑刺入无声响的是锋利的钩，很轻微的“啪”一声刺入的就是钝钩，后者就需要磨了。

把钝钩子夹在小型台钳上，钩尖、钩柄在同一高度，把细油石侧倾（先左再右）约60°，顺钩尖向钩柄的方向推磨。不时用放大镜观察，钩尖断面磨成两平面和一弧面组成的近似三角形即可。最后用白钢条压磨几下。

常见钓钩和钓线、鱼漂的搭配				
竞技钓小鲫鱼	主线 0.4 ~ 0.6 号	子线 0.2 ~ 0.4 号	鱼漂 1 ~ 3 号（底、浮钓用）	袖 0.5 ~ 2 号
野生鲫鱼	主线 0.4 ~ 0.8 号	子线 0.2 ~ 0.4 号	鱼漂 1 ~ 5 号（底、浮钓用）	袖 2 ~ 3 号
中鲫鱼	主线 0.8 ~ 1 号	子线 0.4 ~ 0.6 号	鱼漂 2 ~ 5 号（底、浮钓用）	袖 2 ~ 4 号
大鲫鱼	主线 1.2 ~ 1.5 号	子线 0.8 ~ 1 号	鱼漂 4 ~ 6 号(底钓用）	袖 2 ~ 3 号
冬鲫	主线 0.4 ~ 0.6 号	子线 0.2 ~ 0.4 号	鱼漂 1 ~ 3 号	白袖 1 ~ 3 号
马口	主线 0.8 ~ 1 号	子线 0.6 号	鱼漂 4 号	关东钩 4 号
白条	主线 0.8 号	子线 0.4 号	鱼漂 3 ~ 5 号	白袖 2 号
旁皮鱼	主线 0.4 ~ 0.6 号	子线 0.2 号	鱼漂 1 ~ 3 号	白袖 1 号
2kg大鱼	主线 2 号	子线 1 号	鱼漂 4 号	伊势尼 5 号
5kg大鱼	主线 4 号	子线 2 号	鱼漂 5 ~ 6 号	伊势尼 8 号
10kg以上大鱼	主线 5 号	子线 3 号	鱼漂 5 ~ 7 号	伊势尼 10 号
悬坠钓草鱼	主线 6 号	子线 3 号	鱼漂 5 ~ 7 号	伊势尼 8 ~ 10 号
大青鱼	主线 6 号	子线 3 号	鱼漂 5 ~ 7 号	伊势尼 8 ~ 11 号
半水钓花白鲢	主线 5 号	子线 3 号	大号长尖鱼漂	伊势尼 8 ~ 10 号

钓钩拴线的方法

手竿钓鱼用单钩居多，也有垂钓者选用双钩。用来拴钩的线称为子线，即脑线。从钩柄到钓坠的距离称为子线长度。用尼龙线拴钩称为硬子线，用锦纶线拴钩称为软子线。硬子线反应灵敏，适合钓小鱼。软子线易弯曲，伸缩性强，适合钓大鱼。子线拴钩的方法很多，主要目的是将钩拴牢，拴钩时要用剪刀和小钳子，切忌用手和牙齿来切割。子线的长短，要根据所钓鱼类的大小而定。鱼大，则子线应留长些；采用软子线拴钩时，应比用硬子线拴钩的线短。子线留得过长，鱼吃饵时反应灵敏度差；子线过短，鱼吃食时钓坠会碰鱼嘴，鱼容易脱钩。

绑钩法

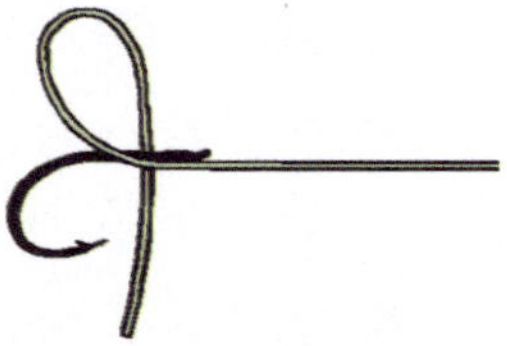

①把线附在钩轴上，并卷一个大圈。

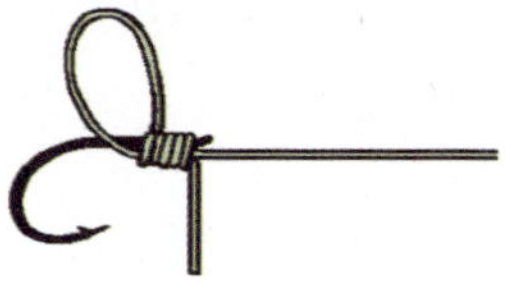

②用线头缠绕钓线和钓钩，缠四次左右。

③缠绕完成后把线穿回大外圈内。

④拉紧，把多余的线剪去即成。

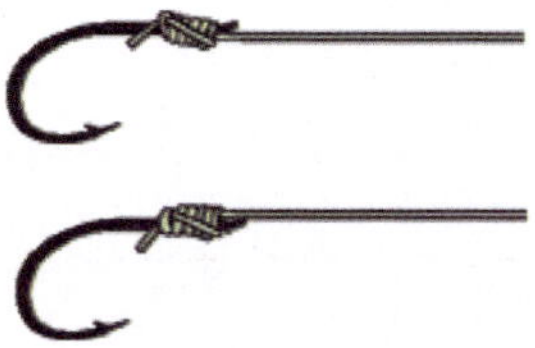

⑤注意拉紧时把主线带向钩尖方向。

什么是“铲尾结绑钩法”

将钓钩绑到拴钩线上叫拴钩。“铲尾结绑钩法”是目前公认的简洁、实用、牢固的绑钩方法。这种优良的方法已传承了很多年。使用铲尾结绑钩法绑好钓钩后，“点”上一些502胶水。之所以用“点”字，就是胶水尽量要少一些；最好不要弄到线圈以外的子线上，否则会引起子线脆化。此处有个小技巧，就是在线圈下面垫一些吸水性好的纸，这样多余的胶水就会被纸迅速吸收，以保证绑线部分的平滑、流畅。这种方法还有一个优点，就是子线可以靠在钩柄内侧（即靠钩尖一侧），这样一来，除防止钩柄磨断子线外，还可防脱钩跑鱼。

需要注意的是，此法虽然够结实，但经过拉拽后，也极有可能使绑线处的胶开裂松动，因此，垂钓结束后需要对绑线处进行常规性检查。

使用串钩的方法

串钩，又叫蜈蚣钩。它将钓钩拴成一串，故而得名。串钩入水后，要求各钩均能伸展，不要与主线相缠绕，因此，其子线要稍硬，即用线径较粗的尼龙线。串钩的子线不宜太长，一般以5~8cm为宜，线径为0.25~0.3mm；钩与钩之间的距离要大于两根子线的长度，以免相互缠绕。

串钩一般用死坠，坠子固结于主线末端，死坠距第一枚钩10~15cm，要求第一枚钩在入水后能刚好挨底，而不能埋于淤泥中。从鱼咬钩的情况也可了解水底情况，若底钩一直没被鱼咬，说明底钩已埋入泥中，这时就应及时改变对策，如可将坠子下移。

在用串钩垂钓时，钓竿的仰角不必太大，尽量使钓线接近水面，这样，主线上面的钓钩便靠近水底，垂钓效果会好一些。在串钩钓到大鱼时，由于串钩钩多，且延伸距离长，要注意不要使空钩挂住抄网，以致难以抄鱼。

同时，串钩由于钩子较多，且上下钩之间距离较长，因此在甩投时要特别注意，以免钓钩钩住人体或身旁杂物。在甩投时，一般采用正投法，从头顶上方甩出为宜。这样易于甩出，也易于准确地投到预定钓点，且不易出现意外。

串钩的优势

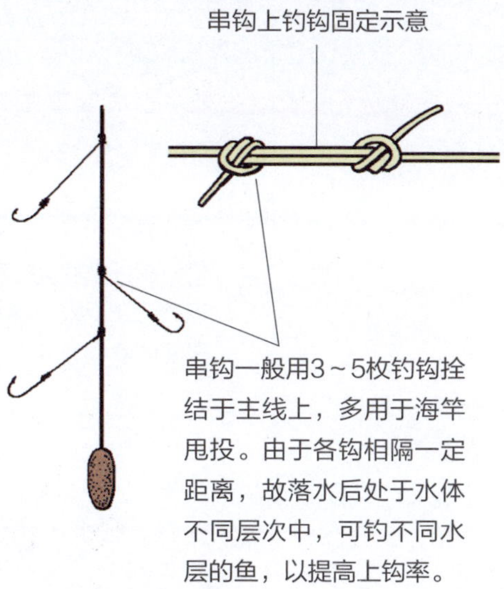

形状不同的钓钩适用于不同的垂钓场合

part 4 绕线轮

什么是绕线轮

绕线轮又称放线器、卷线器，古称钓车，是传统抛（海）竿钓鱼必备钓具之一；通常是由线挡、逆止钮、曳力调整钮、线槽、线夹、轮脚、摇柄这七个部件组成的一个收、放线传动装置，用以固定在抛竿手柄位置上的辅助钓具，是构成抛竿钓组的主要钓具。

绕线轮种类繁多，可分为纺车型绕线轮、鼓形绕线轮、封闭式绕线轮、鼓式单轴承绕线轮、双轴鼓式绕线轮、叉式齿型绕线轮等。

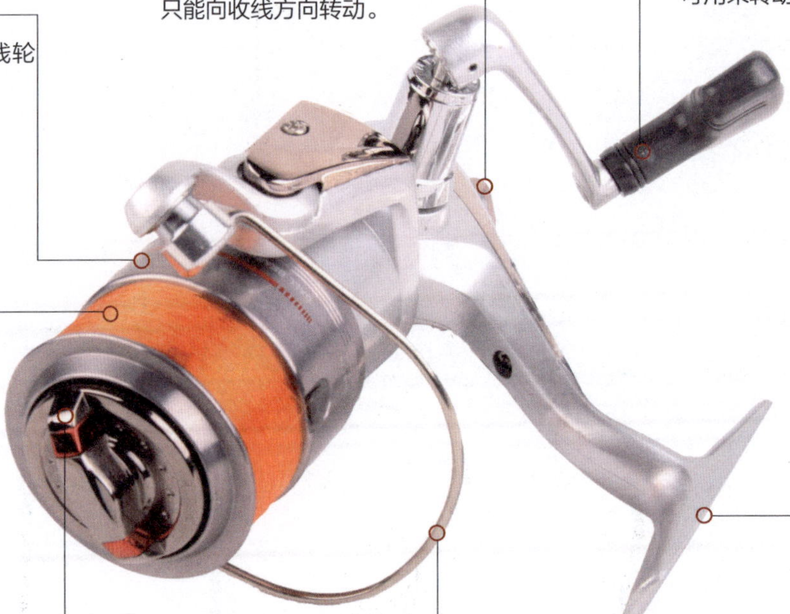

绕线轮的优点及常见类型

第一，用途广。绕线轮不仅使用在抛竿钓鱼上，也可以配置许多不同钓法的钓组，还可以与手竿搭配，特别是在用手竿钓大鱼时，可提高钩、线的荷载能力，避免竿、钩、线折断，并能减少跑鱼。

第二，适应面广。绕线轮延长了钓竿的长度，可适应各种大小不同的水面。由于绕线轮的存在，才使抛竿钓组更具灵活性，摆脱了手竿钓鱼使用“死线”的组配方式，结束了钓鱼手不离竿的束缚。

第三，作用大。绕线轮的曳力装置对垂钓帮助很大，钓手通过对曳力装置的调控，获得竿、钩、线的最大承受力，并能快速消耗中钩之鱼的体力，减轻垂钓者在遛鱼时的体力消耗。绕线轮可将作用于竿、钩、线的拉力通过放线的方式缓解，避免鱼的瞬间爆发力折断钩、线。

正因为绕线轮能给垂钓活动带来非常大的帮助，它深受广大垂钓者的喜爱，在实际中的应用也非常广泛。下面就为大家简单介绍一些常见的绕线轮及其主要特点，方便读者们根据自己的实际需求进行取舍。

（1）纺车型绕线轮。又称旋压式绕线轮，是绕线轮中普遍的一种，也是抛竿钓爱好者使用最多的一种。其优点是轻巧灵活、结构简单、使用方便。纺车型绕线轮主要用于江河、湖泊、水库等淡水水域的垂钓。小型轮一般储线为20~50m，配2.1~3m的抛竿，主要钓取个体在5kg以下的鱼类。中型轮可储存80~120m的钓线，配3~3.6m抛竿，可以钓取5~10kg的大鱼。大型轮储线较多，通常在120~270m，配4.5m或更长的重型抛竿，钓取10~30kg的巨大鱼，还可用于海钓及矶钓。

手刹轮属纺车型绕线轮的一种，是浮游矶钓的专用轮，是根据鲷类鱼的生活习性和方便垂钓者使用而设计的。它由普通的纺车型绕线轮进化而来，所有的功能与纺车型绕线轮类似。手刹装置设在绕线轮的轮脚处，在中鱼的情况下，垂钓者使用一只手就可控制出线量和出线速度。手刹轮具有轻巧便捷、操作方便等优点，是浮游矶钓首选用轮，深受海钓爱好者的喜爱。

手刹轮

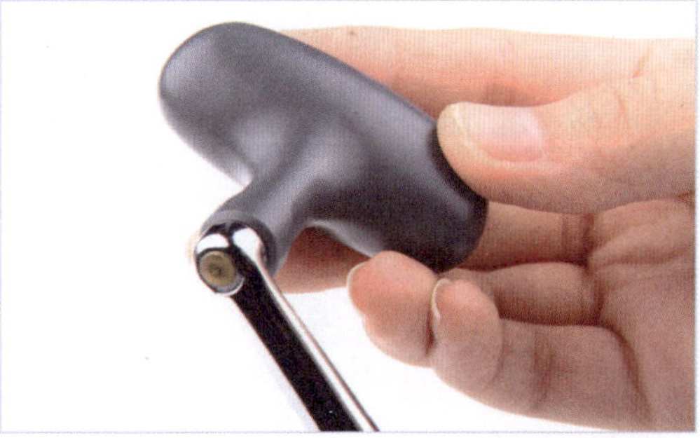

纺车型绕线轮在使用时，做完抛投前的准备工作后，需要放出一段（30~40cm）预留线，将线挡上翻，把线扣在食指上，并用手指压住线，双手举过头顶，竿柄指向目漂（参照物），饵团钓组位于自己的脑后方。

抛投时，左手适当地向下压，右手在松开压线手指的同时，可顺势在竿上略加一些向前的推力。

当钓饵飞出后，随即抛竿，竿尖还应指对着目漂；当钓饵与钓坠完全落入钓点后，稍停片刻，用手将线挡复位，即可收紧多余的线，将钓线收紧并固定。检查一下逆止开关，及时关闭，以免扬竿时跑线，使力量不能作用于钓钩而导致跑鱼。

（2）鼓形绕线轮。鼓形绕线轮简称鼓形轮，通常由卷线槽、止转竿摇臂、侧板、轮脚、平衡重锤等部件组成。主要用于组配大中型抛竿在中深度的海域船钓、矶钓。鼓形轮规格较全，有大、中、小型号，轮体上装有开、半停、停等三个控制开关。它结构简单，轮体轻便耐用，其优点是收线力量大，即使中大鱼，垂钓者也可轻易地控制把握，应对自如。缺点是收线慢，只能短距离抛投，若长距离抛投会因出线不及时而造成乱线，因此鼓形轮一般不作为远投用的绕线轮。鼓形轮通常能帮助垂钓者利用波浪的推力和海水的作用，将钓饵浮送至钓点；用于短距离抛投时，垂钓者用左手的拇指压住飞出的钓线，待钓饵入水（沉降），再用手指压住出线，防止卷线槽跟不上出线的速度而乱线，然后关闭线挡，将钓线收紧即可等待鱼讯。

鼓形轮主要用于船钓、矶钓，在海竿的淡水垂钓中往往与两用竿配合使用。

鼓形绕线轮

（3）封闭式绕线轮。封闭式绕线轮由摇臂止转押键、摇把卷轴盖、出线孔等部件组成。前文介绍的纺车型绕线轮的卷线槽是敞开的，放线、收线都可以看得见，其优点是抛得远、收得快，但如果使用不当，就会出现乱线。而封闭式绕线轮的卷线槽是密封的，放线和收线都看不见，这就避免了伤线和乱线。

封闭式绕线轮主要用于漂流钓和路亚钓，抛投距离在10~20m的区域，适用于浅水水域的抛投钓。线从槽底座前方一小孔穿入抛竿中，然后从竿梢处穿出。封闭式绕线轮也常用于2.1~2.7m的小抛竿，或手海两用竿。

这种线轮的特点是靠按键出线，只要一触压即可出线，要收即收，不易乱线，易学易会。只是其抛投距离不如纺车型绕线轮远，收线的能力也相对较弱，只适宜在水面较小的环境中使用，以钓取个体较小的鱼类。

封闭式绕线轮的抛投要点

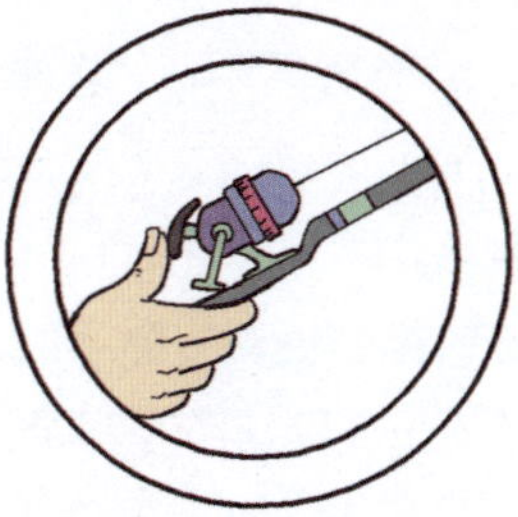

①握住钓竿的手枪柄，用拇指压下按键。

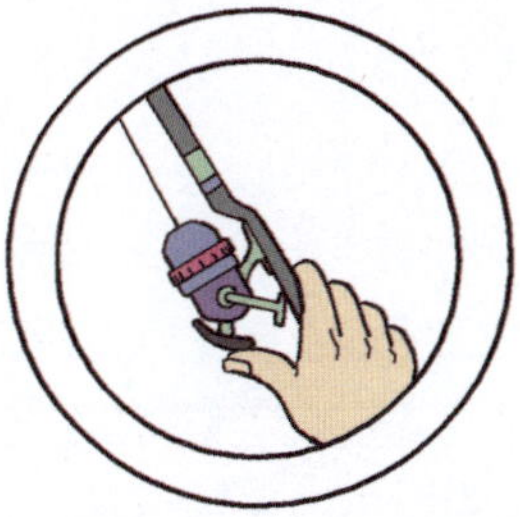

②使钓竿后倾至11点钟的位置，对准钓点甩出。

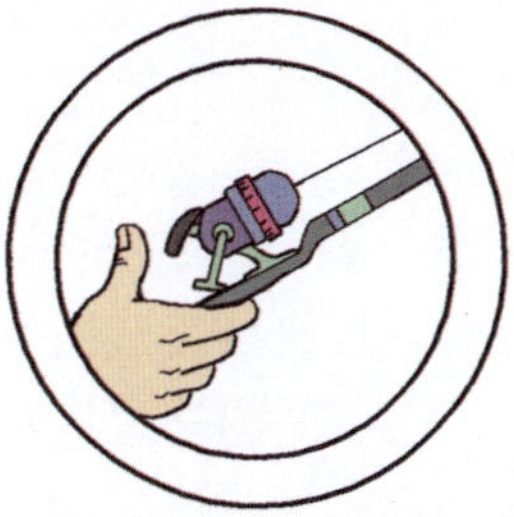

③钓竿到达两点钟位置时，待钓钩投入水域后转动手柄，收紧钓线。

（4）鼓式单轴承绕线轮。鼓式单轴承绕线轮由侧板、止转竿、卷线槽、摇臂、平衡重锤、轮脚等部件组成。卷线槽形如鼓状，直径比纺车型绕线轮大，收线速度快，与路亚钓飞轮相似。在轴承下方有个开关，有停、半停、开三个旋钮，性能较佳。卷线槽内容积较大，可装200m线。其优点是结构简单、使用方便；缺点是体积大、重量大、抛投距离短，对抛投的技术要求高。抛投时，需用左手压住钓线，右手抓住绕线轮的上方，操作有一定的难度。

鼓式单轴承绕线轮一般只用于深海海域的船钓和矶钓，以及船上拖钓，不作为湖、水库等自然水域长距离的抛钓用具。因此，它的使用范围较窄，日常垂钓中不常遇见。

（5）双轴鼓式绕线轮。双轴鼓式绕线轮又称胴突卷线器，因有双轴承和卷线槽直径大的优势，使得其收线阻力小、速度快，卷线槽中可容400~500m的钓线，主要用于配合海钓用的重型抛竿。双轴鼓式绕线轮用于海上船钓，主钓的对象鱼为一些个体较大、挣扎力较强的海水鱼类。因双轴鼓式绕线轮为钓大鱼而用，所以钓前应将绕线轮底座加固，以防止上大鱼时松脱；抛投前左手拇指压住钓线，右手将止转竿扳起，把钓组抛投至钓点，抛竿后关闭，余线收紧固定。

（6）叉式齿型绕线轮。叉式齿型绕线轮又称手轮、土轮，由轴竿、卷线槽、叉形轮叶、螺帽、螺栓等部件组成。叉式齿型绕线轮的结构简单，通常采用6~9只等长的叉齿固定在轴头上，利用叉齿槽替代卷线槽来储线。轴头通过轴竿与竿体的齿轮配合固定，放线或收线时，放松或拧紧固定螺栓，绕线轮便会自行转动或停止。轮盘（卷线槽）的直径一般在15~20cm，有的在传动部分加有弹簧片，与内装的小齿轮相接，起到闭锁绕线轮开关的作用。

叉式齿型绕线轮大多采用玻璃钢、竹木和金属材料制成，装配在实心插接式玻璃钢抛竿上；主要用于湖泊、水库等较大水域，钓取个体较大的鱼类。使用时根据手感松紧钓线，进而调整拉力。其优点为中鱼收竿的手感能使人充分感受到钓鱼的乐趣；缺点是抛投难度大，需要一定的技巧，初学者不容易掌握，且容易乱线。

抛投要点：抛投时，绕线轮置于垂钓者的右侧，左手握住竿尾，右手食指勾住轴竿，放松限位螺帽，并检查导线环有无被线缠住。在确认没有妨碍时，将竿向右侧略为倾斜，利用爆发力将竿向前抛掷，同时松开压在线上的右手食指，将它指向轴竿；待钓饵入水，右手食指应立即压住轴竿，控制绕线轮运转的速度，适时使其停转，以免出线过多而乱线；最后收紧钓线、拧紧螺帽、固定限动轮，等候鱼讯。

（7）数字显示屏鼓形轮。数字显示屏鼓形轮是一种带有电子显示屏的鼓形轮，通常为海钓专用轮。钓饵抛入海底，线轮可准确显示出海水的深度和所抛出钓线的长度，海钓时使用非常省时省力。

数字显示屏鼓形轮

（8）飞轮。飞轮是路亚钓主要用轮，也是路亚钓绕线轮的简称。一般为铝合金或锌合金材料制作，有大、中、小各种型号。由于路亚钓多使用空心钓线，且有变径（线头部较细、中部略粗），这就要求绕线轮的线槽直径比一般的纺车型绕线轮直径略粗。总之，因路亚钓法有别于抛竿钓法，飞轮有结构简单、轻巧灵活的特点。

绕线轮的型号意义

绕线轮由绕线轮卷线槽的直径、容线量、转速比来确定规格型号，而不是以体积大小来确定。有的线轮体积很大，但卷线槽的直径和容线量很少，转速比较低，则属于小规格轮；通常情况下，卷线槽的直径大、容线量大、转速比高的绕线轮，才被视为大型轮，反之则为中型轮或小型轮。

绕线轮规格型号的大小一般由生产厂家设定。对于型号的设定，市面上没有统一的标准，国际上也是如此。日本喜欢以数字“千字”为单位来表示绕线轮（如禧玛诺品牌有1000型轮~10000型轮），韩国则喜欢用“十字”为单位（如善士达公司生产的能手系列绕线轮都是以“十”为单位规定规格型号）。我国早期也有不少厂家用“百字”来表示绕线轮的大小。

随着钓具业的发展，许多厂家渐渐统一以“千字”为单位。但无论以何种单位表示，大家都不要被“绕线轮的型号数字越大，它的性能就越好”这个说法迷惑，而应该仔细查阅标注在卷线槽上的轴承数、转速比、容线量等说明，来确认绕线轮的实际性能。

绕线轮的装线步骤

（1）检查线轮的绕线量（一般在线轮或包装盒上都有标注），选择适宜的钓线型号。

（2）将绕线轮装在钓竿上，关闭绕线轮逆止开关。

（3）将线的一端打结，穿过钓竿的一个导环，打开绕线轮的出线环，将线系在线轮上；关闭出线环，拉抻钓线，检查并保证其牢固性。

（4）保持钓线直紧，匀速转动绕线轮摇竿缠线。

（5）缠线高度要低于线轮边缘1.5～2mm，不要多缠或少缠，否则会在垂钓时令垂钓者难以顺利抛线。

（6）把绕线轮固定在钓竿上的绕线轮座上，然后就可以准备施钓了。

须强调的是，别看鼓式绕线轮体积不大，但它的线容量与旋压式绕线轮不相上下。

绕线轮的安装技巧

①打开钓竿上的夹子。

②将绕线轮底座置于钓竿夹子中，并稳稳地固定好。

③固定好的状态。

④从线夹中取下夹住的线头。

⑤穿好线的状态。

绕线轮的保养

一般情况下，从市场上买到的绕线轮，其内部的零部件都涂有适量的润滑油脂。但是绕线轮与其他精密机器一样，使用一段时间后，都需要进行正常的清洁和保养。

（1）定时润滑传动系统。在使用了较长时间以后，如果要使绕线轮继续保持最佳状态，那么需要在绕线轮的主体内部涂上一层润滑油。如果对绕线轮结构不够熟悉，那么应参照绕线轮结构图或请教精通绕线轮结构的专业人士，切勿在不清楚内部构造的情况下擅自拆装，否则容易损坏绕线轮。如选择自己动手，则应遵循以下次序：先拆卸摇臂和刹车结构，再松掉侧盖螺丝；将侧盖移开，给线轮主轴两端、轴承、主齿轮、齿竿以及蜗竿上油。上油时，务必仔细操作，不要贪多，因多余的油脂会流入其他地方，易损坏绕线轮性能。

（2）用后及时检查。每次垂钓结束之后，尤其是在雨天垂钓和海钓之后，应及时检查绕线轮，以防有脏物存积在绕线轮内；在存放之前要用一条洁净、湿润的棉布将绕线轮擦拭干净，再适当添加润滑油脂。

part 5 钓坠和鱼漂

钓坠的作用

钓坠的主要作用是凭借垂钓者的投掷力量带动饵钩远投，并将饵钩固定在欲钓水域的某个水层。一般说来，所用的鱼坠越重，抛投的距离就越远。主要的钓坠类型有海竿坠和手竿坠。

在悬坠钓法中，钓坠对钓组灵敏度的贡献绝不亚于鱼漂和钓线。其实，钓组可以看成是一个水下信号系统，鱼漂是显示器，钓线是信号传输线路，“钓钩＋鱼食”是传感器，钓坠是平衡及放大器。

当鱼吃食时，产生的外力打破了钓组原有的平衡。鱼口信号在传输过程中被一路衰减——子线和8字环带来的衰减，主线和太空豆带来的衰减，鱼漂和鱼漂座带来的衰减——只有一个例外，它就是钓坠。钓坠受鱼口信号影响，产生了向下的移动力。当鱼口信号停止后，钓坠的下移运动并不因此停止，而是按原来的方向继续下沉，这就是惯性。惯性的大小取决于钓坠的质量和形态。

所谓钓坠的“放大”作用，其实是把鱼口的短促信号，转化成延长的惯性信号，使人用眼得以识别或用手得以感知。如鱼漂在钓坠的拉动下产生了垂钓者可以看见的顿口信号。想让钓坠发挥更大的作用，即需要通过改进钓坠的形态、表面光洁度、连接方式等，使之产生更清晰、明显的顿口信息。

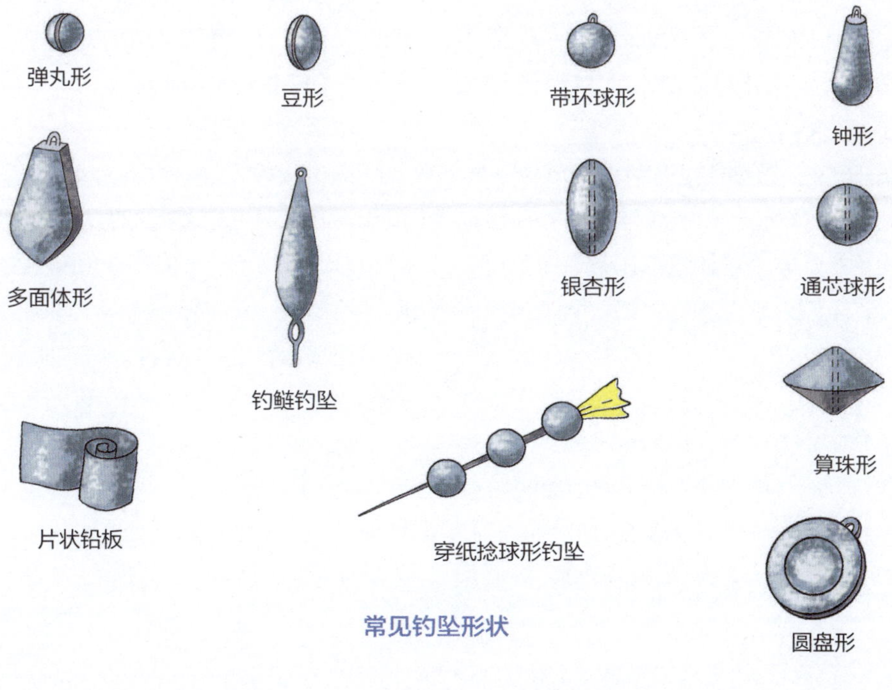

常见钓坠形状

常见钓坠类型

钓坠可视为钓具中重要的重力定位装置。它可以令钓钩到达远处，并且使钓线和装有鱼饵的钓钩迅速下沉到合适位置。同时，钓坠还能令鱼漂下沉一部分，以便垂钓者观察鱼类吞钩的动静。钓坠在垂钓中具有不可忽视的作用。

制作钓坠的材料，主要是铅或铅锡合金。原因是它们熔点低、便于铸造；同时它们硬度也低，根据垂钓需要，方便垂钓者进行剪裁和切割。因为施钓时需要坠重和鱼漂的配合，这些材料能够很随意地调节坠重，来与鱼漂相匹配。

下面为大家介绍垂钓中常见的钓坠类型。

1. 海竿坠

海竿坠分活坠和死坠。活坠中心部位为线条状空心，拴线后可自由滑动，多与各式钓钩搭配，钩在前、坠在后。

死坠则无空心，尾部有易拴线的金属环，坠在前、钩在后。各式诱鱼器多属死坠。一般来说，选购的海竿坠负荷不应小于40g。淡水垂钓时，海竿坠的重量一般不超过60g。

坠子的轻重应根据海竿梢的软硬、钓线的粗细来确定。一般海竿坠的选择原则是：钓竿长、硬，钓线宜粗，坠子重量可大一些；钓竿短、软，钓线宜细，坠子重量应减小。

2. 手竿坠

手竿坠全为死坠。根据鱼漂浮力配重的坠，多为0.5 ~ 2g。有些特殊钓法，如戳孔、戳拱、近岸钓鲶鱼等，都不使用钓坠。我国传统钓法多用绿豆粒大的铅坠，夹在钓钩上方5 ~ 7cm处，可单钩钓，也可双钩钓。台湾地区多用立柱形、两头带金属环的钓坠。根据鱼漂浮力，在两环中间立柱上增减铅皮（也可用牙膏皮代替），直至与漂坠搭配适当。

常见手竿坠可分为如下几种。

（1）豆形钓坠：形似黄豆、赤豆，中间有缝，缝中夹钓线。选用时应与鱼漂配合，使坠稍重于鱼漂。

（2）钟形钓坠：形似水滴，上面有铜丝环供系线，装、取线都方便。其能使手竿钓线荡得远，以便做远距离垂钓，并使钓钩快速沉入水底，能抗风及抗水流。

（3）钩柄坠：焊在朝天钩后部的铅锤，用于淡水池塘钓，一般不再另加钓坠。

须注意的是，坠子与钓钩间的距离应根据所钓鱼种来定：若是钓鲫鱼，间距宜小，一般控制在2 ~ 3cm即可；若钓个体较大的鲤鱼、草鱼等，坠子与钓钩的间距可大些，一般以5cm为宜。手竿若在流水处钓，坠子应稍重，以免饵钩被流水冲走。

3. 抛砣法重坠

抛砣法重坠与海竿坠大同小异，只是重量比后者更大，以便抛砣时能形成较大离心力和惯性。为此，一般都选用80 ~ 120g的重坠。拴坠时，可在坠与主线之间加一个能转动的连接器，这样不仅拆卸方便，而且可使拧扭变形的钓线在浮力的作用下自动复原。

什么是鱼漂

鱼漂是垂钓时鱼咬钩的讯息反映工具，因使用时部分浮于水面，垂钓者也常称其为“浮漂”或“浮标”。人们通过鱼漂的状态，不但可以判断鱼吃食的情况，从而决定提竿的时机，还可以判断是什么鱼在咬钩。鱼漂多用较轻的材料制作而成，现在的鱼漂多为化学制品，也有用鸟类的羽毛、木材、竹材制作的，性能各有差异，形状更是多种多样。

鱼漂漂尾上的色环即为漂目，一格即为一目，通过漂目数字的变化可判定鱼是否上钩。

不同造型鱼漂的用途

外形表现	对应用途
粗短身软尾鱼漂	适合钓翻身（钓翻身也称钓水皮，指钓点在水面下0.3~0.5m。钓翻身一般用在鱼已明显上浮、摄食欲望极强时）
粗短身硬尾鱼漂	适合钓中下层鱼
短身短尾鱼漂	翻身最快，适合钓水皮
长身细硬长尾鱼漂	适合钓中下层快鱼（鱼群聚集，上鱼较快）
小号细长身细硬尾鱼漂	适合钓底层鱼
细长身短软尾鱼漂	适合钓底层轻口鱼（以去皮孔雀羽鱼漂为佳）
竹脚短身细硬尾鱼漂	立起快，到位也快，鱼讯反映灵敏，适合钓小型鱼

常见鱼漂漂相及其意义

常见的一些漂相及代表的意义，为大家总结如下。

20种漂相及其代表的意义	
具体漂相	代表意义
①鱼漂轻点轻触	多为鱼在试探，连点连触则应提竿
②鱼漂微微上升一点，徐徐下沉一目半目	鱼已吃稳，可提竿
③标尾缓缓顶起，只送半目或最多一目，然后鱼漂不动	是提竿时机
④鱼漂偶尔慢慢下沉	不可忽视，动作越慢说明鱼越大
⑤鱼漂微微颤动后，略沉半目至一目，标动即停止	这时提竿时机为鱼漂刚刚下沉，其过程很短，垂钓者若不是精力高度集中，稍有迟缓，即会痛失良机
⑥鱼漂一点点连续点动，幅度很小	也是鱼已吃稳的迹象，即刻提竿
⑦鱼漂点动后，慢慢上送	动作越慢鱼越大，动作快速则多半是小鱼
⑧鱼漂轻轻斜向移位，或平移，或微沉	即刻提竿
⑨鱼漂有力猛点时，只点一下，动作大，不下沉也不上送	鱼饵已吃到嘴里，鱼儿较大，应及时提竿
⑩鱼漂横向移动，还有点向下的动作	即刻提竿
⑪鱼漂横移，不送漂也不黑漂，只作平行横向移动	此时鱼已咬钩，可提竿
⑫未见鱼漂下沉，但送漂	往往是大鱼，且鱼已吞饵，提必获鱼
⑬鱼漂微微颤动且连续不停	鱼已咬钩
⑭鱼漂突然快速下沉或快速上送	多半是小鱼咬钩
⑮鱼漂横卧水面不沉也不动	往往是大鱼半路咬钩，及时提竿起鱼
⑯鱼漂在水面微微连续点颤、轻送或轻沉	鱼咬钩，应及时提竿
⑰找窝及试点时，如果空钩下送，鱼漂不下沉或突然下沉	往往是鱼咬空钩，及时提竿（此种情况较少）
⑱送漂后鱼漂迅速恢复原状，漂为一目送平后又恢复原状	多为虾蟹脚拨动所致，起竿多为空竿
⑲黑漂后迅速恢复原状，漂相为一目斜向入水，然后恢复原状	多为小杂鱼咬钩，不必提竿
⑳鱼漂在水下忽闪一下	鱼儿碰线所致，不必提竿

鱼漂调整术语及内涵

以下是垂钓中常见的基础鱼漂调整术语。

（1）调漂：通过加减线组中的钓坠重量来设定鱼漂与水面相交的平衡点。

（2）带饵调漂：调漂时双钩挂饵，水线长度控制在饵球不触底、双饵悬浮状态。

（3）单钩调漂：调漂之前将底钩剪去，只保留一个钩子。

（4）实钓状态调漂：调漂的全过程一定要在实际垂钓的状态下完成。

（5）半水调漂：调漂时双钩一定要处于悬浮状态，并非指水线是水深的一半。

（6）粗调：在正式调鱼漂之前，先粗略地调整一下，然后边抛竿打窝子，边泡漂泡线，约半个小时之后再正式调漂。

（7）微调：微调一般都是在调漂之后，实际垂钓中发现鱼漂语言不太准确，而加减极少量的铅皮或上下微量移动鱼漂。

（8）调灵：鱼漂调整后与水面相交的平衡点在视漂的高位。从这种角度来讲，鱼漂调得目数越少(即露出水面越低)越灵敏，反之就越迟钝。

（9）调平水：把鱼漂的平衡点定在视漂的顶端，让其与水面齐平。

（10）调目：调漂，通过加减钓坠来设定鱼漂与水面相交的平衡点。

（11）钓目：实际垂钓时鱼漂露出水面的目数。

（12）鱼漂平衡点：鱼漂的“钓目”。当某支鱼漂在线组配重后，静止在水面不动时，鱼漂的示漂与水平面相交的那条线就是该鱼漂此时的平衡点。

（13）剩余浮力：当鱼漂在水中处于平衡状态、静止不动时，露在水面上的部分被称为剩余浮力。露在水面上的目数越多，剩余浮力越大，反之则越小。

鱼漂

（14）鱼漂的自身语言：当鱼漂入水到静止不动处于平衡状态，在此之间表现出翻身、站立、停顿、下沉、反弹、定位共六种自身语言。这六种自身语言都有其特定的规律。如果有鱼来吃饵，必然打破这六种自身语言的特定规律。

（15）鱼漂的鱼讯语言：鱼漂因鱼吃饵而产生的信号都是鱼讯语言。鱼漂的鱼讯语言可分为降讯语言、定讯语言、次降讯语言三类。分别介绍如下。

①降讯语言：当钓坠入水，带着钓饵和鱼漂下沉，直到钓饵沉到某一位置不动为止，在此期间有鱼来吃食，鱼漂所表现出的鱼讯语言，属于降讯语言。

②定讯语言：此类语言出现在钓饵到位，鱼漂处于静止不动之后。一般有下顿、上浮下顿、送漂、黑漂等四种具有代表性的语言。

③次降讯语言：钓底鱼不吃食，垂钓者出于无奈，轻轻拉动鱼漂，带动钓饵离开水底后再一次下沉，引诱鱼来吃食。从钓饵离底到再次定位之间出现的鱼讯语言就是次降讯语言。

鱼漂的种类

鱼漂的种类很多。不同的钓法及钓不同的鱼类，所选用鱼漂的形状、大小也不相同。归纳起来，按整体外形，鱼漂可分为三大类——立式鱼漂、球形鱼漂和线鱼漂。

立式鱼漂

立式鱼漂有棒形、纺锤形、辣椒形、中穿立形、伞形等，适用于吞饵动作较小的鱼类。

球形鱼漂

球形鱼漂有圆形和枣形两种。这种鱼漂的特点是浮力大，常用于钓中上层水域的鱼类，即浮钓。

线鱼漂

线鱼漂又称碎漂或七星漂。多是用禽类的粗羽毛制成圆形、椭圆形或用小塑料球串联而成。

鱼漂的分类	
按漂体的材质划分	巴尔沙木漂、孔雀羽漂、芦苇漂
按漂尾的特点划分	软尾漂、硬尾漂、龙凤尾漂
按漂脚的材质划分	碳脚漂、竹脚漂、钢脚漂
按漂体的形态划分	长身漂、短身漂

鱼漂的挑选原则

（1）坚挺结实是挑选的第一原则。挑选方法主要靠手感，概括起来可以叫一掂、二弯、三弹、四掰。一掂，就是掂其重量要适中，过重则笨，过轻则浮；二弯就是轻弯漂体试强度，确认是否坚挺；三弹就是用手指弹其声响，是空是实，选空实兼备者；四掰就是掰其尾根看是否结实。

（2）灵敏度较高的鱼漂才能准确反映鱼讯。灵敏的决定因素：一是材质轻，浮力大；二是漂尾细，质地好；三是漂体流畅，阻力小；四是结构合理，下重上轻，其平衡点多在漂体上半部。

（3）负荷适度也很重要。有些钓友认为漂体越瘦小，负荷越小，则越灵敏，其实这是一个误解。事实上，负荷小的不一定灵敏，负荷大的不一定不灵，灵与不灵的决定因素是是否适用、好用。一般来说负荷适中的鱼漂，适用水域比较宽阔。另外，灵与不灵与负荷大小并无必然联系，因为钓坠的大小已在试漂定位中把漂体的负荷力降到最低点，剩余的浮力全部集中于漂尾的浮力和材质上，因此无须多虑负荷的大小。我在实践中发现，不少钓友在使用海竿鱼漂时，多用粗大鲜亮的鱼漂，负荷可谓大得惊人，有的一个钓坠就达上百克，但仍频频上鱼，可见重量大的鱼漂，其灵敏度并没有受到太大影响。其实，一味追求小漂、小坠者，多数都会适得其反。例如拉漂灵，送漂就不灵；无风灵，有风就不灵；水浅灵，水深就不灵；夏钓灵，冬钓就不灵；水瘦灵，水肥就不灵等。因此，鱼漂负荷要适中，要因地、因水、因人、因鱼、因距离、因视力制宜，不可以不变应万变，忘却科学变通。总之以适用、好用为准。

（4）漂直稳重是很关键的参考因素。漂灵，不等于稳重，而不稳重的漂受力不均，不仅影响咬钩率，且易惊鱼、跑鱼。因此在选漂时，要注意漂直稳重。

所谓漂直稳重，就是漂尾、漂体、漂头组合合理，其主要标志是漂体运动时始终是直线上下且较平稳。判定漂直稳重，主要有两种方法：一是将漂拿在手中，左手捏“肩”右手捻“头”，使漂原位转动，观其漂尖的转动情况，如果几乎看不清漂尖转动，就是好漂；反之，如果漂尖转动直径在0.2cm以上，则视为不良。二是入水测漂，在水面上预留4/5目，然后用指尖多次按其入水，观其运动是否笔直、平稳，凡平稳升降又复位甚好者，则为好漂，反之，为不良。

总之，选择鱼漂要依据垂钓水域的深浅、垂钓鱼类的大小、水流缓急情况及铅坠的重量而定。钓深水底鱼时，应选较大鱼漂配以较重钓坠，使钓饵迅速落底。在风力较大的水域垂钓时，应选用漂体长、顶端较细的鱼漂。浅水底钓时，鱼漂的浮力与钓坠的重量相等。浮钓时，鱼漂的浮力应略大于钓坠与饵料的重量，这样在鱼吃饵时，才能更灵敏地反馈到鱼漂上来。

调漂的方法

（1）空钩半水不到底调漂。往钓区抛出漂，将铅皮慢慢剪去，一直到漂尖露出水面半目或呈水平状。

（2）挂一颗鱼饵调漂。若选双钩，则在双钩中的任何一钩挂一颗鱼饵，再往钓区抛出，此时会发现鱼漂下沉，之后修剪铅皮，重新挂一饵抛出。如此反复，修剪铅皮，直到一颗鱼饵悬停在半水，漂尖露出水面呈水平状为止。

（3）两饵轻触底。调漂完成后，再将不带鱼饵的空钩抛至钓区，可见鱼漂下沉到某一目就不再下沉了，这露出的目数就是适合鱼饵的调目。

（4）鱼漂上下移动。以这种方法调漂，完成双钩挂饵抛出，鱼漂一定会缓慢下沉，接着再将鱼漂往上移动，至双饵到底露出两目就可施钓。

我在前文多次提过竞技钓，竞技钓是非常讲究实战的，竞技垂钓者进行的半水调漂是在双钩离底10cm的情形下进行的。这个10cm是这样简单得出的：在铅皮坠上额外加点铅皮，保证线组能下沉，钓坠躺底。将这样的钓组投到钓点，通过反复移动鱼漂，最终使得鱼漂露出一目，这个时候钓坠到鱼漂一目处的距离大致就是钓点的深度。假如子线的长度（双钩中以较长子线的长度为准）是12cm，则将鱼漂下拉22cm，这个时候将钓组投到钓点，钩离底10cm。在这种状态下，通过修剪铅皮进行调漂即可。

鱼漂与钓线的连接方法

在使用漂、钩垂钓时，鱼漂是必不可少的。鱼漂与钩线连接的要求是：固定牢靠，不会在提竿时往下滑；便于调整，可以很方便地调整鱼漂与钓线的相对位置。鱼漂与钓线的连接方法主要有以下几种。

（1）用气门芯连接：用气门芯连接鱼漂与钓线是垂钓者使用最多的一种方法。只要剪一段 1 ~ 1.5cm 长的气门芯，将钓线穿入其中，然后将鱼漂尾端的插接竿插入即可；调整时，一手持线，另一手捏住气门芯，连同鱼漂一起推拉。这种连接方法最简单方便，但只适用有插接竿的鱼漂。

（2）双胶管插竿连接：用气门芯连接时，因其与钓线间摩擦力较小，或因气门芯老化，在提竿时鱼漂易下移而影响垂钓。而双胶管插竿连接即可有效地解决这个问题。取一段塑胶电线，剪成长 0.5cm 的两段，抽出铜丝，将胶管套装入钓线；再取一根 2cm 长竹签，在竹签中部拴上鱼漂，再将竹签两头分别插入上下两段胶管中，此时鱼漂位于两段胶管之间。

（3）双环活结连接：对于漂体较大，尾部有一圆孔或金属环的鱼漂可用此法连接。先将钓线对折成双线，穿过鱼漂尾部小孔，打上一个死结；然后把钓线在选定的位置上绕一个双环活结，放入打好的死结，拉紧钓线即可使鱼漂固定。

（4）鱼漂与钓线的活动连接：浮钓时，一般采用漂体较大，漂尾有金属环或小孔的大中型鱼漂，它可沿钓线上下活动。连接时，先将一个直径 5~10mm 的塑料小球穿在钓线上，再将钓线穿过漂尾的金属环或小孔。根据所选定的水域深度，在钓线的相应位置用多股尼龙线打一死结，以限制塑料小球向上移动。这种连接法适用于海竿远点甩投，因投掷时鱼漂滑向坠子，便于甩投。

（5）线鱼漂与钓线的连接：线鱼漂是将钓线穿过羽毛翎或塑料小球而成。在穿结时，如发现钓线与羽毛翎或通心球之间缝隙较大，难以固定，可加细竹签塞紧。每个漂体间要保持几厘米的距离。

part 6 辅助工具

支竿架

支竿架是手竿和海竿钓的重要辅助工具，其用途是把钓竿支起来，架设在垂钓水域的岸边。这样做的作用有三：一是减轻垂钓者的体力消耗，因垂钓者长时间握竿垂钓，很易疲劳，特别是水域中鱼稀少，咬钩很少时，更易烦恼；二是采用支竿架，可同时照看多根钓竿，从而提高垂钓效率；三是有些钓法，如海竿钓，本身就必须采用支竿架。

支竿架种类繁多，选择时要与钓竿的长度和重量、垂钓的方法以及钓位情况等因素相适应。支竿架有竹制的、金属制的，也有玻璃钢及高强度工程塑料制成的。

金属支竿架主要用直径4~6mm钢筋弯制和焊接后镀锌、镀铬而成，手竿、海竿均适用。由于架竿部位较短，故4.5m以下的玻璃钢手竿、竹制手竿及海竿与之配套使用较为合适。架长超过4.5m的手竿，使用时先估测好竿的倾角后，将支架插入土中，然后把竿架上。

竹制支竿架是用4～5cm宽、1cm厚、35cm长的竹板，加一个直径3～4mm镀锌铁线弯成的环而成，配合4.5m以下手竿及海竿比较合适。

支竿架的挑选原则

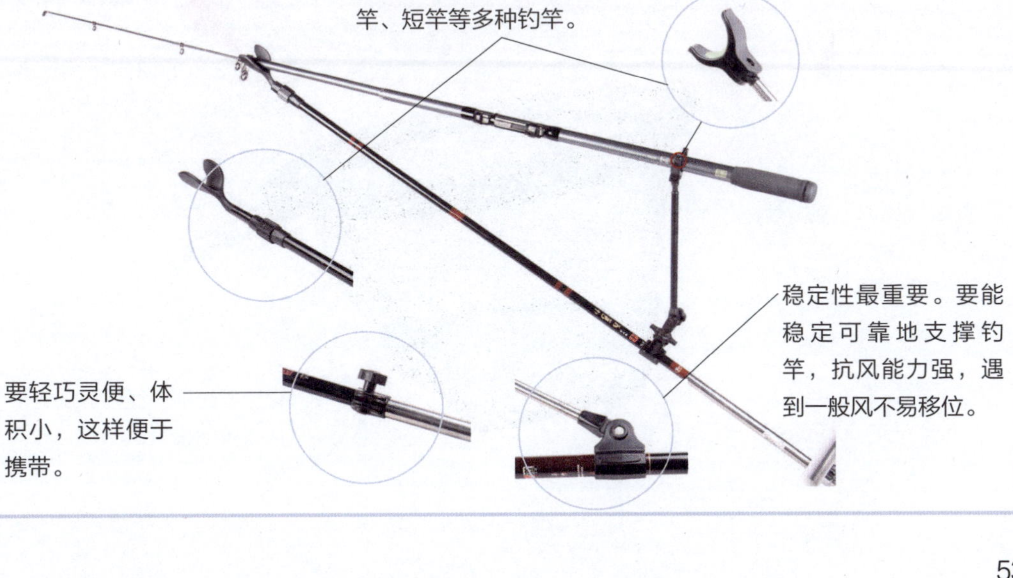

抄网

总的来说抄网要根据当时、当地的实际情况灵活使用，要依照钓点的环境，上钩的鱼重、鱼种而定。

（1）不可先把抄网放进水中，等待鱼靠近时抄捞。因鱼见抄网，必拼死挣扎，很容易逃掉。正确的做法应当是先遛鱼，再伺机放网，切不可早早下网，否则很容易功亏一篑。

（2）抄鱼时抄网应斜插入水，使鱼头正对网口中央，再顺势将抄网向前，进而推鱼入网。当鱼入网后，要放松钓线，以防进网之鱼被紧绷的钓线又拖出网外。还要注意网不可离水，让水托着鱼到岸边，再用手握着网圈，提鱼上岸。

（3）上钩的鱼如果在水中还能自由活动，说明它的力量还没耗尽，这时绝不能拿着抄网追着它抄。由于抄网在水中移动时有很大的阻力，一般人的反应跟不上鱼的游动，怎么也追不上鱼。所以，须待鱼遛乏，不再游动时，才可抄鱼。

（4）切不可从鱼的后方抄，这种操作从某种程度上说，无异于用抄网赶着鱼跑。抄鱼时须从鱼的头部下抄网，因为鱼不能快速倒退，这样就可顺势将鱼抄进网中。

抄网的操作技巧

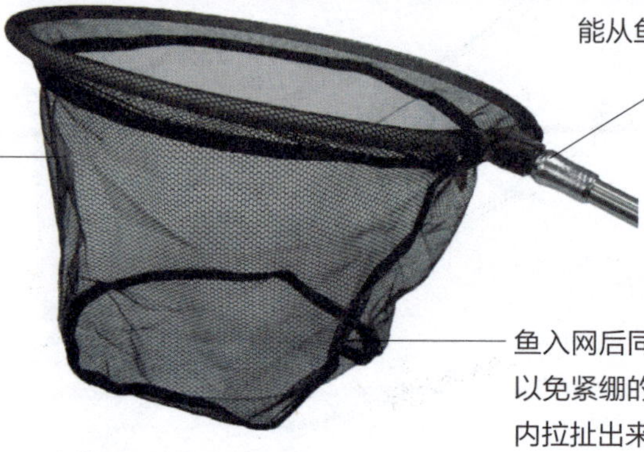

退钩器

退钩器结构较简单，所用的材料有金属、塑料、竹、木等。各种退钩器的共同特点是都有一个豁口。使用时，右手持退钩器，左手手掌握住鱼头；用左手拇指和食指捏住钓线，将退钩器豁口套入钓线，并使其向内移动至钓钩钩弯处；拉紧钓线使其贴在退钩器上，退钩器向下轻轻推动钓钩，直到把钓钩退出鱼体组织。此时，退钩器不要离开钓钩，而应向左或右轻轻移动，这样可以同时取出钓钩和退钩器。

退钩器使用图解

①钓钩钩在鱼嘴里，右手持退钩器，从缺口处穿入钩线。

②将退钩器插入鱼嘴内。

③使钩挂在退钩器内的环上，向下压，左右轻移，直至将钓钩从鱼嘴中拔出。

搭钩

也叫扎钩，是钓上大鱼时使用的一种助捞器，可以保护钓竿、钓线、钓钩不被损坏。常见搭钩以 6 号钢筋弯曲成钓钩状，钩尖要打磨一下，但不必太过锋利。钩长约 60cm，一般配木柄，便于手握，其总长度在 1m 左右。

大鱼上钩后，垂钓者往往要经过长时间的遛鱼来消耗鱼的体力，但若鱼的体形较大，即使用抄网也容易发生意外，此时就需要搭钩帮忙了。搭钩不仅可以保护钓竿、钓线和钓钩，也可以保护抄网不因鱼大而受损。因此，若对象鱼体形较大、体重较重时，就应该提前准备好搭钩。实际应用中，常见搭钩有以下几种。

（1）大搭钩：顾名思义，这种搭钩较大，配 1 个长把手，使用时直接刺入鱼身。

（2）小搭钩：一般将特大号钓钩捆绑在一根棍子上做成，待大鱼被拖至近岸边无力挣扎时，将搭钩伸入鱼嘴后提鱼上岸。

（3）软搭钩：这种搭钩也是用特大号钓钩做成，不过需要在钩柄上拴多股粗钓线。使用时也是待大鱼拖至岸边时，将搭钩塞入鱼嘴，再拖鱼上岸。此种搭钩因用钓线做成，因此便于携带。

撒饵器

撒饵器的种类很多，一般都是垂钓者自制。常用的有以下几种。

（1）卫生纸撒饵器：用一张卫生纸折叠成双层正方形，把诱饵放在纸中，四角叠起用钓钩钩住，轻提至钓点水面上下抖动。卫生纸遇水破裂，诱饵随即入水。

（2）方布撒饵器：用手帕等方布，先浸湿，再折叠三个角成簸箕形（三个角要相互压住），装入诱饵，用钓钩钩住另一角，轻提至垂钓水面，抖动钓竿，三个折叠的角松散，诱饵即落入水中。

（3）夹持式撒饵器：取一筒状塑料瓶（如可乐瓶），剪去瓶颈。使用时把诱饵装入，用夹子夹在钓竿尖部，伸到钓点水面，翻转饵罐即可。

（4）倾覆式撒饵器：这种撒饵器是垂钓者使用最多的一种。盛饵容器可为筒形，也可为锥形，材料不限；在容器顶部两边用铁丝弯成弧形拎把，底部中心钻一小孔，系上一根多股尼龙线，线尾打结后卡住孔洞，线头上拴一卡钩。使用时，先用钓钩钩住撒饵器提柄，卡钩与子线连接件连接；将诱饵倒入容器后徐徐抬竿将容器送到钓点，待其入水接触水底后，轻提竿尖，使钓钩脱离拎把，牵动底部小绳，使撒饵器倾覆过来，将诱饵倒在水底。这种撒饵器能将诱饵倒于水底，定点性好，操作很简单，使用方便，故为众多垂钓者所喜。

鱼护

鱼护是一种盛鱼的用具。它种类很多，最开始垂钓者使用的多是竹制的鱼篓、笆笼，后来由于塑料工业的发展，用多股尼龙线编织的网兜广为盛行，还有用塑料打包带编织的鱼护、折叠式鱼护等。

在外出垂钓前，必须对鱼护详加检查，确认鱼护完整，没有破口。若发现有破洞，一定要及时修补，以免前功尽弃。在钓到鱼时，把鱼放入鱼护时要特别小心，因鱼很滑，在放鱼时一般是一手提鱼护口，一手捉鱼，若鱼稍加挣扎，便容易落入水中。所以，在钓到大鱼时，可用双手包住鱼，这样鱼不易挣脱。鱼进鱼护后，垂钓者需扎好鱼护口部，以免鱼逃逸。

每次垂钓以后，应用清水将鱼护冲洗干净，晾干后再检查一下是否破损，以备下次再用。

鱼护的基本要求

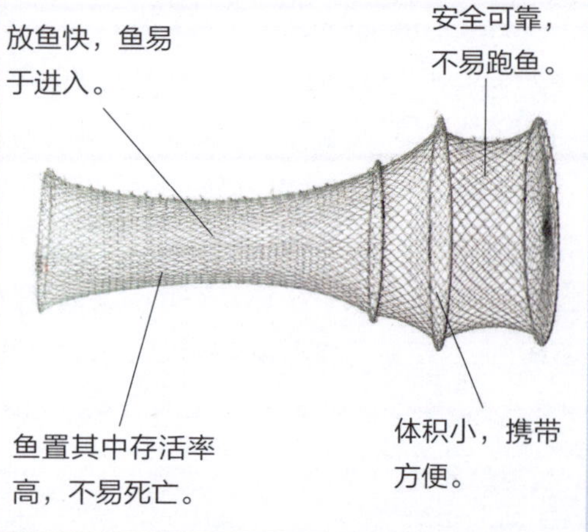

第二章

鱼饵

从其来源看，鱼饵分天然鱼饵和人工鱼饵两大类。从鱼饵所起的不同作用来看，可分为诱饵和钓饵。

大部分鱼类最发达的就是嗅觉器官，不同的鱼在不同的时间、地区和水域中，爱吃的饵料也是不同的。选择鱼饵时，要从实际出发，灵活掌握其中技巧。

part 1 诱饵

诱饵的种类

在垂钓时，诱饵是必不可少的。诱饵的主要作用是在水域的钓点诱集鱼类，使鱼类趋近钓点，增加钓饵发挥作用的概率。

诱饵的种类很多，依形状可分为散饵、黏饵和团饵。如按诱饵颗粒的大小、制作原料和使用方法的不同，又可分为粉末诱饵、颗粒诱饵、合成诱饵、混合诱饵、干撒诱饵、湿撒诱饵、酿制诱饵、色味诱饵、腥撒饵、蘸饵、光诱饵等。但不论哪种诱饵，都是为了诱鱼来摄食，以达到更好的垂钓效果。

粉末诱饵

有麸皮、米糠、豆饼、菜籽饼、蚕蛹粉、鱼粉、面包屑等数十种。通常是取一种材料为主，其余几种材料混合使用，并掺入白酒使之发酵。主诱鲫鱼、鳊鱼等中小型鱼类。

草叶诱饵

多为青草、菜叶或菜心，主要用来引诱食草性鱼类，如草鱼、鳊鱼等。一些植物花卉如南瓜花、油菜花等也可用作诱饵。

颗粒诱饵

主要有碎米、螺蛳、蚬肉、蚌肉等以及人工合成的鱼饵。用以钓取青鱼、草鱼、鲤鱼等大中型鱼类。一般单独使用，也可与粉末诱饵混合使用。

使用诱饵的原则

原则详解	
选料精	注重原料的气味和颜色
对鱼路	在选择诱饵及钓饵时，必须注意投其所好
精炮制	几种原料的比例要考虑好，制作方法要恰当
诱钓配	诱饵绝不能优于钓饵
投料准	确定窝点后，每次必须准确地将饵投入窝点
窝集中	根据饵入水落底后的范围，打窝的范围应集中
量适度	鱼长时间不动钩，很可能是由于诱饵质量不好或诱饵量太少
及时补	垂钓过程中要多次补窝
无响声	鱼听觉灵敏，应用投饵器安静投饵
巧应变	施用诱饵应当随水情、鱼情而变

根据垂钓现场定饵种

在任何水域垂钓，准备诱饵时都应做到以下两点。

（1）有迁有变，面对从未去过的新水域，不管欲钓什么鱼种，首先要通过其他钓友了解或自己探试掌握该钓场有何种鱼，这些鱼偏爱何种饵，以便在用饵上，该依旧就依旧，需要变则变，才能有较好的收获。

（2）水边随俗，在同一水域要是大多数人，甚至所有人都用“荤”或“素”饵中的某一种饵，你就应该从众，改“专一化”为“大众化”。

诱饵使用注意事项

1. 口味要有区别

诱饵的口味区别可以分为两个方面：一是味型，二是浓度。从口味类型考虑，符合鱼的口味的饵料不外乎两类：最常见的和最需要的。最常见的，就是和鱼平时吃的饵料口味相近或相同的饵料；最需要的，就是营养成分和鱼某一生长发育阶段的营养需求相符合的饵料。

从浓度角度考虑，鱼的口味也有轻重之分。不断溶散的诱饵和留存钩上的钓饵相比，钓饵味道应始终浓于诱饵，这样的浓度梯度对鱼的摄食活动有着很好的导向作用。

此外，市面上在售的一些鱼香精，如选用恰当，也能起到诱鱼进窝、增加中鱼率的效果。

鱼香精

2. 雾化要适度

在颗粒饲料或各种谷物中掺入奶粉和豆奶粉做诱饵或钓饵是很常见的饵料配方。奶粉和豆奶粉一类的成分可以改善饵料的口味和雾化效果，是不错的辅料。

雾化饵的使用也要有所节制。不少钓友都曾遇到这样的情况：鱼讯很乱，漂动勤却很少中鱼，像是小杂鱼在闹窝，实际上这可能是饵料雾化过度的结果。

雾化过度的诱饵入水后，一方面会使钓位下方的水域一片浑浊，部分胆小的鱼不敢轻易进窝，徘徊在窝子外围。另一方面，窝子里视觉条件变差，加上溶散的饵料又干扰了鱼的嗅觉，已经进窝的鱼像是在大雾里开车的人，找不到目标和方向，完全凭感觉在摸索。

鱼在窝子里盲目地来回游动搅起的水流反馈到鱼漂上就形成了杂乱的干扰信号。这时往往会有鱼被挂住身体或尾巴。所以，应该根据实际的垂钓情况，合理控制饵料的雾化程度，避免形成“雾窝”。

3. 大小要有主次

饵料的颗粒大小是很多使用糟食、抛竿垂钓的钓友很注意的问题，在手竿垂钓中却往往被忽略。事实上，饵料的大小会直接影响鱼的摄食活动。

在手竿垂钓中，诱饵的大小也是影响诱饵发挥作用的重要因素。在长期的进化过程中，鱼为了尽可能多、尽可能快地获得各种营养物质，形成了“差中选优、优中选大”的摄食本能，这种本能在饵料并不十分充足的季节和水域尤其明显。

在诱饵、钓饵差异有限的情况下，诱饵比钓饵颗粒更大，就会影响到钓饵作用的发挥。比如使用嫩玉米钓草鱼，最好用捣碎的玉米粒做窝，用完整、饱满的玉米粒做饵；捣碎的嫩玉米浆汁外溢，有利于充分发挥诱鱼效果，用作钓饵的大玉米粒目标大、诱惑力强，自然很容易成为草鱼的进食首选。

更多的诱饵制作及使用方法，请参见本书第四章“打窝”部分内容。

part 2 钓饵

钓饵的种类

钓饵按性质分，有植物性钓饵和动物性钓饵两大类。

（1）植物性钓饵：又叫素饵，是使用最多、来源最广泛的鱼饵。主要垂钓如鲤鱼、鲫鱼、鳊鱼、草鱼等素食性和杂食性鱼类。在春末、夏季和初秋垂钓，用素饵垂钓的效果最好。

（2）动物性钓饵：含有丰富的蛋白质，主要包括昆虫、软体动物、小鱼虾等。主要用于垂钓肉食性和杂食性鱼类，如鲤鱼、草鱼、鲶鱼、鳜鱼等。

常用的素钓饵

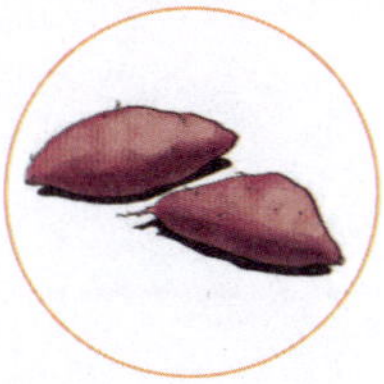

植物块根

如红薯、土豆、芋头的地下块根，含丰富的淀粉和糖分，是做钓饵的好原料。在各自的产地使用效果才好。

鲜嫩的茎叶、嫩芽

如铁性草、苇芯、轮叶黑藻、南瓜花、白菜叶、菠菜叶、蕹菜叶等茎叶和嫩芽，用作钓饵效果很好。

粮食颗粒

粮食颗粒是垂钓者喜欢用的钓饵。味清甜酸甘，有天然清香，对鱼类有强烈的诱惑力。

水果

如香蕉、桃、李子、菠萝、草莓及桑葚等水果，都是钓草鱼的好钓饵。

粕饼

油料作物加工后的粕饼，如豆饼、糠饼等，有自然的清香，可诱可钓。

颗粒饵料

市售或人工配制的颗粒饵料，如鱼饵料、鸡饲料等，也是不错的钓饵来源。

面食混合钓饵

简称面饵，由主料、辅料和味料组成。这是素饵中变化最多、数量最大、最有发展前途的一类钓饵。面饵又被人们称为“素饵之王”。主料多为面粉、玉米面、红薯粉、土豆泥等，其饵料黏性较大，在水中不易溶解，单钩悬挂比较适用。当前市场上销售的面食混合钓饵，如“龙王恨”“东峻”等，根据选钓鱼种的不同，提供不同的配方，非常方便实用。

炸弹饵

也叫糟饵，是海竿垂钓时用组钩（炸弹钩）的专用钓饵，主要由主料和增味料组成。主料有玉米面、面粉、豆饼粉、糠饼粉、豆粉、米饭、红薯泥、土豆泥等；增味料有芝麻粉、香油、炒豆粉、药酒、鱼粉、蚕蛹粉、蚯蚓粉、香精等。将主料和增味料混合后，根据鱼类的食性差异可变化饵料的配方，以适应不同鱼类的摄食特点。炸弹饵对垂钓鲤鱼、鲫鱼、鳊鱼、草鱼、鲢鱼、鳙鱼等均十分有效。

炸弹饵使用技巧

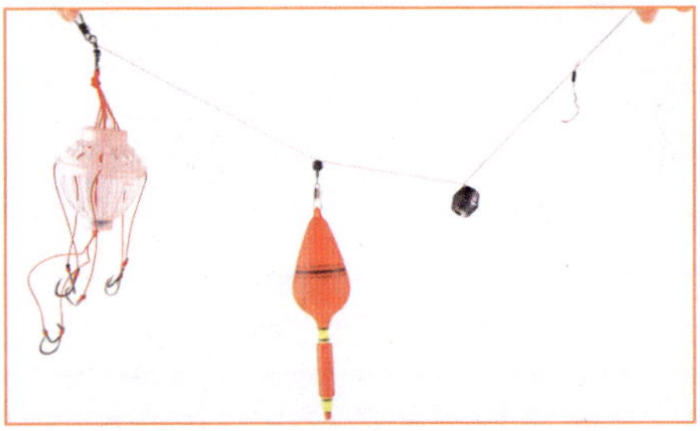

①主线依次穿过太空豆、空心坠及鱼漂滑线器，主线打结并连入钓组连接器。

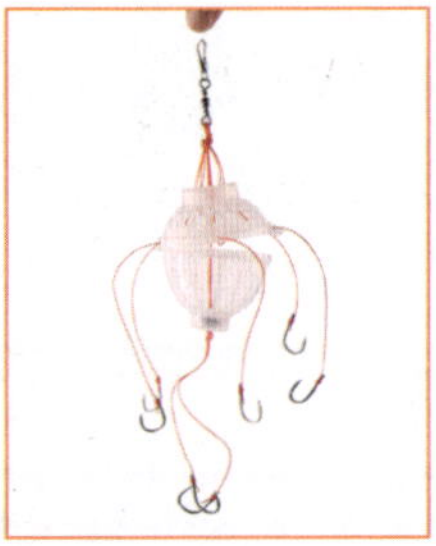

②揭开挂扣，拨开上下笼体。

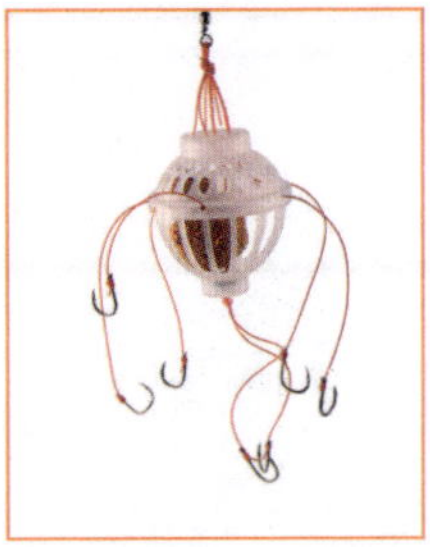

③将捏好的饵团放在笼体内，合上笼体，挂好饵扣。

④为避免钩线缠绕，可将钩尖插入饵团。

⑤以上操作步骤完成即可操竿抛钓。

炸弹饵使用小提示

根据气温等条件将鱼漂与钓组之间的距离调至40~80cm。

抛竿前，请确保笼体挂扣已扣牢。

装饵时可根据饵料稀稠度确定雾化时间，稠则雾化较慢，稀则雾化较快。

常用的荤钓饵

蚯蚓

蚯蚓又叫“万能钓饵”。除鲢鱼、鳙鱼等少数鱼种外，其他鱼类都喜食蚯蚓。蚯蚓肉中含有丰富的蛋白质，体表布满富有强烈气味的黏液，在水中能不停蠕动，且颜色醒目，故蚯蚓对多数鱼类有很强的诱惑力。

小青蛙

青蛙为两栖动物，是凶猛肉食性鱼类，如乌鳢、鲶鱼的天然饵料，用作钓饵。

水蚤

水蚤又叫红虫、金鱼虫等，有通体鲜红、细长如丝的特点，是众多鱼类的天然饵料，用作钓饵效果极佳。

贝类肉

螺、蚌、河蚬等的软体部分，是垂钓青鱼、鲤鱼、鲶鱼、鳜鱼的好钓饵。

蚂蚱

俗话讲：“蚂蚱飞，鱼肥。”蚂蚱生活在水域边，是鱼类的天然饵料，肉食性、杂食性鱼类都喜食它，所以用作钓饵效果显著。

蝼蛄

蝼蛄是农作物的一大害虫，体色黄褐、翅短。蝼蛄的幼虫和成虫均可用作钓饵，鲤鱼、草鱼、鲶鱼、鳜鱼、乌鳢等鱼类都爱吃。

活虾

活虾蛋白质含量丰富，绝大多数鱼类都喜食。它分布极广，我国各地均适用。

青虫

凡是绿色的肉虫统称青虫，它们种类繁多，来源广泛，是垂钓草鱼、鲤鱼、鲶鱼的良好钓饵。

蟋蟀

蟋蟀又名蛐蛐。体呈黑色，体胖肥嫩，油光发亮，蛋白质含量多，是一种极好的钓饵，草鱼、鲤鱼、翘嘴红鲌、鲶鱼、鲫鱼等鱼类都喜欢吃。

面包虫

面包虫是危害粮食作物的害虫，似蛆非蛆，故又叫干蛆，色黄白，体长2cm左右，很多肉食性和杂食性鱼类都喜食。

动物肝脏

各种动物的肝脏，是垂钓甲鱼的首选钓饵。对钓其他肉食性鱼类，也有极好的效果。

蝇蛆

在荤饵中，蝇蛆是非常理想的一种。蝇蛆的蛋白质含量丰富，气味浓烈，颜色洁白，目漂明显，皮质坚韧，个体适中，其诱鱼效果要好于蚯蚓。

鸡、鸭内脏

蛋白质含量高，味道浓烈，是垂钓鲶鱼、乌鳢、黄颡鱼等凶猛鱼类的上佳钓饵。

泥鳅

泥鳅是很多肉食性鱼类的天然饵料，它有个体小、行动灵活、不易死亡的特点，对垂钓鲶鱼、乌鳢等肉食性鱼类有很好的效果。

钓饵配方集锦

1. 天然麦香钓鲫饵

配方：“2号九一八”1份＋“野战蓝鲫”1份＋“疯钓鲫”0.5份

制作方法：将以上饵料混匀加2份水，浸泡3～5分钟，即可搓饵施钓；若采用拉饵钓法，则需加水4份，再将1份“老鬼5号鲫”撒于表面，然后快速搅拌成团即可拉饵施钓。

评价：本饵素材天然，麦香浓郁，适用于投喂谷麦类饲料的养殖池钓鲫。

2. “万能”钓鲫饵

配方：“2号九一八”2份＋“九一八野战篇”1份＋“疯钓鲫”0.5份＋纯小麦蛋白纤维0.5份

制作方法：将以上所有饵料混匀，饵水比1:0.8，加水浸泡3～5分钟，即可制成搓饵或拉饵施钓。

评价：本饵可搓可拉，适用于全国绝大部分水域主钓鲫鱼，对其他鱼种也有较好钓效，是一种多用途的钓鲫饵。

3. 微腥钓鲫饵

配方：“野战蓝鲫”1份＋“九一八”1份＋“统爆鲫腥香”0.5份

制作方法：将以上饵料混匀加3份水，浸泡3～5分钟，即可制成搓饵或拉饵施钓。

评价：本饵微腥，诱食性猛，适口性佳，适合在投喂颗粒饲料的养殖池钓鲫。

4. 清淡型钓鲫饵

配方：“野战蓝鲫”1份＋“速攻”1份＋“1号九一八”1份＋“老鬼5号鲫”0.5份

制作方法：将以上3份饵料加4份水并拌匀后，再在其表面撒入0.5份“老鬼5号鲫”，本饵可搓可拉。

评价：本饵轻如絮，吸入性佳，入水后诱鱼成群，聚鱼成窝。适用于陈年老塘、公园、职业池等肥水水域钓鲫。

5. 竞技钓鲫饵

配方一：“4号鲫”1份＋“战斗1号”1份＋“老鬼5号鲫”0.5份

制作方法：将以上2份饵料加3份水并拌匀后，再在其表面撒入0.5份“老鬼5号鲫”。

评价：本饵腥香四溢，可搓可拉，诱食性强，适用于竞技比赛速钓鲫鱼。

配方二：“野战蓝鲫”1份＋“速攻”1份

制作方法：将以上2份饵料加2.5份水。

评价：本饵钓对象鱼准确率很高，搓饵钓底不乱鱼层，鱼讯准确。

配方三：“九一八腥”2份＋“野战蓝鲫”1份＋适量氨基酸

制作方法：将以上饵料混匀，饵水比1:1.3，揉捏成团即可施钓。

评价：本饵腥香四溢，诱食强烈，适用于冬、春时节的职业竞技钓鲫。

配方四：“野战蓝鲫”2份＋“九一八香”1份＋适量干燥南极虾粉＋适量“老鬼5号鲫”

制作方法：将除“老鬼5号鲫”之外的饵料混匀，饵水比1:1.5，再将适量“老鬼5号鲫”均匀撒于表面搅拌拢堆，静置3～5分钟即可用作拉饵钓鲫。

评价：本饵天然浓香，适口性极佳，适用于冬、春时节在各种养殖池垂钓大体形鲫鱼。

6. 钓鲤饵

配方一：“螺鲤2号”2份＋鲤鱼引诱剂适量＋纯小麦蛋白纤维0.5份

制作方法：将以上所有饵料混匀，饵水比2:1，揉捏成团即可施钓。

评价：本饵适用于初春时节在水库、湖泊垂钓大体形鲤鱼。

配方二：“螺鲤2号”2份＋“天下鲤”1份＋鲤鱼引诱剂适量＋纯小麦蛋白纤维0.5份

制作方法：将以上所有饵料混匀，饵水比2:1，揉捏成团即可施钓。

评价：本饵适用于水库、湖泊垂钓大体形鲤鱼。

配方三：“螺鲤2号”2份＋番薯粉0.5份＋南极虾粉或北极鲜虾适量

制作方法：将以上所有饵料混匀，饵水比2:1，揉捏成团即可施钓。

评价：本饵含大量动植物蛋白，诱食性极强，入水后可迅速将鲤鱼诱集成群，久钓不散。对养殖的鲤鱼具有极佳垂钓效果。

防止钓饵被污染

受了伤的鱼，其伤口部位会自动释放出警报外激素向它的同类报警，因此鱼类具有化学气味通讯功能。钓友摘取上钩的鱼时，鱼体被钩伤的部位释放出来的警报外激素，很可能黏附在手上；如果不加注意，未及时洗手，那么，当钓友再往钓钩上挂钓饵时，警报外激素便会沾染刚刚挂到钓钩上的钓饵，这样的钓饵投入“窝区”水下，势必会令同一种类的鱼群纷纷惊逃。因此，摘钩之后，钓友要用自备清水净手或到十几米外的水域下游把手洗净，再挂钓饵。

自制钓鱼饵料

方法一：用40%白面、60%玉米面发酵揉匀蒸至八成熟，手指压后有凹为宜，趁热立即搓揉成适量大小的块状物，手感有弹性时，装入三层塑料袋中密封待用。此自制面饵易做便携，诱钓效果也好。

方法二：面粉、香蕉泥各半，和匀加入少量糯米粉作为黏合剂，揉至可搓粒挂钩即可。兑入少许西红柿汁尤佳。西红柿的加入，令饵色鲜艳，香甜微酸，诱钓效果颇佳。

钓饵的配制原则

1. 根据鱼的口味更换钓饵

垂钓同一种类的鱼，有时某种钓饵在甲地效果好，有特效，到乙地使用时，鱼却不咬钩。研究发现，鱼这种口味反常现象，往往与鱼在某一水域的生活习性有关。如果垂钓者下钩的水域鱼多，咬钩却不踊跃，就要分析原因，对症采取措施。如果属于鱼胃口反常的原因，就要立即更换钓饵试钓。

2. 选用鱼最喜欢吃的当地食饵

垂钓实践证明，不但不同种类的鱼对钓饵的种类有明显的选择性，就是用同一种钓饵钓同一种鱼，用钓鱼水边就近获得的钓饵效果要比垂钓者从别处带来的好。比如用蚱蜢钓鲶鱼，在垂钓水域岸边捕捉的，比垂钓者带去的效果好；使用在垂钓水域的浅水里捕捉的，效果会更好；使用在垂钓水域的浅水里捕捉的水生昆虫当钓饵，也常比垂钓者带去的效果好；用下钩水域的水调和出的面筋等素饵，鱼也更爱吃。这是鱼类自然形成的特殊习性，它们都喜欢本水域的水，都爱吃本地出产的食饵。因此，垂钓者使用钓饵时，必须十分注意鱼类这种特殊的生活习性，顺其自然、投其所好，必获丰收。

3. 根据鱼的习性选用钓饵

各种鱼尽管有其天然食性，但由于生活的水域不同，食物来源不同，它们的食性也会发生改变。特别是在精养水域，养殖户不可能按照鱼的原来食性去配制饵料，他们只能按当地的条件来投放饵料，这样，逐渐使鱼类改变了它们原来的食性，而偏爱于它们习惯了的、养殖户所投放的饵料。如养殖户多用猪粪、牛粪喂鱼，则鱼对这些饵食特别感兴趣；如多用豆饼、糠饼喂鱼，则鱼对之也很偏爱。这些习性的改变亦是垂钓者在选用钓饵时应重点考虑的问题。

4. 根据水情选用钓饵

不同水域、水体亦有较大差异，有的偏肥，有的过瘦，有的肥瘦适宜。即使是同一种鱼，生活在不同水体的水域，其摄食习性也有不同。就拿杂食性的鲫、鲤鱼为例，它们在肥水中喜吃素饵，而在瘦水中爱吃荤饵，在肥瘦适宜的水域中，对香饵、荤饵很感兴趣。若钓鲫、鲤鱼时，不考虑水体，单用某种钓饵，其结果只能令人失望。

5. 根据季节选用钓饵

在一年四季中，气候变化很大，导致鱼类的摄食习性发生很大改变，即使是同一种鱼类，在不同的季节垂钓，其钓饵也可能截然不同。如草鱼，其成鱼以摄水、陆草为主，但在春暖花开时，植物尚未发芽，这时用蚯蚓等荤饵也能钓到草鱼；初夏时节，各种嫩草是它的佳肴，此时选用酸饵、糟饵钓草鱼就很适宜；夏秋时分，除酸糟饵外，如蚱蜢、蟑螂、大青虫、蟋蟀等均是垂钓草鱼的极佳钓饵；到了冬天，天寒地冻，草鱼已停止摄食，各种钓饵对它都失去了吸引力，也就很难上钩了。

常见鱼饵的味型分类	
腥香型	适用于水温较低时使用，主要用于初春、深秋垂钓
清香型	适用于垂钓肥水水域，主要用于夏季垂钓
奶香型	适用于垂钓瘦水水域，垂钓水库效果很好
果香型	适用于各种水域，针对性不强，水温高时效果较好
酒香型	适用于各种水域，季节性不强

什么是拟饵

拟饵又称路亚，是人工模拟陆、水（含海水和淡水）、空中一些常为鱼类捕食的昆虫、小鱼、小虾而精工制作成的假饵。

拟饵常见种类有三大类，即毛饵、软饵和硬饵。从这三类中又衍生出若干种。如硬饵中有旋转亮片、气泡型、扁头鱼型、匙型等，软饵中有摆动型软饵、旋转型软饵，能发光、产生气泡等，真可谓千姿百态。

毛饵钩

毛饵是假饵之一。指在钩柄的下端用羽毛、塑胶、鱼皮缠成类似陆栖昆虫、水藻类的形体以引鱼上钩的一种假饵。

软饵

软饵是软性的拟饵，在水中运动时更贴近自然小鱼状态。软饵上没有钩，需要垂钓者用钩嵌入饵内。

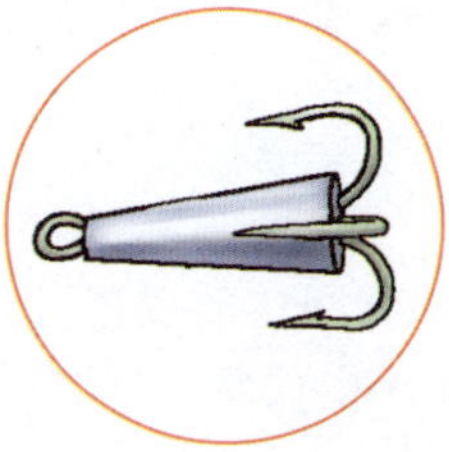

硬饵

硬饵是非常吸引鱼的一种拟饵，在毫无障碍标点的广阔水域，用硬饵去探索是很不错的选择。

水中作用的拟饵种类

（1）鱼形拟饵，可分为单节鱼形拟饵和多节鱼形拟饵。

①单节鱼形拟饵：可以说是鱼形拟饵的主流。运用的差异在于泳层的设计不同；基本上，鱼形拟饵的泳层为表层型、中层悬浮型、潜降型以及深潜型。

②多节鱼形拟饵：这类鱼形拟饵外形包括了两节或三节，只要垂钓者以缓慢的速度曳引，就能表现出令人满意的泳形。

（2）摇摆拟饵可分为浅层摇摆拟饵和

触底摇摆拟饵。

①浅层摇摆：大都在中、上水层使用，以大幅度左右摆动的泳形运动为代表。由于摇摆拟饵的外形多呈蛋形，所以比较适用于嘴大的鱼类。

②触底摇摆：专攻底层的摇摆拟饵，最大深度约可达到8m。它的泳形是不断地触碰底层并激烈摇摆，是冬季水温较低时使用的拟饵。

（3）颤泳拟饵。以浅层颤泳拟饵为例，浅层颤泳拟饵较沉降颤泳拟饵小，所以较适于中、上层的水域使用，算得上是效果不错的拟饵。同样的深度中，用沉降颤泳拟饵的泳形要比专攻深层的拟饵来得更灵活。

拟饵钓鱼的技巧

（1）用饵技巧。拟饵用于钓取肉食性且有掠食行为的鱼类，如大口黑鲈、红梢、鳜鱼、鳡鱼、翘嘴红鲌等。使用拟饵钓鱼不是所有的拟饵都能奏效，成功的前提是拟饵的大小、形状、颜色必须符合所钓对象鱼的食性。一般做法是：钓取鳡鱼、鯮鱼时多使用小鱼小虾类拟饵，而钓取红梢和翘嘴红鲌时，既可以用鱼虾形拟饵，也可以使用昆虫类拟饵。但无论使用哪一种拟饵都必须根据季节来决定。以钓鲌鱼为例，在每年的立夏之后，使用虾形拟饵效果较好；到了秋季（白露）以后使用昆虫形拟饵的效果就明显好于虾形拟饵。因为随着季节的变更，气温逐渐由高过渡到低，大量不适应低温的小动物如昆虫不断地从空中坠落于水表。这种具有规律性的季节变迁，使鲌鱼等肉食性鱼类都形成了季节性掠食习惯。因而使得鲌鱼等鱼类秋季时对在水表挣扎的昆虫更感兴趣。

为了匹配各类鱼的摄食习惯，拟饵形态各异

（2）抛投技巧。拟饵钓鱼不仅需要具备合适的拟饵，还必须具备一定的运动形态；自然水域中的肉食性鱼类都有很强的捕食能力，它们不依赖不具动态的死饵，只对具备一定动态的饵感兴趣（这一点可以通过悬坠钓鲌鱼得到证实，当钓饵抛下尚在运动中，鲌鱼会咬钩，一旦钓饵落底成了死饵，鲌鱼就很少咬钩）。因此，当拟饵抛入钓点时，垂钓者应掌控绕线轮，适度收线，努力使水中的“死饵”变活，模仿得越逼真效果越好，只有这样拟饵钓才能奏效。

（3）择时技巧。肉食性鱼类不仅有同其他鱼类一样的趋弱光、避强光的习性，还有早晚捕食的规律；在一天中，只有早晚湖、库安静时，它们才进入活动的高峰期，也只有光线微弱时，它们才有可能游抵近岸捕食；只有鱼群靠边，在钓组所能企及的范围内，垂钓者才有钓获的可能。因此，使用拟饵钓鱼，不要错过一早一晚这两个上鱼高峰。

什么是蘸饵

蘸饵也是一种商品鱼饵，市场名称不一，如“猾鱼克星”“空钩伴侣”“摇三摇”“钩钩饵”等。一般呈白色粉末状，蘸水后呈半透明类胶质黏稠状，软硬适中，或无色，或红色，或淡黄色，有较大附钩性，有的在水中浸泡10分钟以上仍然可附在钩上保持初始状态而不散。闻之有淡淡的香蕉或苹果清香，尝其干品无味，不咸不甜，有点涩。

使用蘸饵时要准备三件容器，一盛水，一盛蘸饵干粉，一盛麝香米或下窝子的干料。先用空钩蘸水后再蘸干粉，如此反复2~4次，直至达到所需饵团的大小，最后蘸水后在麝香米里或窝子干料里滚一下，外表沾满干料，完成装钩。也可先在钩上装蚯蚓，再蘸蘸饵，可以加快装钩的速度。装钩后轻轻递送到预先打好的窝子中，静观鱼讯。只要鱼漂有较大的动静（或上或下），抬竿刺鱼十拿九稳；无动静或动静轻微无须理会，隔几分钟或十几分钟换一次饵料即可。传统沉底坠钓法和悬坠钓法都可以使用蘸饵。

使用蘸饵的注意事项

1. 确定水域内鱼情

确定所钓水域中是否有很多鲢鱼、鳙鱼和其他小杂鱼，若不是过多，使用效果比较理想；否则，会因窝点中鲢鱼、鳙鱼和其他小杂鱼频频闹钩，直接影响垂钓效果。是否需要使用蘸饵还要视鱼类咬钩概率而定，如鱼密度较大、咬钩欢快，就无须用蘸饵，以免费时费饵。鱼咬钩频率变缓或鱼的密度低时方可用蘸饵，这样可弥补窝点诱饵不足，增强诱鱼效果。

2. 看水体是静水还是流水

实践证明，蘸饵在静水情况下使用效果较理想，因蘸饵是自上而下落至底层的，诱鱼效果非常好；若是流水则会将蘸饵料冲散，使雾化区拉长，浪费饵料，故在流水中不宜用蘸饵。

3. 钓饵投放力求做到轻、准、缓

用蘸饵的饵钩投放时，动作一定要轻，入水时不可发出声响。用蘸饵最好配上长竿短线，以便准确将饵钩递送到窝点中，让其缓缓下沉，不仅能钓获底层鱼类，还可钓取中上层水域中的鱼。

4. 注意风力大小

在风浪较大时（4级风以上）不宜用蘸饵，因风力较大，一来影响抛投钓饵的准确性，二来水面势必形成较大波浪，会使蘸饵随波逐流，雾化区逐步扩散外移，诱鱼效果变差。

使用蘸饵时要选择深浅适中的水域

此外，动手能力强的垂钓者还善于把多种味性、特性不同的商品饵及添加剂按比例混合成一种适应当地垂钓饵的做法，很多垂钓高手称之为“练饵”。

练饵时应遵循以下几个原则。

（1）针对不同鱼的习性而“练”。如鲤鱼以腥为主，鲫鱼以香甜为主。

（2）混合的饵，味道要以接近为好。互“冲”的味会起反作用，无法引鱼上钩。

（3）钓大鱼应“练”粗粒饵，钓鲫鱼则配易雾化、粒细、搓拉结合的精料为佳。

第三章
垂钓的方法

垂钓在我国已经存在了五六千年，随着人们生活水平的提高，垂钓技法也在逐渐推陈出新。

经过数千年的发展，垂钓活动已经逐渐演变出数十种乃至上百种流行的或带有地方性特色的垂钓方法。

part 1 基本钓法

什么是淡水钓

淡水钓钓法名目繁多，因鱼种不同、季节不同、水域不同而不同。

按水域的不同，钓法分为：江湖钓、野塘钓、家塘钓、水库钓、河钓、流水钓等。

按水的深浅层次，以钓取不同鱼类形成的不同钓法分为：浮钓、悬钓、沉底钓、拖钓、浅水钓、深水钓等。

此外，还有守钓、轮钓、逗钓、夜钓、提钓、射钓、放钓、游钓等。

特殊钓法有蘸粉钓、打窝钓、延绳钓、假饵钓、无钩钓、神仙钓等。20世纪80年代末，悬坠底钓法（也称台湾地区钓法）风靡全国，与传统钓法一较长短。

淡水鱼的种类较海水鱼少，淡水鱼咬钩狡猾，较海鱼难钓。所以，淡水钓要用精致的小钩、结实的细线、小巧轻便的钓坠、鲜香的饵料和醒目的鱼漂。

什么是台钓

台钓就是台湾地区钓法，使钓坠悬于水中，而钩在底，因此又称悬坠底钓法，是由我国台湾地区的垂钓高手经过长期实践，不断探索而总结归纳出的一种装备齐全、动作规范、上鱼率高、集娱乐性和竞技性于一体的钓鱼方法。在台湾地区，台钓法一开始主要适用于池钓。由于台钓技术的不断发展，目前在矶钓、船钓中也都有人使用台钓法。

（1）台钓区别于传统钓法，有自己的特色。一是竿细短、线细、钩小无倒刺，鱼漂细长均匀、灵敏度高、稳定性好。二是垂钓者躲在美观的晴雨伞下，坐在轻巧的钓台上，有舒适感。三是钓竿放在竿架上，手不离竿，眼不离漂。四是鱼饵上乘，诱鱼力强，能迅速聚鱼并使其争先吞钩。五是一切

台钓必备组件

台钓用钓竿包和鱼护包

台钓用钓箱

台钓必备组件有钓箱（或钓台）、鱼护包、钓竿包。

钓箱是台钓装备中的重要组成部分之一，钓箱不仅具有座椅、工具箱、储物箱、多种支架功能，更为重要的是有了钓箱才能合理地配置饵盘、竿架、鱼护的位置，保证台钓操作的轻松、流畅、快速。钓箱是台钓特有的装备。

要求规范化，操作轻松、动作标准、姿势正确，因此起鱼率高。

以池钓为例，台湾地区池边划定的钓位只1m宽，钓客多时只能是一个挨一个并排坐。故台湾地区钓友传入大陆的规范式的钓鲫方法及钓具装备，完全是由于台湾地区池钓场那种严格的场地和垂钓环境形成的，他们竿长一般只需3.5～4.5m，抛钩、扬竿、起鱼这些动作，包括坐姿都必须是尽量保持垂直的，否则，会干扰和妨碍相邻钓友。

（2）台钓的优缺点都较为明显。这种钓法的优点：按流程操作较省心，灵敏度高，上鱼速度快。

缺点：对场地有较高的要求，如不适合在水底不平的水域使用；不适合在流水里垂钓，因水流会把钓组冲出钓点；钓底时不适合使用有浮力的鱼饵，比如芦苇等。

（3）台钓的调漂方法也有自己的特色。根据鱼漂的浮力，在铅皮座上卷上适量铅皮，使鱼漂下沉，然后剪去一些铅皮（注意，必须用剪刀剪去，不能用手撕，以防铅中毒），使鱼漂露出自己需要的目数。使用大比重搓饵，拉饵时一般多调在四目左右；使用蚯蚓、红虫垂钓时，或用小比重鱼饵时，可调到一到二目。如果嫌露出的目数太多，可打开铅皮卷，在里面加入适量铅皮，然后卷好。

由于水的比重和浮力随着水温的变化而变化，所以即使是已经调好的钓组，下一次使用时也要先对一下漂，观看浮力是否有变化。

台钓钓法的出竿原则

钓竿全部伸展开后，对准选定的参照物缓缓放平，钓饵入水后沉底，鱼漂漂起即完成整个出竿操作。出竿时尽量保持竿、线的平稳，对准参照物后垂直放下即可。

台钓源于“传统钓”，很多钓具都是在传统钓的基础上改良而得的。所用的钓竿较长是传统钓的特点，一般竿长8～10m。台钓所用的竿长一般是3.6m或者4.5m，操控自如、垂钓轻松；除大鱼需要用双手握竿遛鱼外，从抛竿到扬竿飞鱼一般都只需要单手握竿。

什么是手竿钓

手竿钓鱼在国外很普及，有关手竿的知识前文已经为大家介绍过。一支长手竿是由若干内带锁死结构的钓竿配节组成的，长度不一。有的竿子具有伸缩性，此时钓线的长度与钓竿长度一样；有的手竿是反插竿，即前几节配节可以拿下来，这时应使用比钓竿长度短一些的钓线。手竿适用于所有的钓鱼比赛，也适用于所有钓鱼场地。因此手竿的使用非常普遍。

反插手竿中，最特别的是钓竿顶节上带有一套橡皮筋。橡皮筋一头带有后堵，放在钓竿顶节内，起拉紧作用；另一头带连接件，与钓线相连。当鱼上钩时，皮筋起到减震作用，可以配合遛鱼。根据不同鱼种的大小，使用不同型号的皮筋。上鱼后，把手竿向后移动，取下前几节配节，减短竿长，以方便遛鱼；等鱼游累后，可以用抄网抄鱼或直接提起鱼放入鱼护中。

手竿钓的优势

随着时间的推移，手竿钓在实际应用中形成了多种具体操作方法，在此为大家做一个简单的介绍。

（1）手竿多竿钓是很常见的一种钓法。用手竿多竿钓，是因为自然水域鱼稀，为了提高对象鱼的吃钩率而采取的办法。在垂钓过程中，一旦发现某根竿子的鱼漂动了，应马上把注意力集中到这根竿上，把握提竿时机，对其余钓竿间或瞟上一眼即可。有时自然水域的鱼群突然涌来，两三根竿几乎同时吃钩，此时垂钓者应当机立断，手提一根最称心的钓竿，稳稳地守住这根钓竿即可。这样，反而比同时兼顾好几根竿还要钓得多、钓得顺手。如果是抛竿多竿钓，遇鱼群突然涌来也应暂时舍弃几根，仅用两根抛竿，垂钓收获往往要比同时用七八根抛竿更好。

多竿垂钓法的优点	一是不用打窝，钓饵即是诱饵；下钩后，钓饵自然准确形成扇面，弧线宽度为30～40cm，不漂移，这样的窝形对鱼没有任何异常影响。 二是由于钓点面积大，水底鱼类游动必须经过此窝，使鱼咬钩的机会增多。 三是领鱼方向是先向两侧后靠岸，以竿为扇面中线、分左右两侧领鱼，使上钩的鱼迅速离开钓窝，防止鱼放出的危险信息在窝中留存或刮乱其他线组。 四是钩尖主动刺入鱼嘴；当钓饵雾化，外表形成纤维球时，柔软的适口状态会被鱼类顺利吸入口中，稍加压力钩尖便可刺入鱼嘴；一牵动重坠，钩尖便刺入鱼嘴更深，提竿稍慢也能钩上鱼，钓友不用死盯鱼漂。 五是不必额外补充窝饵；由于每次投竿都是两个饵团，提竿后落在窝点内的碎饵便是很好的诱饵，使水底雾化形成一片诱鱼区。
多竿垂钓钓具的合理配套	一是将钓凳固定在岸上，使之高低适度；垂钓者坐上去舒服，通过调整支竿架，不弯腰就可拿到竿；竿体伸向水面，使竿梢紧贴水面形成扇形。 二是几支手竿必须采用碳素软手竿，长的在中间，短竿依次分布两侧；主线比竿长半米，鱼漂用漂座插在主线上；风大用长鱼漂，风小或无风用短鱼漂。鱼漂露出水面的部分，由钓手的眼力而定。坠的重力远大于鱼漂的浮力，死坠落底；钩的子线距坠不少于8cm（子线在保证拉力的情况下以细软为好），双钩等长分开；钓饵把钩包上只留钩尾，以正好包住钩为宜。每组钩在水底的间距以30～40cm为宜。

（2）手竿底钓可分为带鱼漂钓法和不带鱼漂钓法两种。

①带鱼漂钓法：第一种是配长线钓法。在竿尖连接一根与竿等长或略长于竿的钓线，线的一端连接饵钩，配坠子和单体鱼漂。垂钓前，先依钓点的水深调定鱼漂的准确位置。饵钩沉落水底后，鱼漂呈直立状态，上端露出水面2cm左右。下钩前，可在选定的钓点投撒诱饵，然后挥竿，将钩、坠投甩于钓点。这种钓法可用荤饵（蚯蚓、虾、蛆等）或素饵（面团、饭粒等）装钩。手竿配长线底钓的优点是钓点离岸稍远且静，鱼不易受到惊动，而且钓到大鱼后，为遛鱼提供了较大的回旋余地。海钓底钓的方法、要领与此相同，只是要使用带绕线轮的两用竿。

第二种手竿底钓带鱼漂钓法是手竿、鱼漂配短线钓法，这也是将饵钩递送到钓点的一种方法，适于水不太深的淡水水域垂钓。钓线上配单体漂或多体漂。垂钓前，先根据水深调定漂位，用撒窝器向钓点投放诱饵，然后将饵钩递送于钓点。这种钓法的优点是钩坠垂直入水，饵钩可准确落入钓点；垂钓者还可不时地上下轻轻提动饵钩，诱鱼吞食。这种钓法可以在水草繁茂的静水水域垂钓，以中、小型鱼为主。但不足的是，遇到大鱼时因钓线短而回旋余地少。

②不带鱼漂钓法：第一种是配长线钓法，又叫“看竿尖”或凭手感钓法。流水水域适宜此法。垂钓时，垂钓者用竿将钩、坠悠出，钩、坠落底后，将钓线绷紧；当竿尖下弯或颤动时，应迅速提竿。

第二种是配短线钓法，也叫“系气泡”或“系沫”钓法。在竿尖连接一根短钓竿，配比水深多半米左右的钓线，线端连接饵钩，在钩的上方可装坠，亦可不装坠子，用小虾或蚯蚓做钓饵。垂钓者持竿沿岸轻移脚步，观察水面，寻找鱼觅食的“气泡”，当发现气泡时，要迅速将饵钩递到气泡泛起的水底，然后提起放下，诱鱼吞食。此法一般钓的是鲫鱼、鲤鱼；适于盛夏或初秋的清晨、傍晚。

手竿底钓中还有一种很特别的钓法，叫手钓底钓。手钓底钓指不用钓竿，只用长线连接坠子和饵钩进行远投的钓法。传统手钓底钓也叫拉砣底钓，将一根长10～100m的钓线缠绕在竹筒等圆柱形绕线器上，钓线另一端连接钩、坠。

投甩时，左手持绕线器的一端，朝向投甩目漂；右手捏住钩、坠上方的钓线，手距钩、坠50～80cm，然后挥动钩、坠，使

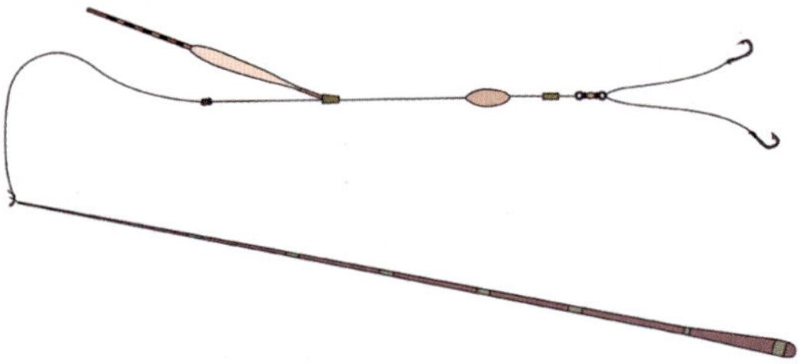

其按顺时针方向做圆周运动，逐渐加速。当钩、坠朝前运行约与水面呈45°角时，顺势松开钓线，将钩、坠投出。松线时机至关重要，过早过晚都不宜。

拉砣底钓用荤、素饵均可，应依水情、鱼情和垂钓季节而定。一般春季和深秋用荤饵；夏季和初秋用素饵。拉砣底钓也可不远投，选择深水区，在陡峭的岸边或岩礁上，将钩、坠沉于水底；用右手食指挂住钓线，拇指将线压住，不时地将钩、坠提起、放下，诱鱼吞钩。

（3）直投钓法是手竿垂钓投甩的方法之一，又叫头顶投法。用此法配施压式绕线轮甩投时，其基本姿势是：左脚在前、右脚斜后，左脚尖朝向目漂；右手握住竿体固定绕线轮支座部位，绕线轮朝下，扳起拨线架，用食指捏住钓线；左手握竿柄端，将竿举过头顶，竿的前端倾向后下方；然后两眼盯着钓点远方，用蹬腿的力量及腰背、臂部力量协调配合，向目漂投竿；当竿挥过头顶时，右手食指松开钓线。当钓饵即将接触水面时，稍微轻提一下，防止饵坠入水时声音过大把鱼惊走。配手拨轮（轴转动型绕线轮中的一种）甩投时，基本姿势与要领与上述相类似。

什么是海钓

海钓是在海水中垂钓的总称。指垂钓者在海边的礁石上、沙滩上、海滨防洪堤上、栈桥上、海中岛屿上、船上和冰上（凿洞），向海水中垂钓。因海中多为凶猛的食肉性鱼类，它们咬钩迅速，遇到鱼群可连连钓获，因此海钓较淡水钓更容易有收获。但因海水面积大，鱼情、水情复杂，海钓也非易事。

（1）海钓要在涨潮未满时进行。海水涨满，鱼不进食；落潮时，鱼随潮水退回离岸较远的水域，也不进食。

热带、亚热带海域四季均可垂钓。这里的海鱼种类多、数量多、个体大，是海钓的理想场所。温带以春秋两季为好，只要掌握气候特征，垂钓效果不错。亚寒带以夏季为好，垂钓者因地制宜垂钓，效果也很好。

海钓可钓到大鱼，也可锻炼人的意志，但危险性大。如天气有变、水情有变时，不像陆地那样可随时离开，所以，海钓应更加注意安全。

（2）海钓，可择机使用海竿（抛竿）、手竿和手海两用竿。在海滨防洪堤、栈桥、海湾内使用的多为手竿。其余水域如海岸浅滩、荒岛岩礁旁、船钓等多用海竿和手海两用竿。海竿与手海两用竿，多为年轻力壮的人士使用；手竿多为老年人、妇女、儿童等力气较小的人士使用。海钓线粗钩大，通常用5~20号钓线。钓钩的大小要视水深和对象鱼的大小而定。

海竿用2~10枚钓组。钓组按连接形式，可分为串漂钓组、天压钓组、胴突钓组、行灯笼钓组、漂流钓组和拉钩钓组等。

（3）不同钓组适用于不同的环境。串漂钓组用于浮钓，钓组上方挂4~10只鱼漂，下系5~10枚长柄流线型钩。

天压钓组是钓取乌贼和章鱼类软体动物的专用钓组。

胴突钓组用于海底钓，由重铅砣、单式双天平、多枚钓钩、多个返捻环组成。铅砣上方的钓线每隔1~2m系一钓钩，悬在底层水中，钓取中、下层鱼类。

行灯笼钓组不系铅砣，在连接器和钓组间系一金属丝制成的诱饵网兜，网兜内装诱饵，用子线系2~6枚钓钩，用于悬钓中、上层鱼类。

漂流钓组由子线、钓钩、返捻环组成，用于船钓、手竿钓。使用时，钓组在海水中层随潮流而动，钓取中层鱼类。

拉钩钓组用于船钓，不系铅砣。钓组中系一潜降板，可使钓组在潮水中滑动。钓组在船后，随船前进，在表层水中波动。鱼咬钩时，钓竿会被拉弯，即可提竿。

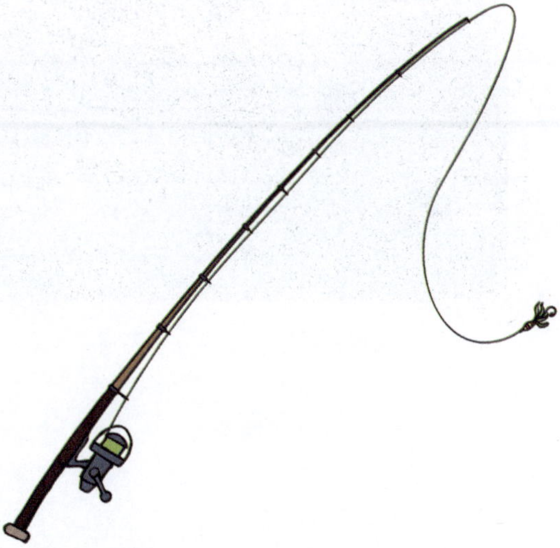

（4）海钓的基本钓法有一定的规律性。无论哪类海钓，依据海洋鱼类的生活海域和觅食习性，可大体分三类钓法。

①浮游钓法：一般海洋中鱼类的生活水层各有不同，如生活于上层的黑鲷；生活于中层的白带鱼；生活于亚底层的蓝勃舵鱼、石鲷鱼等。垂钓者必须借助鱼漂的浮力，让钓饵悬垂于适当的水层来钓获它们。这就是浮游钓法。

②沉底钓法：海洋中有许多鱼类是底栖息者，有的是底域觅食的洄游鱼类。如砂质底域的比目鱼，砾质底域的丁公鱼，泥质底域的马头鱼，珊瑚礁水域的石斑、海鸡母笛鲷等。垂钓者借助钓坠的重量，让钓饵沉入底域来钓获它们，这是沉底钓法。

③拖曳钓法：海洋中有许多强势的鱼种，以猎食为生活方式，被称为“掠食性鱼类”，如旗鱼、金枪鱼、鲣鱼等。垂钓者为适应其猎食的特性，用手拖动钓饵的方法来钓获它们，这是拖曳钓法。

滩钓、矶钓、舟筏钓配合浮游钓法、沉底钓法、拖曳钓法，就可以衍生出许多不同类型的钓法，以钓取海洋中的多种鱼类。

海钓用饵应就地取材

海鱼多属肉食性鱼类，“大鱼吃小鱼，小鱼吃虾米”是它们的食物特性。所以用海虾、海蟹、蛏、蛤、牡蛎，以及沙蝎、沙蚕、海藻虫、海蟑螂为饵，正合海鱼口味。

什么是浮钓

浮钓，顾名思义，就是钓水中的浮鱼，正确运用浮钓方法不仅可以钓获手竿传统钓难以钓获的中上层鲢鱼、鳙鱼、翘嘴红鲌等鱼类，也能钓到中下层鱼类，如鳊鱼，还能钓到上浮的底层鱼类，如鲤鱼、鲫鱼等。因此，浮钓是一项适合全水层鱼类的先进钓法，但要想真正掌握它也不是那么容易。它的操作步骤很多，线组的搭配、饵料的配制、钩的选择……都会对钓获有影响。浮钓有手竿浮钓、投竿浮钓和延绳钓（线浮钓）三种。

（1）手竿浮钓，主要分三种，其中第一种水体上层真饵浮钓又可以分为四种钓法。

①水体上层真饵浮钓。一是用长竿配短线的钓法：线长相当于竿体的一半，一端与竿尖相连，另一端连接5～6号单钩，用蝇虫做钓饵。垂钓者尽可能在长满灌木丛的岸边选钓点，以保持隐蔽，发现鱼后，轻轻将饵钩放于水面，使蝇虫在水中挣扎而起水波纹，引鱼上钩。这种钓法用于钓翘嘴红鲌、鲫鱼等。

二是蹲钓法：这是将饵钩投于水草表层垂钓黑鱼的一种钓法。黑鱼5～7月先后做窝产卵，此时的钓法是找到黑鱼窝，垂钓看窝护仔的黑鱼，俗称“蹲窝”；从8月后黑鱼甩掉仔鱼，时常在密草中隐匿扑食青蛙或小鱼，此时的钓法为“蹲跑海”。以上钓法用的钓饵是青蛙或小鱼。

三是草窝钓法：这是在静水水域，用苇草或其他旱草当诱饵钓草鱼的方法。将苇草或旱草捆好，用另一根绳系一块石头，将草连同石头放在近岸处的水中，诱使草鱼上钩；钩上可装蜻蜓、蟋蟀或苇草草尖。当发现草窝附近有草鱼时，将饵钩投在草窝一侧的前方，诱其吞食。垂钓者要注意隐蔽。

四是戳拱钓法：长竿短线比较适合此种钓法，戳拱一般在比较厚的浮草中进行，孔隙非常小，长竿短线便于控制落点，也方便逗钓。用8号钩，用铅丝缠绕在钩的后弯柄部以增加重量；钓饵用蚯蚓或小虾。在华北地区，夏季是用此法钓鲫的最好季节。天空晴朗的时候，鲫鱼多浮在水体上层的密草层中觅食，在觅食时，常发出气泡声，一般是响声大，鱼小；响声闷，鱼大。拱草动作大，鱼大。垂钓者根据水草动静或听鱼的气泡声，就能发现鱼的位置，并及时将饵钩递送到起拱的地方（即鱼嘴的地方）。此法的关键是掌握下钩时机，最好是鱼拱草的瞬间即下钩。此法可在岸边或船上垂钓使用，但动作要轻。

②水体中层或中下层真饵浮钓。钓线上配鱼漂，漂位定在能使饵钩悬垂在水体中下层为宜。线端固定一个适当的坠子，在坠上方连接两三个8～9号的单钩，钩与钩之间距离20～30cm。用蚯蚓、小虾或小鱼做钓饵。钓点最好选择水底多礁石或沟坎的深水区。钓时以清晨、傍晚或夜间为好，尤以夜间最好。

③水体上层、中层或中下层假饵浮钓。采用小型羽毛钩，在钩的上方距钩5cm左右装一小型鱼漂。将羽毛钩投向判断有鱼的水面，然后轻轻向后拉动。若无鱼吞食，可重新投甩。此法用在安静的浅水水域，要沿岸边走动、边投甩，可钓到马口鱼和翘嘴红鲌等；钓中层或中下层摄食的鱼类，可用昆虫或鱼形假饵钩。

（2）投竿浮钓主要分为两种，分别为大家介绍如下。

①真饵浮钓。在水流湍急的溪流中用真饵浮钓，一般要配适宜的鱼漂、钩、坠。方法有两种：一是在钓线下端固定一个开口坠，钓钩连接于坠下方，鱼漂固定于距离坠子 1m 左右的钓线上；二是坠子固定于线端，钓钩连接于坠子上方的钓线上，可连接 2 ~ 3 个钓钩，每个钩间隔 20cm 左右。用昆虫、小虾或小鱼为饵。垂钓时，选择深水区上游的浅滩下钩。下钩后立即放线，使鱼漂带动饵钩顺流漂到深水区，然后慢慢收线；在静水水域浮钓，要将钩、坠投甩到判断有鱼的点上；或是不远投，下钩前在选定的钓点投撒诱饵，钓点选在近岸处礁石间水流湍急处。

②假饵浮钓。此法是不配鱼漂，将假饵钩投出后，待其下沉到所要垂钓的水域即收线，使假饵在水中模拟活饵游动；当假饵收回到岸边时，重新投出，如此反复进行。此法关键是准确掌握收线速度。假饵种类很多，选用何种假饵垂钓，要依垂钓对象而定。

（3）延绳钓。此法不用钓竿，只用一条数十米至百米长的钓线、鱼漂和钓钩进行垂钓。将一个浮力大的球形鱼漂固定在钓线的一端，在钓线上每隔30 ~ 50cm连接一个钓钩，共可连接数十个钩，绑钩线长20cm左右。此法可用两种办法下钩：一是顺水流将钓线放出，在进水口或桥上下钩；二是在线端固定一个带帆的木船形鱼漂，借风力将钓线放出。过去有些地区还采用空钩延绳钓（又称滚钩、快钩、拉钩、兄弟钩钓）。其钓法与上述延绳钓基本相同，只是钩上不装饵，靠锋利的钩尖刺挂鱼类，但这种钓法目前已被明令禁止。

巧用通心孔活坠

采用投竿浮钓法垂钓前，钓线下端连接一个开口坠，钓钩连接于钓坠下方，在鱼漂后面装一通心孔活坠。将钓饵投到钓点后，通心孔活坠沿钓线滑落水底起定位作用，使饵钩悬浮于水面下，然后使钓线稍绷紧一些。当鱼上钩时，鱼漂会下沉报警。

什么是溪流钓

溪流钓，就是在溪流中钓鱼，即在流动的活水中钓鱼。溪流钓鱼，要用细线、小钩，但钩的倒刺要好，以防止跑鱼；且要扎牢钓饵，不被水流冲走钩尖。不过，若是在深潭里垂钓，那就要根据鱼的品种和个体大小来决定钓线粗细和钓钩大小了。

什么是滩钓

滩钓是垂钓者站在近岸浅水中垂钓的一种方法。滩钓可选择淡水河滩，也可选择海边沙滩。用此法垂钓时，垂钓者站在近岸的浅水中，不断踩动泥沙，搅浑清水，其目的是诱鱼上钩。

夏日垂钓时应绝对避免在海水浴场或海滨游乐区附近泳客或游客多的海滩下竿，以免钓钩或钓坠伤人。在垂钓者多的钓场，挥竿抛投之前，务必回头张望，确定背后无人再抛；或在抛投之前应先出声打招呼，待旁边钓友将钓竿放平再抛，以免敲击到别人的钓竿。

抛投时应避免涉入太深的海水中，以免被骤然涌至的大浪卷走；在夏天台风刚过，天气状况还不稳定的时候，应特别注意。此外，冬天和早春，在东北季风期垂钓，也应避免涉水。

海滩上经常会有碎玻璃、蚌壳、铁片和铁钉之类的垃圾，应避免赤脚在海滩行走，以免脚底被刺伤。夏天滩钓最好穿溪钓用的防滑鞋；秋、冬滩钓最好穿齐胸的防水裤鞋，保护脚部的同时还有防寒效果。

夏天烈日下，海滩上的紫外线极强，很

春天梅雨期和夏天阵雨来临前，海滩上经常会有落雷，此时持导电性强的钓竿站在空旷处，非常容易成为感电目标。因此，在雷雨天应避免前往海滩垂钓，而在垂钓时若看到天色转暗，远处有闪电或雷声传来，应立即收竿离去。

容易对垂钓者裸露的皮肤和眼睛造成伤害，因此垂钓时须穿着长袖衣裤，头戴斗笠或遮阳帽，同时戴墨镜或偏光镜保护眼睛。

春末夏初是魟鱼繁殖期，经常会成群出现在岸边，雨后海水浑浊时滩钓经常可以钓获。由于这种鱼的尾柄上生有硬刺，能分泌毒液，被刺后严重者可能致死，而其死后毒性仍在；因此在钓获后，应立即用刀将其尾部剁断，将断刺拿离海滩后，选择人迹罕至处掩埋，以免被赤脚经过的人踩到。

什么是矶钓

也可将其视为海水钓之一。指在与陆地相连的礁石上垂钓，而日本则是指乘船到海中的礁石上去垂钓。在中国，矶钓以与大陆相连的海岸抛竿钓为主，使用与抛钓相似的钓法。抛钓指的是在沙滩、港口的深水码头，以及防洪堤上，向50～150m处远投垂钓。在矶钓中可以使用淡水钓鲤鱼时使用的钓竿（海竿）和绕线轮。

矶钓分钓上层和水底的鱼。钓上层鱼要使用鱼漂，以常见的如鲈鱼、黑鲷、石斑鱼、真鲷等为目标。石斑鱼是暖水鱼，因而在中国中、南部沿海居多；黑鲷在沿岸地带也可生息，也是上层钓的主要目标鱼类。钓上层鱼时，为诱使其在水中游动，应适量撒诱饵。诱饵和挂饵（把饵穿在钓钩上），一般使用相同的饵料——虾。钓海水底层的鱼，采用的是把挂着很重钓坠的渔具沉入海底垂钓的方法。底层钓的代表鱼是石鲷鱼。

什么是路亚钓

路亚是我国港澳台地区对拟饵的称呼，在英文中拟饵的拼法为lure。传说19世纪初，美国垂钓者豪顿氏手里拿着一小块木片，一边摆弄一边与朋友闲聊。一不小心，木片掉进河中，一条不知名的鱼立刻蹿出并叼走了木片。这件偶然的小事，触发了豪顿氏的灵感，此后他发明了世界上的第一个路亚（拟饵）。

前文已经介绍过，自然水域中的肉食性鱼类都有很强的自主捕食能力，它们不依赖死饵，只对具备一定动态的饵感兴趣。特别是肉食性鱼种，攻击性强，很容易攻击拟饵。路亚钓的全过程都是在运动中进行，包括初期寻鱼、标点、下竿，以及在水中进行的拖竿、收线、抖动、牵曳等动作。把握一定运动规律，努力地使水中的“死饵”变“活”，使拟饵在水中呈现种种类似惊慌逃窜、奋力挣扎、受伤虚弱、急速抽搐等形态，以吸引目标鱼发动攻击，这取代了传统钓法中大多数时间里的枯燥等待。

part 2 挂饵的方法

蚯蚓的挂法

用蚯蚓挂钩，有穿筒挂、缠绕挂、腰挂、节挂、尾挂等。

蚯蚓挂饵法详解

穿筒挂

穿筒挂，主要用于清水中、养殖水中钓鱼，是钓鱼中用得最多的挂饵法。

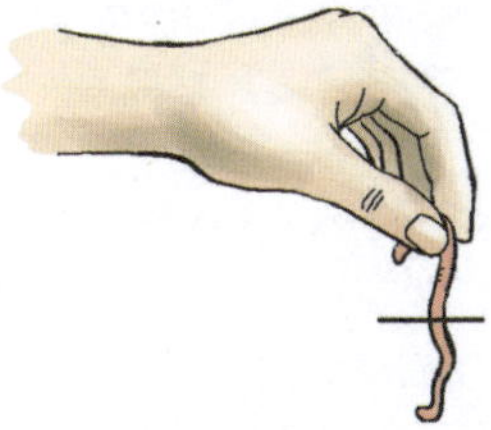

①将蚯蚓切成两段。

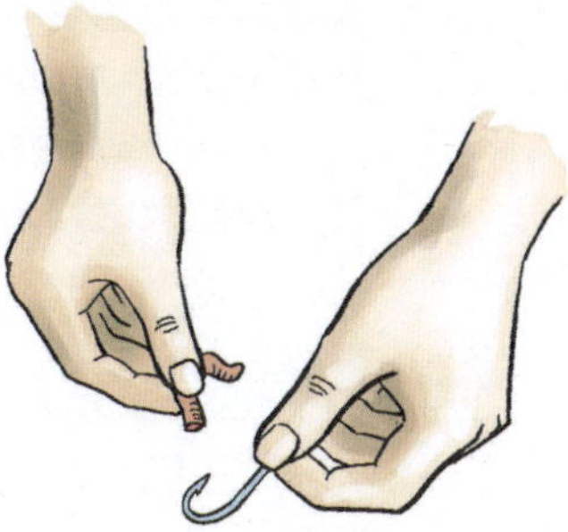

②取其一段，用钩尖从中间穿入。

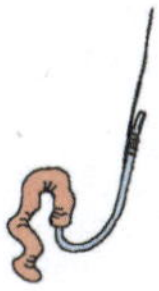

③将蚯蚓身体包于钓钩之上。

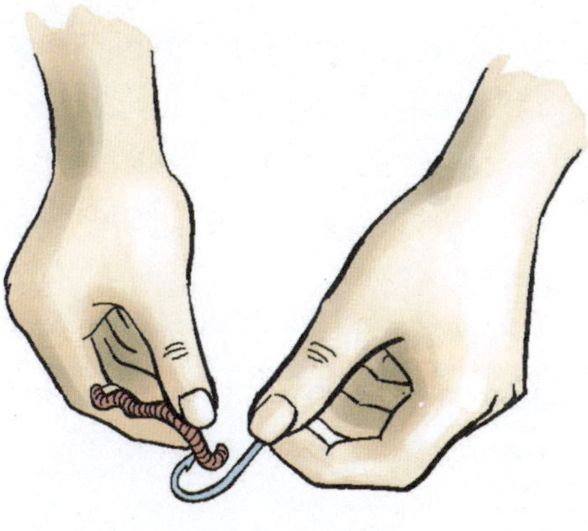

缠绕挂

任取一整条蚯蚓，用钩尖横向从蚯蚓体长2/5的位置穿过；然后，将蚯蚓在钩上缠绕一圈，再用钩尖横向穿过蚯蚓身体；如此反复3~4次，使蚯蚓整个儿缠绕在钓钩上，但要注意保持蚯蚓的头尾都能蠕动。缠绕挂主要用于浑水中和深水中钓鱼，也可以用于阴天钓鱼。

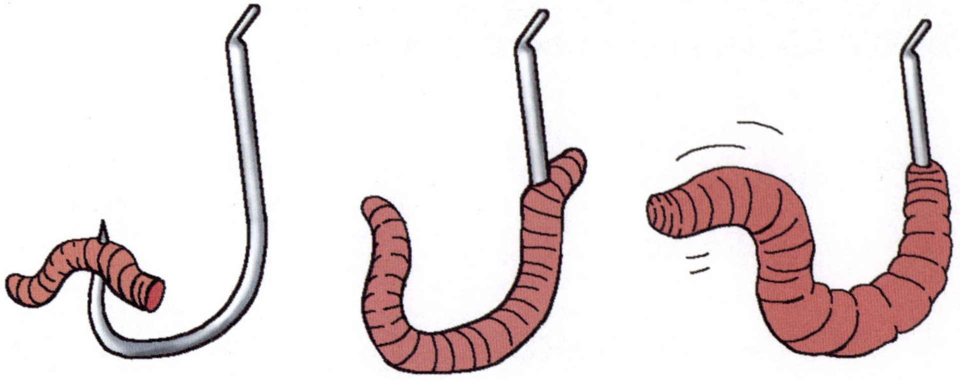

腰挂

用钩尖在整条蚯蚓的腰部横向穿过，只穿一次，挂于钩上，蚯蚓会自行缠绕在钓钩上。必要时，可同时挂两条或两条以上的蚯蚓，形成排挂饵和团子饵，主钓鲶鱼等凶猛鱼。

节挂

将一条蚯蚓切成很多小段，每段约为1cm长，直接挂于小钩钩尖；也可挂两节或两节以上。节挂主要用于浅水边或水中钓小鲫鱼等小鱼。

尾挂

任取一条大蚯蚓，红黑均可，将大钩钩尖从尾部穿入，让蚯蚓身体包满全钩，未穿入钩上的头腰垂下，能不断扭动。尾挂大蚯蚓主要用于水库中钓鲈鱼、鲌鱼等中上层凶猛鱼。

活蛆挂法

用活蛆挂钩也可分为尾挂、穿筒挂、缠绕挂、堆挂等。

（1）尾挂：捏住活蛆身体中部，用钩尖从尾部至大头处穿过，只挂一次，不能挂破流水；挂完后，要使活蛆的头腰部保持扭动。尾挂活蛆主要用于钓底层小鲫鱼、小鲤鱼之类的小鱼。

（2）穿筒挂：捏住活蛆，将钩尖从尾部中心位穿入，将其身体包于钩上，钩尖不露出。穿筒挂是死饵，主要用于手竿钓鱼。穿筒挂加尾挂，使用范围较大，可以用于手竿在流水中钓鳊鱼、鲤鱼；也可用于手竿在静水中钓鲫鱼、鲤鱼等。穿筒挂加尾挂是活蛆用得最多的挂钩方法。

（3）缠绕挂：用钩尖从活蛆的尾部边缘横向挂入，然后将活蛆折回再挂一次，不断反复缠绕多次，让活蛆扭挂在钩上成一小团。这种肉团蛆饵，主要用于钓上层游鱼，如蓝刀鱼之类。

（4）堆挂：堆挂也叫排挂。即用尾挂的方式，在钓钩上反复挂上多条活蛆，形成堆挂活饵。用手竿配合堆挂饵，主钓草鱼。

青虫和蚱蜢饵的挂法

用青虫和蚱蜢挂钩钓鱼主要有穿筒挂和腰挂两种。

（1）穿筒挂：用钓钩钩尖从青虫的尾部刺入，钓钩被包于青虫的体内。必要时，可将青虫尾部推出钩尾，拉到子线位置，防止滑脱。青虫特别大时，也可将钩尖从青虫嘴部刺出，以防止虫体离钩。

（2）腰挂：青虫的腰挂与挂蚯蚓的方法相同，只是挂钩位置可以偏后，蚱蜢的腰挂是用钓钩从蚱蜢的身体中部，即其身体硬壳处横穿过去，使钩尖露出体外。一般用蚱蜢当饵要挂活饵，故不去头、足。主要用于钓上层凶猛鱼。

鱼虾饵的挂法

鱼虾饵是腥饵，主要包括小鱼、小泥鳅、活虾等。用小鱼、小泥鳅挂钩，有背挂和块条挂之分；用河虾挂钩，有整条穿挂和块条挂两种。

（1）背挂：用钓钩从小鱼和泥鳅的背部横穿过去，露出钩尖，小鱼和泥鳅能在钓钩上活动自如。主要用于钓鲶鱼、鲈鱼等凶猛鱼。

（2）块条挂：将鱼、虾切成大小适宜的块，直接挂于钩上。主要用于钓鲤鱼等鱼。

背挂

取一整条小活鱼，用钓钩从鱼的脊背处穿钩，这种穿挂的方法主要用于钓鲶鱼。

块条挂

取活虾，去掉虾壳，从虾肉的中间剪开，再剪成块或小条挂于钩上。块条挂主要用于手竿钓鲤鱼。

肉类饵的挂法

肉类饵有腥饵也有膻饵，猪肝、鸡肝为腥饵，牛肉为膻饵。所钓对象鱼不同，选择的肉类饵也不同。肉类饵挂钩主要分为丁饵挂、条饵挂和坨饵挂等。

（1）丁饵挂：将牛肉、肝饵切成10mm×10mm×10mm的方形小丁，直接挂于手竿钩和串钩上，可用来钓鲶鱼、黄颡鱼等鱼。

（2）条饵挂：将牛肉、肝饵等肉饵切成 15mm×30mm×10mm的条状饵挂于钩上，可用于手竿钓中钓鲶鱼，用插竿钓配合肝饵可以钓甲鱼。

（3）坨饵挂：坨饵主要是熟饵，有熟牛肉、熟油渣等。用坨饵挂钩，只能边挂和尾挂，尽量保持钓钩钩尖刺鱼的有效性。主钓鲶鱼。

粉饵的挂法

用灰面等粉饵做出来的钓饵挂钩，属于软饵，可塑性比较大，主要分为：米形饵、豆形饵、枣形饵、球形饵、拉饵等。

米形饵是将灰面用水和湿成团，捏成米粒大小挂于钩尖，主要用于浅水中或浑水中钓小鲫鱼之类。豆形饵是将灰面或其他粉饵相拌和湿后，搓成黄豆、蚕豆大小，包挂于钩上，沉坠钓和悬坠钓都能用，主钓鲫鱼、鳊鱼、草鱼、鲤鱼之类。枣形饵是将灰面粉等软饵搓成枣形大小包挂于钩上，属于包钩钓法，主要用于深水中钓草鱼、鲤鱼等大鱼。球形饵讲究以小球饵钓小鱼，大球饵钓大鱼，大球饵也可用来打窝。拉饵是台钓的一种上饵方法，将和好的一团饵料压在钓钩上，用力将钩线拉出饵团，饵料则会留在挂钩上，主要用于钓小鱼，竞技钓中常见。

用灰面等粉饵挂饵，要注意两点：一是灰面等粉饵有生熟之分，熟饵四季能用，生饵主要用于夏季，天气寒冷时应避免使用生粉饵挂钩钓鱼；二是用灰面等粉饵挂钩，卤粉饵表现较好，其中以卤熟豆粉为最优，特别是在气温较低的天气钓鱼，卤熟豆粉诱鱼效果明显。

颗粒饵的挂法

颗粒饵属硬饵，主要分为膨化饵和机制饵两种，其中以圆柱体和长方体居多。用颗粒饵挂钩，有单饵挂、双饵挂、串饵挂、排饵挂等挂法。

（1）单饵挂：颗粒饵单饵挂可以挂手竿钩、串钩、炸弹钩。不论饵大饵小、圆形方形，包括流行的泡泡球形都行，一钩只挂一粒，单饵上钩。主钓草鱼、鲤鱼等大鱼。

（2）双饵挂：颗粒饵挂双饵，主要用于手竿钓大鱼，钓钩既要深藏不露，又要防止硬饵挡住钩尖刺不了鱼。双饵挂最好用一大一小钓饵挂钩，小饵在前，大饵在尾。

（3）排饵挂：将两粒或两粒以上的颗粒饵排挂于钩上，形成堆饵。阴天用手竿深水钓大鱼和晚上用手竿清水中钓鲤鱼，多用此法挂钩。排饵挂堆饵密，同样要注意防止硬饵挡住钩尖，刺不了鱼嘴。

需要说明的是，颗粒饵有香饵、腥饵、本味饵之分，钓草鱼宜用本味饵颗粒饵，钓鲤鱼、鲫鱼用香腥颗粒饵比较适宜。

串饵挂

将颗粒饵从钓钩穿过后再推到子线上，可上推一粒、两粒、三粒不等，视情况而定；再在钩上双挂两粒，使钓饵成串联状。这是一种钓大鱼的特别挂法，用于阴天或光线不好的多云天，在水质能见度低、水深在2m以上的情况下使用。

草类饵的挂法

草类饵是素饵，可分为青草、谷草、树叶、菜叶等。草类饵的挂钩方法主要为直挂、缠绕挂和捆扎挂等，主要用来钓草鱼和鳊鱼。

（1）直挂：用钓钩钩尖直接穿过草的茎部、树叶的筋部、菜心的梗部等，数量不宜太多，穿上3~5根即可。树叶或菜心的叶面也只留1~2片，但应尽量挂牢，防止掉饵脱钩。

（2）缠绕挂：草尖、菜叶、树叶都可以用缠绕的方法挂钩。往钓钩上缠绕草饵时，要防止将叶饵揉得太过，无法挂钩。

（3）捆扎挂：捆扎挂主要用于草类饵和谷芽饵。选用3~5根嫩草或10粒左右长谷芽，用细线捆扎成小把挂于钩上，主要用于手竿钓大草鱼。需要指出的是，用青草饵钓草鱼，不要钓沉底鱼，而要钓悬浮；因为沉入水底的青草，草鱼是不喜欢吃的。

可用作草类饵的水生植物

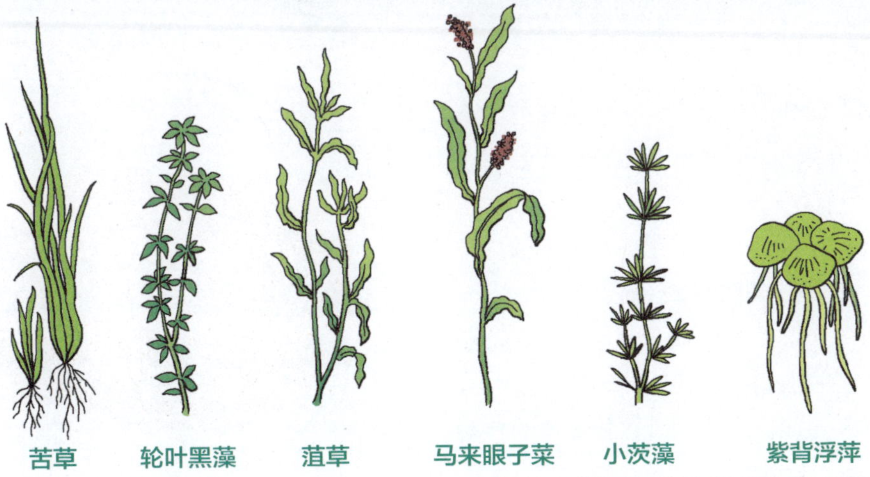

种子饵的挂法

种子饵也是素饵，主要有玉米粒、饭粒、枣类、桑葚等，可用来钓温驯鱼。用种子饵挂钩主要分为：直挂、块切挂、捏团挂等。

（1）直挂：用钓钩尖直接穿过熟玉米粒、饭粒、红薯、枣、桑葚，这叫直挂。直挂可以挂单饵也可挂双饵，视鱼情而定。但要注意防止种子饵壳体过硬挡住钩尖刺不了鱼嘴。

（2）块切挂：将红薯之类切成块，蒸成半熟状挂钩。红薯块香、软、甜，主要用于钓鲤鱼和草鱼。

（3）捏团挂：将煮熟的饭粒捏成团状，红薯蒸熟捣成泥状，配入适量灰面之后再搓成团状，包于钩上，可用来钓草鱼。

饵料的保存

平时我们用饵料，是很难一次把一袋饵料用完的，而袋子开口以后，保存起来就是个问题了，容易撒得到处都是；一旦遇上下雨天，那更是不好保存，不小心淋了雨，还可能变质。根据饵料的不同，我们可以采取不同的保存方法。

（1）将空饮料瓶里边的水分晾干，然后把饵料装进去，在外边贴上 2 cm长的一块医用胶布，写上饵料的名称。用的时候倒饵料很方便，量也好控制。

（2）可放在冰箱内保存。若放在冰箱冷藏室保存：红虫子不超过2周；青虫不超过1个月。

（3）做成炼饵保存。冬季可在前一天晚上制作备用，天热时容易变质，应在现场制作。

（4）保存蚯蚓时可在小木箱里依次放入泥土、切成小碎段的草、蔬菜屑等，上面盖上几层破布。经常用淘米水遍淋，保持潮湿环境，这样会繁殖出更多的蚯蚓。

（5）想保存蝼蛄，可在装饵料的竹篓里，放好潮湿的水藻或几层布块，把蝼蛄虫放在中间，可保存几天。

（6）像蛹粉、土豆粉等粉状饵料，只要不启封，即可保存不腐烂。但春、秋季节时容易生虫，不宜大量购进此类饵料。

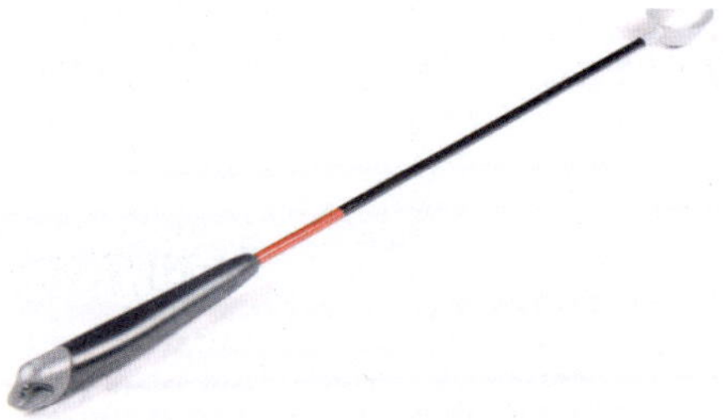

part 3 操竿的方法

正确的垂钓姿势

垂钓是一种动中有静、静中有动的休闲健身活动，具体操作时会有一些姿势上的讲究。垂钓通常有4种姿势。第一种是跑钓：在200m范围内打几个窝子，垂钓者来回奔跑而钓，每个窝子停留约10分钟（有鱼时延长），不断轮换，以锻炼体力。第二种是站钓：站着以锻炼腿力，但最好不要超过1个小时。第三种是蹲钓：蹲着钓鱼，以锻炼脚力，时间不超过半小时；第四种是坐钓：坐着以静观动态。4种方法可交替进行。

钓鱼时要注意姿势对健康的影响。一是要预防久坐弓背和坐姿不正。长时间维持一个坐姿还容易使前列腺受压，引起前列腺疾病。因此，不要久坐钓箱上。垂钓中可伸伸腿、跷跷脚，站一站，稍走动走动。二是要防止眼部疲劳。久看鱼漂，眼睛容易疲劳。看鱼漂久了，不妨转移视线看看岸边的绿叶、鲜花，以消除眼部倦怠。三是要注意及时进食、喝水，以防引发低血糖或肠胃不适。

保护钓竿的方法

抽竿时要按顺序从竿尖第一节逐节抽取，不可用力太猛。选择钓位时注意前、后、左、右空间须无树枝、电线杆等障碍物，以免在垂钓过程中提竿一甩，撞上硬物而折竿。另外，垂钓时，放在地上的钓竿也要选好位置，以免被人踩裂；竖放时动作要轻，以免上部的节竿下落。干、湿、冷、热、日光暴晒等都易造成竿体变形或表面涂料脱落，垂钓时竿体要避免泡在水中。

钓竿不要放在阳光下暴晒，也不要悬放在不平的物体上，更不要置于重物下，以防变形。垂钓中如果钓线被挂住了，千万不要带竿硬拉，以防损坏钓竿。

手竿投竿的方法

（1）弹送法。这是手竿用得最多的一种投竿方法，其优点是便于操作、容易投准，特别适用于长竿长线在钓位拥挤、四周有障碍的环境下使用。投竿前要做到两脚前后开立，面向垂钓水域，目视钓点前方。

弹送投竿法操作技巧

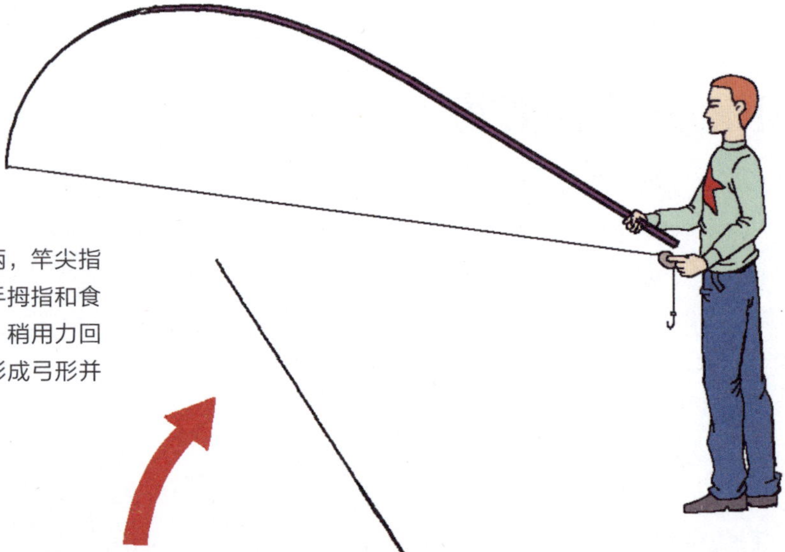

①右手握竿柄，竿尖指向钓点，左手拇指和食指握住钓坠，稍用力回拉，使钓竿形成弓形并与水面垂直。

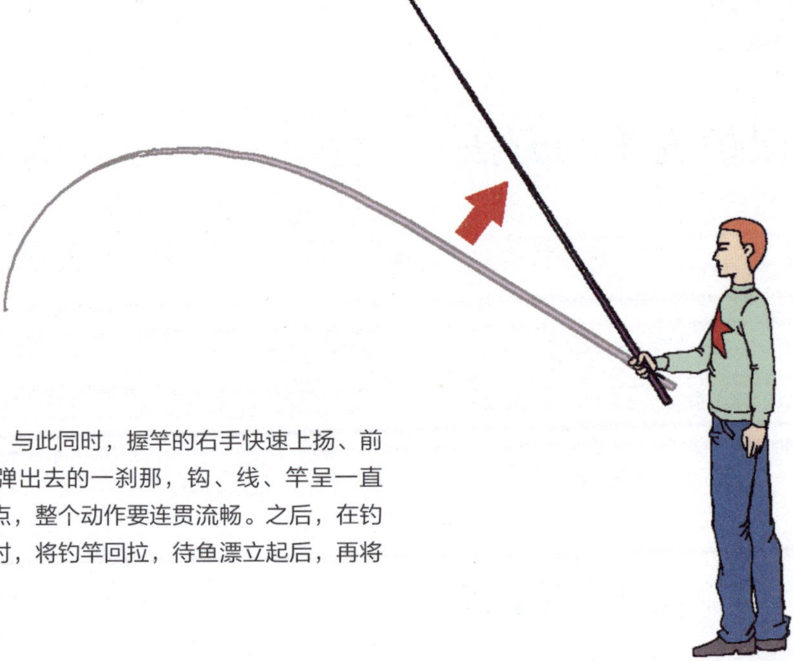

②松开左手，与此同时，握竿的右手快速上扬、前送，在钓坠弹出去的一刹那，钩、线、竿呈一直线，飞向钓点，整个动作要连贯流畅。之后，在钓组入水下沉时，将钓竿回拉，待鱼漂立起后，再将竿送出。

（2）侧投法。适合于竿子较长且钓位两旁空旷的环境。

（3）背送法。适合于水面宽阔且钓位后方和上方都无障碍物的水域，特别是钓点距岸较远或在迎风岸垂钓最能体现其优点。

决定海竿投抛距离的因素

海竿的优点之一是能甩长线、钓大鱼。使用海竿时，其抛投距离是关键。决定海竿投抛距离的主要因素有以下几个。

（1）海竿的长度与硬度很关键。海竿要想投得远，竿是主导。一般来说，竿长投得远些，竿短就投得近些。但竿长，甩竿时阻力大，费力气，因此体弱者不能选用太长的竿。竿的硬软与投距也有密切的关系。软竿反应灵敏，但难投远；硬竿易投远，但反应不灵敏。因此，应综合选择弹性好、软硬适中的竿。

（2）钓线的粗细与坠子轻重需要引起垂钓者重视。钓线越细，飞行时的阻力越小，越能投远；但钓线过细，强度小，难钓大鱼，故海竿钓线不宜太细，一般钓线直径宜在0.35cm以上。坠子不宜太轻，太轻难以投远，也难以稳定饵团，故宜稍重，一般坠子以40~60g为宜。总之，线细用轻坠，线粗用重坠。

（3）投竿姿势正确与否是决定海竿能否投远的关键——同样一根海竿，姿势正确的垂钓者可投得很远，而姿势不正确的垂钓者，不但投不远，甚至难以投出去。

（4）海竿甩投，要想投得远，垂钓者手指松线时机要恰到好处——过早，坠子向高处飞，投不远；过晚，坠子向下栽入水中，也投不远。松线的恰当时机，应是海竿甩至最高点前。要抓住松线时机并非易事，垂钓者需经过长期反复的练习和感悟，才能熟能生巧。

海竿投竿的方法

（1）劈投法：面对投掷目漂，垂钓者应左脚在前，脚尖朝向前方钓点，右脚在后站立；左手握住竿柄尾部，右手握固定绕线轮支座脚，扳开出线环，右手食指钩住钓线。举竿于头顶中央，竿尖倾向后下方，重心移向左脚，以劈砍势甩臂掷向前方目漂。注意发力不要过猛，以免造成断竿。当钓竿运行过半，距水面约45° 角时，垂钓者应伸开勾线的右手食指放线（放线的时机很重要，要多加练习才能掌握）。与此同时，握竿柄的左手应移至左侧腹部；右手握竿前伸，下压竿尖，使竿体呈水平状态，完成投竿全过程。待饵钩落水后，扳回出线环，并将钓线收紧，置于竿架之上。如果钓位上方有障碍物不可用此方法。

（2）抡投法：又叫平投、侧投，就是将钓竿横抡平投，使钓组到达预定钓点水域的方法。当钓位上方有树枝、电线等障碍物时，用此法为宜。其最大优点是投掷距离远，最远可达百余米。 操作时，钓手应是侧身站立，身体与目漂成90° 角，竿尖与目漂成180° 角，钓手将钓竿横握至腰处，投竿时将竿自右向左平划出一个180° 角的半圆形轨迹。这种投法较难操作——放线过早投不到位，放线过迟会错过目漂，既不易掌握左右偏差，又不易掌握前后距离，因此准确性较低。

（3）撩投法：属于低位出竿，当钓位上方和两侧有障碍物时，采用此法出竿较为有利。但由于此法钓竿活动距离较小，导致抛投距离较近，一般只有30～40m远。操作时，它与劈投刚好相反。劈投是自上而下挥动钓竿，而撩投则是自下而上撩动钓竿。钓手采用侧站位，将钓竿斜持于腰部，竿尖朝前，尽量接近地面，坠子和饵钩亦应尽量收至竿尖。投竿时钓手用臂力和腕力使竿尖自下而上撩出，并在适当时机松开压线手指放线。撩投的坠子应当重一点，坠子过轻则操作不便。

（4）弹投法：弹就是弹竿放线，这是一种与手竿弹送法相似的海竿弹线法。具体操作方法是钓手一手持竿，一手握住上好钓饵的钩，将钓线拉紧，把钓竿拉成最大弯度，形成最大的弹射力量，与抬竿放线时的力量形成合力；在适当时机松开所握的坠子与饵，将它们弹射出去。这种投竿法动作幅度小、出竿快，是用海竿进行30m左右近岸钓的一种投竿法。由于投竿时不需要很大的空间，所以此法也是躲避钓手周围障碍物常用的一种投竿法，钓手如果使用的是手海两用竿，就不适宜采用这种投竿法。因为两用竿竿轻尖子细，形不成较大的弹力，也就难以将钓饵送至目标钓位。

抡投法中的平举姿势

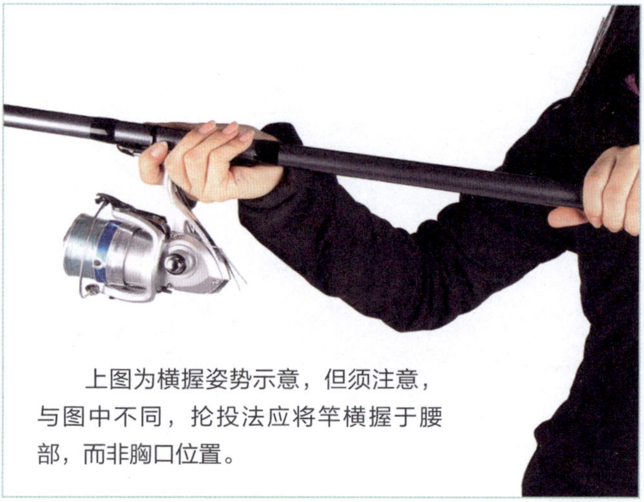

上图为横握姿势示意，但须注意，与图中不同，抡投法应将竿横握于腰部，而非胸口位置。

海竿抛投要领

海竿抛投的正确握竿姿势是双手一前一后握住竿把（一般是右手在前，左手在后），右手的无名指与中指夹住绕线轮的轮座，右手食指钩住钓线，左手打开线挡；两腿前后叉开，竿尖向后，平举海竿，身体上部略往后倾，重心放在后腿，用力向前挥动甩竿，身体重心移向前腿；当竿挥到与视平线呈45°角时迅速松开食指放线，身体上部自然顺势前倾；待钓坠落水后身体恢复正常，放下线挡，收紧钓线，即完成海竿的抛投。

操作海竿的基本程序

海竿虽然长短不一，但使用方法大致相同，其基本程序如下：

（1）逐节拉开海竿，使各线圈对齐，并在一条直线上，针对各节连接处应稍用力拉紧。

（2）将绕线轮安在卡座上，用螺母将其固定好，把绕线轮逆止开关拨向反转位置，拉动线头，钓线即可被拉出；再将钓线逐步穿过线圈，直到穿过竿尖过线圈；用连线环挂上钓坠和钓饵，以备甩投。

（3）把逆止开关拨回正转位置，调整好曳力装置——曳力装置过紧，出线阻力过大，遇大鱼时易断线；过松，出线阻力过小，遇大鱼时出线过快，易线尽鱼跑。一般是用手拉钓线，正好能拉动即可。

（4）适当旋转绕线轮，使饵团离竿尖30~40cm。右手握竿于绕线轮处，以中指和无名指夹住绕线轮连接臂，食指第一关节钩住钓线、翻转出线环，按垂钓者熟悉的甩投方式将钓饵投向钓点。

（5）待钓饵落水后，立即拨回出线环，再摇动绕线轮手柄收线；收线至钓线仍处于松弛状态时，把海竿放在支架上，海竿的仰角（竿身与地面所成）应大些，因仰角大小与竿尖反应灵敏度有直接关系。一般来说，仰角越大，灵敏度越高；反之，则灵敏度低。判断仰角是否合适的唯一标准是钓竿与钓线间夹角，当夹角越接近于90°，竿尖反应越灵敏。支好海竿后，垂钓者应在竿尖上夹一小铃。

（6）如果遇大风天气，大仰角会使钓竿受风力的影响而摆动。为使海竿增强抗风能力，可将仰角度数适当减小，但不宜过小。另外，还可以将海竿收回几节，使竿高降低，也可减少风力影响；或是将海竿侧卧于岸边，尽量使钓竿与钓线间夹角接近90°。

在抛投海竿前，要检查一下绕线轮的曳力状况，稍稍用力拉一下主线，看松紧是否合适。判断标准一般是用手拉一下主线，以轮子刚好能自如转动并出线为宜。如果不合适，适当拧一下曳力调整钮，直到松紧适度。

（7）海竿支好后，可静观反应，或听铃响，或看竿尖。当竿尖急剧摆动或铃声大作，可持竿向后大力扬竿，随即快速收线，收几米线后，再扬竿一次，如此重复几次，以使钓钩扎牢鱼唇。

（8）饵料入水后，经过半小时左右仍无反应，这时就应起竿，重新换饵。因为饵食入水后不久即会散开，经过半小时，饵食就会被小鱼吃光，垂钓效果也会大受影响。

海竿投远巧用爆发力

海竿投远，至关重要的是要正确、科学地运用爆发力。海竿投远方式无论采用劈投式或侧投式都要正确运用爆发力。

（1）一压。先将左右脚站为前后步，使身体正对目漂，然后将竿尖后扬，使竿头、眼、目标同在一直线上。右手握绕线轮并举至头顶中央部位，左手握竿子底部，略弯两肘，以砍劈姿势，从后面过头顶向正前方用力压下，使竿子划出一个180° 角的半圆。两手下压应靠右手主要施力。一般来说，此一压的主要作用，是以手臂用力推压竿体，带动相对静止的饵、坠由静到动，并逐步加速运行。由于饵、坠的惯性作用，竿梢部位随之由笔直至向后弯；随着竿体向下运行速度增大，其弯曲之势越明显，说明竿已具有了弹力。若此时放线，饵、坠出去，顶多能抛掷20～30m远，因此，此步骤可看作爆发力初步积聚阶段。

（2）二拽。当右手自头顶中央部位至鼻口部位时，应立即变右手为支点，将持竿底部的左手作为动力点，往自己怀中猛力一拽，给竿身骤然施以极大的作用力，此为二拽。何以要加上此拽？可做如下理解：将持竿的右手和竿尖受力的竿体视为一简单机械中的杠杆，在动力臂不变的情况下，缩小阻力臂才省力。因而，将右手变成支点，左手用力往自己怀中一拽，此时由于竿身骤然受到极大推力，原本已弯曲的竿梢继续变形，变得更加弯曲，其弹力骤增。此时垂钓者多半会听到竿梢发出“呼”的一声。此阶段可视为爆发力骤增阶段。

（3）三顿。当竿体运行到预定角度，即竿与水面夹角成45° 时（此角度为抛物线抛远的最佳角度），垂钓者手上动作要有突然停顿，此为三顿。其作用不仅使积聚最大弹力的竿梢因突然失去其向后形变之力而向前摆动，而且会增大出线力量。

以上步骤，就是利用垂钓者爆发力来增强海竿投远效果的操作方法。垂钓者可以不断练习、打磨技巧，逐渐总结经验，最终一定能掌握其操作要点，在垂钓中得到更多的“大自然馈赠”。

甩海竿时防止散饵

散饵，是指在甩竿时，钓饵尚未到达钓点，即在空中分散开来，俗称“天女散花”，其原因主要有以下三种。

（1）面饵饵料在调和时，黏合剂添加不够，或是黏合不够均匀，这种饵料当然难捏成团。为此，在调制面饵饵料时要特别精心，饵团不能太松散，又不能过黏。

（2）由于垂钓者操作时不够小心，钓线缠绕竿尖过线圈处，甩竿时因放线不畅而造成散饵。为此，应在每一次甩竿前，都不忘理顺钓线，并用手勾钓线进行检测，看钓线是否伸缩自如，确认无误时才能甩竿。

（3）只有打开出线环，钓线才能自由放出。若出线环没打开，钓线出线受阻，饵团自然就散开了。这主要是操作问题：其一是在甩竿出线时，无意中触碰出线环，使其复位所致，为此，在甩竿时两手应握紧钓竿，以免出线环被触碰复位；其二是出线环太紧，随着发力甩竿，出线环自动复位，为此，要适时检查出线环，以免自动复位；其三是忘记打开出线环，这属于马虎大意所致。鉴于以上原因，甩竿前必须观察一下出线环，确认无误后再甩竿。

甩海竿时避免断线

断线，是指在甩竿时，坠子将钓线扯断，使坠子带着钓饵丢失，故又叫“飞砣”。产生断线的原因主要有以下两个。

（1）钓线受损。钓线由于长期使用，某些部位过分磨损，或某处受到机械损伤，如扣结处被勒伤等，使钓线承受不了甩竿时的冲击力而发生断线。为应对这个问题，垂钓者可将绕线轮上的钓线卸下，掉头使用。因每次使用的多是前50m，后面的钓线基本没用，因此采取这种方法可使钓线使用时间延长一倍。

海竿抛投前先检查钓线

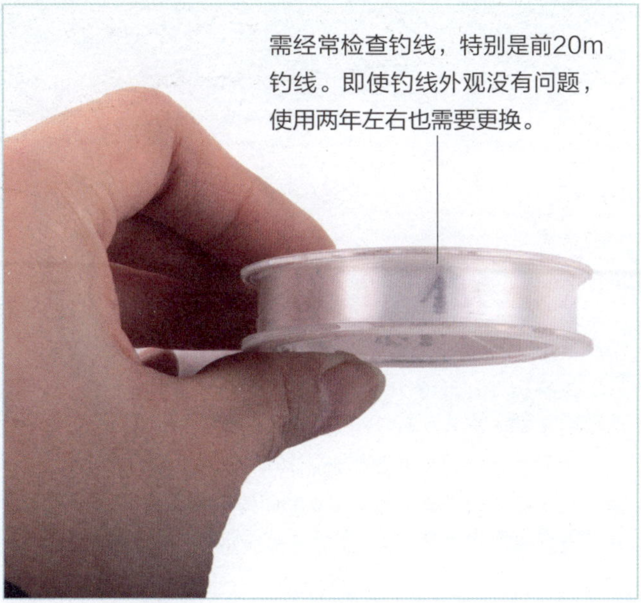

（2）出线受阻。甩竿后，钓线将随着坠子一起飞向钓点，若在坠子大力甩出时，钓线被卡住，不能顺利出线，而坠子前冲的拉力大于钓线的抗拉强度，则会将钓线拉断，发生断线。导致出线受阻的原因，其一是钓线缠绕竿尖；其二是出线环过早复位。可按前述“散饵”中的方法进行处理。实际操作中，因出线受阻，轻则引起饵团散落，线断砣飞，重则引起断竿，因此，这是需要垂钓者切实注意的。

扬竿讲究“稳”

扬竿前，手臂要伸直微曲。扬竿不过肩，以坠子不出水为好。扬竿时，手肘最好不要远离膝盖；扬竿后，手肘要放在垂钓者的膝盖上，这样中鱼后才方便抬臂控鱼，取鱼入护。总之，“稳”是扬竿最重要的一点，垂钓者一定要多加练习，掌握这一技巧。

路亚竿的操竿技巧

如前文所说，路亚钓即是仿生饵钓法，也叫拟饵钓，是模仿弱小生物引起大鱼攻击的一种垂钓方法，与传统钓法有着极大的差异。

路亚竿不同于使用鱼漂的竿子，完全靠垂钓者操控路亚来上鱼，因此竿子的灵敏度、韧性和整体协调性相当重要。

下面介绍一些可以帮助垂钓者选择路亚竿的技巧。选择路亚竿时，垂钓者右手握竿、手肘下压，让肘关节抵在靠近竿子底端的位置，张开虎口，食指搭在竿体上；肘关节不动，前臂连同手腕上下抖动，抖动幅度不超过45°，感受竿子在抖动过程中的回弹力、弯曲点的位置，以及路亚竿底把相对于中前部的强度。

注意要上下抖动，不要水平抖动或采取其他方向。要点是抬起竿尖然后迅速往下，用竿尖触击前面的物体，让手和竿子同时移动；当竿子移动到水平位置时，胳膊用力停住，保持前臂水平状，由于惯性竿子会继续向下弯曲，由此可以看出弯曲点的位置以及回弹性能。

虽然路亚钓法可以横跨淡水钓与海水钓两大系统，而且拟饵的种类达几千种之多，但是想在路亚钓中有所收获，还需要注意以下五点操竿技巧。

（1）抽。抽的操作手法，是垂钓者在收回拟饵的过程中，不时以或大或小的力道来抽动竿尖，此时水中的拟饵受大、小不等的外力牵引，会在水中呈现出不规则的跳动，看起来极像一尾痉挛的小鱼，极易吸引大鱼吞食。

（2）摆。其操作手法是钓手在收回拟饵的过程中，不时左右摆动竿尖，水中的拟饵呈小幅度忽左、忽右的摆荡，极像一尾受伤的小鱼正在逃避大鱼的捕猎，这种情形很容易引起大鱼的攻击。

（3）旋。其操作手法是钓手不时以竿尖划出大小不同的圆形，以此牵引水中的拟饵也跟着上下旋转，如一尾垂死的小鱼，大鱼看见了，极易赶来吞食。使用此法必须注意勿使主线缠住竿尖。

（4）快。顾名思义是快速收回拟饵之意。针对某些具有高速泳力的对象鱼，如金枪鱼等，越是高速度移动的拟饵，越能激发它们的攻击性。

（5）慢。慢的操纵手法与上述恰恰相反，因为不同的对象鱼有着不同的习性。有些鱼移动速度极快，有些却不然，后者如黑鱼。这类型的鱼多靠拟态或是伪装来捕食。它们没有太快的游动能力，要钓这类鱼只得以相对缓慢的速度来牵引拟饵。这是钓友必须掌握的重要一环。

形态逼真的路亚钓拟饵

使用路亚竿的绕线轮操作步骤

①按下绕线轮后方的抛投键。

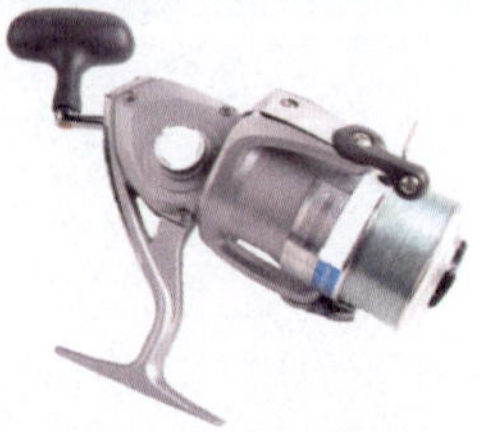

②将绕线轮转 90°（收线摇臂朝上，垂直于地面），卷臂向后。

③向前抛投，拇指置于线轴上方。

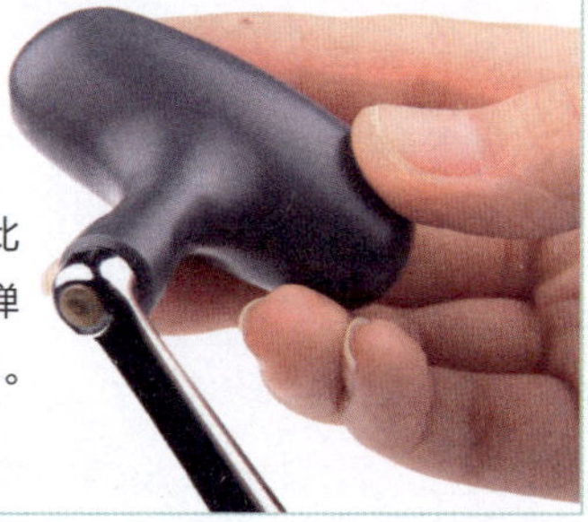

④摇动卷臂（此时抛投键会弹回），进行收饵。

路亚钓的好处

1. 用饵方便省时

路亚钓用的全是拟饵，垂钓者选购这些拟饵后往线上一挂即可投入水中使用。不像手竿钓、海竿钓那样需要为配制鱼饵、购买鱼饵劳神费力，而且相比重复购买鱼饵，能反复使用的拟饵能够为垂钓者节省开支。同时，手竿钓、海竿钓所用的鱼饵还存在一个储藏问题，不如拟饵用起来方便省时，这是路亚钓的主要优势。

2. 不易污染环境

不论是传统手竿钓还是海竿钓，钓坠往往都使用铅坠。尤其是海竿钓，使用的铅坠较重，少则每只30~50g，多则上百克。据相关研究，一只重为100g的铅坠长期存于水中，能污染1m^3的水质；这还不算因各种意外遗落在水中的铅坠。据笔者认识的一位资深钓友说，他每年因断线丢失的铅坠数量基本在2~3个，而仅他所在的钓鱼协会就有百余名成员，常年垂钓于几个鱼塘。若按他丢弃的铅坠计算，每年遗落于水中的铅坠数量达到了上千个。再进一步计算，全国乃至全球，垂钓者每年遗落在水中的铅坠又有多少？长年累月下来，对我们的环境显然是一个不可忽视的污染因素。

再者，手竿钓需要抛投诱饵，海竿抛投的诱饵用量更大，若诱饵沉入水底，未被鱼吞食，时间长了难免腐烂变质，也势必会污染水质。而路亚的钓饵多是木制或塑胶制成，即使遗落水中对环境的污染也会小很多。同时，经不少钓友证实，通过路亚钓钓获的鱼，若选择放生，较真饵钓获的鱼，存活率会高很多，这又是路亚钓的另一个优势所在了。

part 4 看漂的方法

前文已经为大家简单介绍了常见漂相及其意义，这里再为大家做进一步的阐述，方便钓友精准掌握看漂技巧。

看漂识鱼情

抛竿后鱼漂稳定二目时，鱼漂徐徐上升一目左右，后短促有力地向下一顿。我们应在见到鱼漂缓慢上升时就做好扬竿准备，发现鱼漂短促下顿的瞬间即扬竿。这种漂相是台钓中鲫鱼就饵时的标准动作，提竿中鱼十拿九稳。

抛竿后，鱼漂入水，立直稳定钓二目，鱼漂慢慢上升，但在上升还未停顿时又有短促有力下沉的信号出现。这种漂相很可能是两条鱼先后咬钩，垂钓者应在鱼漂下顿时迅速扬竿，往往一竿上双鱼。这种情况大多是多条鱼抢食造成的。有的高手专门放第一口、抓第二口，钓双尾的概率大大提高。

抛竿后，鱼漂受钓坠重力影响应该在数秒钟后慢慢立直，但若鱼漂应立直时还在水面平躺着不动，排除钩坠、钓线被水草挡住等特殊情况，一般是小鱼在中上层接住了钓饵，此时不管有没有鱼都应扬竿。

鱼漂立直，漂尾露出水面二目，这时鱼漂慢慢上升半目左右又缓慢沉到二目。这是鱼在钓饵附近吃食、活动，带动水流变化影响到钓饵，说明鱼漂调整得很好，很灵敏。这时不可扬竿，以免惊走鱼群。

抛竿后，鱼漂在还未完全立直时就快速横向移位。这是中、上层鱼接食而走的信号，应立即扬竿。这种情况大多是草鱼、鳊鱼或较大的翘嘴红鲌吞钩。

鱼漂稳定在二目时，漂尾徐徐上升到三目、四目，直到露出漂肚。这是鱼咬钩抬头游走的信号，如果不是小鱼牵饵，应考虑是不是将鱼漂调得太钝了，导致鱼吞钩时鱼漂没有动作，鱼游走时才有反应。不过这种“钝漂”在风浪较大时比较实用。

鱼漂定位露出水面二目，突然下沉黑漂。这种漂相大多不是鱼咬钩，而是鱼体擦到钓线所致。遇到这种情况，应对的方法是等两秒钟，若鱼漂不出水面，即时扬竿。千万不要一发现黑漂就大力提竿，这样容易造成乱线或钓钩缠挂住树枝。

抛竿后，鱼漂稳定在二目左右慢慢晃动，这种情况多是水体中下层的鱼在游走觅食时，水流的变化影响到悬坠，进而造成鱼漂晃动。此外，漂尾小幅度抖动也不是鱼咬钩的信号，这种情况多是上层的小鱼在咬食漂座上的太空豆或啃啄鱼漂上的红绿格，可以不去管它。

抛竿后，鱼漂定位到二目，然后缓缓升到三目，又慢慢下降到二目或一目，此时多是虾或螃蟹在闹窝。遇到这种情况，应该在发现鱼漂有移动下沉的信号时迅速扬竿，往往能钓上来虾或螃蟹，这样才能保住原来的窝子。

鱼漂稳定在二目，然后慢慢剩一目，又渐渐回升到二目。这不是咬钩的信号。通常是主线没有压入水中，风力牵扯鱼漂导致的。因此在有风的天气或水面不太干净时钓鱼，压水线非常重要。

抛竿后，鱼漂直立缓缓下沉，在五六目时突然加速下顿，这是鱼离底抬头吃饵，应果断提竿。若鱼漂下降过程中还没有到二目就停顿了，这也是鱼离底抬头接饵，应果断提竿。

抛竿后，鱼漂立直到二目，鱼漂小幅上下晃动，代表窝里有鱼吃饵却不积极。这时垂钓者可以拖动一下鱼饵，往往就会出现一个清晰的下顿，提竿则易中鱼。

迷彩服能起到迷惑鱼的作用

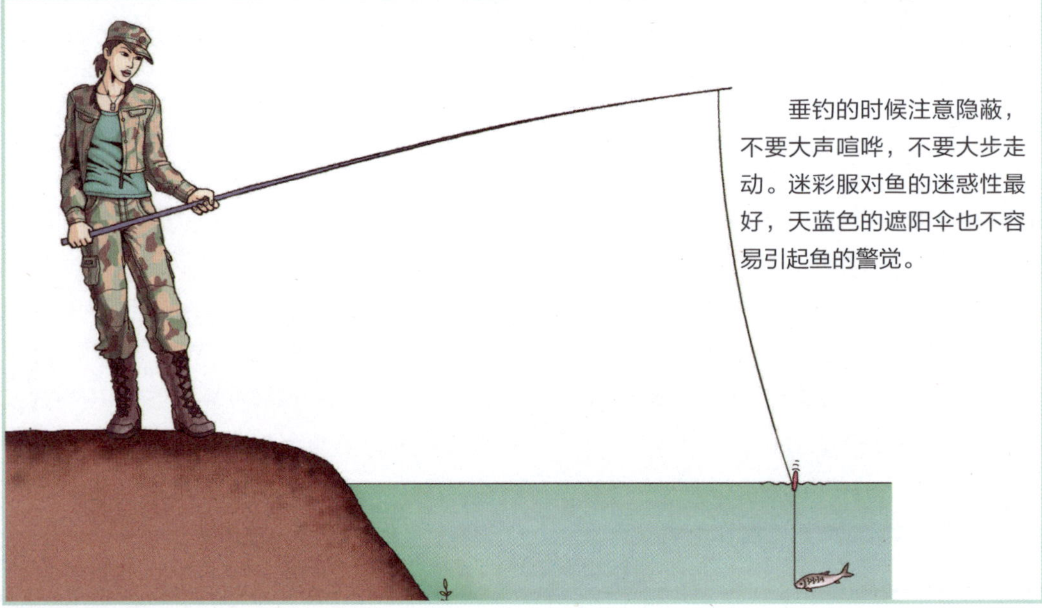

垂钓的时候注意隐蔽，不要大声喧哗，不要大步走动。迷彩服对鱼的迷惑性最好，天蓝色的遮阳伞也不容易引起鱼的警觉。

调整碎漂的方法

碎漂属于卧式漂，很多人也叫七星漂，笔者在前文介绍过。它是我国江浙一带盛行的钓具，其他地域使用得较少，北方更是不多见。使用此漂的优越性是调漂简便，多半用靠近钓钩的两三颗碎漂没入水中，另有四五颗碎漂横卧水面，具体操作方法如下。

（1）调3钓4法。准备一枚七星漂（或类似鱼漂），先半水调至水面露出3颗（靠增减铅皮调整）；然后双钩挂饵，保持和原漂粒距离的前提下进行调整，直至水面露出4颗碎漂。此时双钩间的距离大于漂颗粒间的距离，双饵应该一个触底、一个悬浮。

（2）找底下一法。准备一枚七星漂（或类似鱼漂），先双钩挂饵半水调至水面露出3颗（靠增减铅皮调整）；去饵，下钩挂橡皮找底，水面露出3颗漂；因为橡皮比饵重，再把漂向上调一个，换双饵就可以了，这样也能保证双饵一个触底、一个悬浮。

鲫鱼咬钩拉漂的表现

鲫鱼属底层鱼，也多在水底觅食。鲫鱼见到钓饵，先拱后吸，将饵食吸入口中后随即抬头，水面漂子的表现就是先点几下，而后被托起来，这是鲫鱼咬钩最典型的表现。传统的钓法是短子线配擦底坠，擦底坠即坠子虽接触水底，但并不是实实在在地沉于水底，而是似触非触地接触水底。因钓饵也在水底，鲫鱼咬钩抬头时，能轻易地带动坠子离底，水面的漂子自然上升。漂子上升的高度与调漂的灵敏度、水温及鱼的大小都有关系。

鲫鱼这种咬钩拉漂的表现非常稳定，不论是夏钓还是冬天进行的冰钓，其表现都差不多，只是水温低时，送漂稍显乏力。如果垂钓者准备的是小钩、细线，又是钓鲫专用的香甜饵，漂子出现上述送漂现象，可毫不犹豫地肯定是鲫鱼咬钩。

草鱼咬钩拉漂的表现

钓草鱼的人可能会发现，草鱼咬钩的情况随着垂钓方法的不同、使用钓饵的不同及水温的不同而有所不同。

如在水温适宜、水中含氧量充足时，草鱼会显出十足的拉力，不似鲤鱼、鲫鱼先有小动，后再拉黑漂；草鱼经常是在事前毫无动静，突然将漂拉黑，紧跟着就冲撞拽线。

如果水温稍低，又是钓底，草鱼可能表现为咬钩轻，不拉黑漂，而且鱼漂只在一二目间升降起伏。

若在深秋，水温进一步降低，草鱼咬钩还有一个表现，就是含饵不动。笔者曾遇到这种情况：底钓草鱼，结果发现漂子悄然上升了一目并停住不动。笔者以为是小鱼将钩拖到草叶上，又因用的是悬坠法垂钓，于是认为此时钩上无饵了，轻提钓竿准备换饵，结果发现钩上有鱼。但由于提竿太轻，未能将鱼钩牢，鱼便逃脱了，连续两次都是这样。因此，提竿时不论有鱼无鱼，均应先有一个抖腕动作。笔者的经历，正是因为自我感觉深秋水温低，上鱼率不高，思想放松，未按垂钓要领操作，这才导致跑鱼。后来，笔者第三次换饵下钩，又出现漂子上升一目不动了，这次笔者先抖后提，将大草鱼钩牢了，最终成功抄鱼上岸。

后来，其他钓友在多个地方垂钓都遇到过类似情况，这或许可以认为是天凉草鱼咬钩的一种常规表现。

鲢鱼、鳙鱼咬钩拉漂的表现

钓鲢鱼、鳙鱼时，有一种非常有意思的现象：如果用海竿配硬饵飞钩，鲢鱼、鳙鱼咬钩后，显得非常粗野，总是将特大的漂子拉入水中；可是用手竿装香甜软饵垂钓时，基本上见不到黑漂。原来鲢鱼、鳙鱼进食都是“喝”，遇上硬饵飞钩，它们也照常去喝，由于飞钩伸在饵外，喝到嘴里的是裸钩，钩子入嘴，将鱼刺痛，它就猛然逃窜，反映到漂子上就出现拉黑漂。如果用手竿钓鲢鱼、鳙鱼，由于配漂灵敏，它们过来摄食时，在吸吐钓饵的过程中，漂子马上反映出来，钓手见漂动就提竿，所以见不到黑漂。概括地说，用海竿配飞钩，鲢鱼、鳙鱼是先中钩后提竿，用手竿钓鲢鱼、鳙鱼则是先提竿后中钩。

鲤鱼咬钩送漂的表现

鲤鱼由于个体大、有力量，咬钩后漂子的反映是先微微点动几下，随即就拉漂入水。有时由于前面的小点动看不清，垂钓者就只见漂子被直接拉入水中；还可能出现漂子在水面做横向移动，如果垂钓者能在黑漂和走漂时提竿，中鱼十拿九稳。一般情况下，鲤鱼咬钩拉黑漂的这一特点，不会因为垂钓地点和水温的不同而改变。只是养殖场的鲤鱼由于饵料充足，竞食性不强，拉漂略显缓慢。在饵料稀少的大水面中，鲤鱼咬钩拉漂动作粗野，其力量比池养鲤大得多。

此外，鲤鱼也和其他鱼种一样，在外部条件发生重大变化时，摄食的习性也会有重大变化，如本属底栖性的鲤鱼，可能循温追食游到水的中上层来；本来爱吃香甜饵的鲤鱼，也可能吃酸臭饵；有时，鲤鱼咬钩后还可能出现大送漂，不过它这种送漂的态势比鲫鱼快速有力，与鲫鱼有明显区别。

小杂鱼闹漂的表现

漂子不停地颤跳横移，或拉黑或送倒。调得越灵敏的漂，其跳动越激烈，钓友们形象地称其为“会跳舞的漂”，这是小杂鱼闹漂的典型表现。小杂鱼闹漂的主要特征除漂子有不规则的跳动外，漂子还有一种飘动感，这是成群小鱼夺食，你拉我拽，造成漂子在水面飘忽不定。

许多有经验的钓手见到这些铺天盖地的小家伙也苦无良策，钩上有饵它们就闹，饵抢光了，漂也不动了。对付它们的办法无非是将活饵改面食，将软饵改硬饵等，但是这些招数也见效甚微。何况换上小鱼不爱吃的钓饵之后，大鱼也无甚兴趣，影响上鱼。

对小鱼闹漂，另有一种带积极意义的评价：投下饵料，首先是小鱼进窝，为大鱼充当先锋，大鱼看到小鱼摄食，会立即过来抢食。“大鱼到，小鱼逃”，这时垂钓者要盯住漂子，准备应对大鱼咬钩。

针对小鱼闹窝的更多处理方法，详见第四章“打窝的操作要点”部分。

part 5 提竿的方法

提竿的技巧

钓鱼时，鱼上钩后怎么提竿也有一些技巧，以下是常见的几种方法。

（1）抖。当鱼上钩以后，一定要稳住，先抬起钓竿轻轻抖动一下竿梢，让钓钩往鱼嘴深处钩去，钩在鱼嘴里钩牢了，不仅鱼吐不出钩，收线时也可减少滑钩失误。但垂钓者一定要轻轻地抖竿，幅度过大会钩破鱼嘴导致脱钩。

（2）松。收线有张有弛。收线时鱼的反抗力弱时可快收，反抗力大时，要立刻松线，若强收或僵持，鱼就容易脱钩。特别鱼到近岸拼命挣扎时，需注意松线，否则鱼容易切线逃跑。

（3）直。收线时钓竿朝前，直往上抬，切忌左右拉摆。鱼在水中“发威”时，力量要超过体重若干倍，收线时的阻力很大。这时钓竿只有往前抬才能承受住压力，如果左右摆动，很容易造成断竿。

鱼上钩后，为防止鱼切线脱逃，需将鱼的头部抬出水面，再迅速放下、令其入水，重复几次，或通过一定的遛鱼方法把鱼彻底遛疲，再用抄网去兜，才容易把鱼收上来。

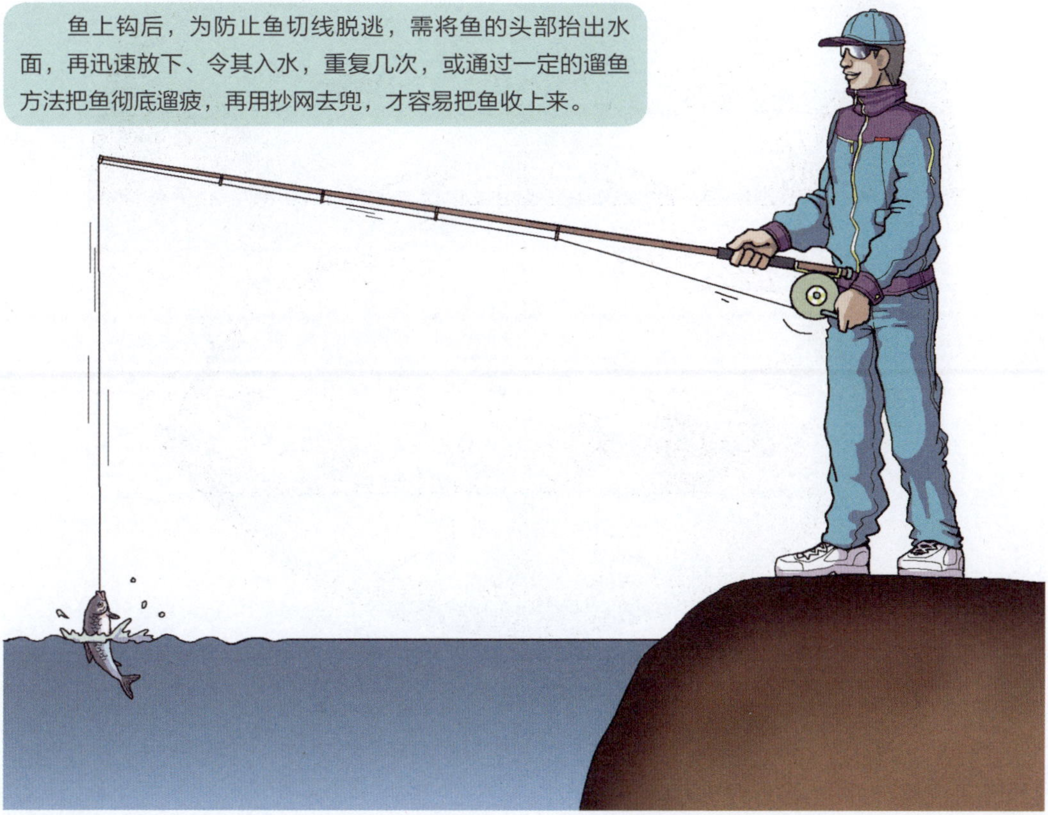

提竿时机要因时而异

大自然有春、夏、秋、冬四季变化，一天之中有昼、夜之分。鱼类摄食行为也相应地受到影响，所以提竿的时机也要随之变化。

提竿时机要因时而异

春天万物复苏，鱼类也开始到浅水处活动。早春由于水温较低，鱼的活动量小，摄食动作比较轻缓，反映到鱼漂上的幅度也比较小，很少出现大的沉浮。此时垂钓，提竿宜早不宜迟，反之则空钩居多。

夏季，鱼产卵后急需补充营养，对饵料的需求量加大，甚至饥不择食。此时垂钓提竿宜迟不宜早。

入秋后，鱼类食欲转旺、摄食沉稳。垂钓者可根据现场鱼情适当把握提竿时机。

入冬以后，鱼的活动量大大减少，有的鱼甚至闭口冬眠，非鲜美可口之物难以引起它们的兴趣。因水凉，鱼嘴张得小，咬钩动作轻，提竿宜早不宜迟。

提竿时机因水域情况而异

可供垂钓者垂钓的水域是多种多样的：有江河湖泊，有沟渠池塘，有流水也有静水。由于钓场的不同，水的深浅、瘦肥、酸碱度、含氧量和泥沙多少等情况也不尽相同。这些因素对垂钓的提竿时机也有一定的影响。

（1）提竿时机要因水的深浅而异。传统钓法中，钓坠多是沉底的。鱼衔饵上游或下沉时，先带动钓坠，鱼漂随之出现反馈。水浅，入水的线短，鱼一游动，鱼漂马上上升或下沉；反之，水深时，入水的线就长，鱼索饵动作通过钓线从水下传递到水面就需要一段时间。这就给垂钓者选择提竿时机提供了依据：如果在深水中垂钓，等到送漂或闷漂才提竿，已经耽误了提竿良机，即使钓到鱼，也以贪食的杂鱼居多。所以在深水中垂钓，鱼漂略有上升或下降便可提竿；与之相反，在浅水垂钓，则当鱼漂出现大幅的送漂或闷漂再提竿也不晚。

（2）提竿早晚要视现场水情而定。在水肥的塘中垂钓，由于鱼不缺食物，较为挑食。鱼漂反应很小，需要垂钓者仔细甄别。而在食物匮乏的鱼塘，鱼见到可口的饵料，很少“品尝”，上来就吞，吃食速度快，提竿应早一些。此外，流水与静水又有区别，流水中的鱼由于居无定所，活动量大，需摄取更多的食物，吃食比较凶猛，故钓流水鱼，提竿时机不宜迟。静水反之。

提竿小要领

①单游鱼吞食速度缓慢，吞前要尝尝饵味，可口才吞食，吞食速度慢，提竿宜缓；群游鱼，见食相互争抢，吞食速度快，则提竿宜早一些。

②坠子重，鱼在坠子上消耗的力较大，漂上送低，提竿相对要早一些；坠子轻，鱼在坠子上消耗的力较小，漂上送高，提竿宜迟些。

③用长子线，鱼吞钩动作反馈到漂的时间要长些，提竿宜迟；用短子线，鱼吞钩动作反映到漂的时间短，提竿宜早。

提竿时机要因饵而异

荤饵中的蚯蚓、蛆虫都有一层薄皮，鱼先是吸入口中品尝一番后，才衔饵游走，因而鱼漂动作时间长些。使用面饵或商品鱼饵时，有的鱼饵硬度差，不耐水浸泡，鱼入口即化，省去了品尝过程，鱼漂动作时间就比较短。比如米饭粒，新鲜的、现做好的比较松软，垂钓时发现漂动，应立即提竿；要是经过一夜风干的米粒，外面有了一层硬壳，则可稍晚一些提竿。由此得出结论：使用硬度高的钓饵及带皮的荤饵，因荤饵耐咬，常见漂相为抖动上送（或下沉），因此提竿可晚一些；如果使用软饵或高雾化饵，因饵料质软体小，易被吸入鱼嘴，常见漂抖动几下，此时提竿应早些。

提竿时机要因鱼而异

1. 钓鲫鱼的提竿时机

鱼漂的不同反映说明了鲫鱼在水下咬钩的各种状态，熟悉了它们的咬钩状态以后还要能适时提竿，才能将含钩的鲫鱼钓上来。因为鲫鱼胆小多疑，稍受到惊动，便会吐出钓饵逃之夭夭。因此，掌握准确的提竿时机是垂钓鲫鱼的关键。提竿过早，鲫鱼还没把钓饵含在嘴里，钓不上鱼；过迟，鲫鱼已将钓饵吐了出来，也钓不到鱼。

提竿的最佳时机，应当是鲫鱼将钓饵吸入口中尚未吐出之时，这时提竿，必定十拿九稳。鲫鱼在觅食时，一贯吞吞吐吐，尝试再三才能下定决心吞钩。这个觅食过程是通过鱼漂的反映获知的，垂钓者要善于根据鱼漂的反映及时提竿。

当鱼漂呈现顶漂、横漂、黑漂、拖漂等现象时，如果垂钓者未及时提竿，鱼漂很快又恢复原状，这说明钓饵已离开了鱼嘴，此时不能再提竿。如果钓饵未被吃掉，鲫鱼会再次将钓饵吸入口中，垂钓者应集中精神耐心等待，待再次出现吞钩信号时再提竿。如较长时间鱼漂都无反映，说明钓饵已严重破损或不复存在，就需要提竿换饵了。

由于鲫鱼胆小多疑，对钓饵总是吞吞吐吐，鱼漂也时常呈现上上下下的逗漂现象，这时提竿难以上鱼，需要耐心等待。很多初学者看到鱼漂稍微一动即心跳加速、猛力提竿，往往十次九空。鉴于鲫鱼吃食时的特点，准确地掌握提竿时机尤为重要。

鲫鱼咬钩后提竿的最佳时机	
顶漂	鱼漂徐徐上升，可在上升的过程中提竿
横漂	鱼漂横卧水面时提竿
拖漂	鱼漂在斜向徐徐移动时提竿
黑漂	在鱼漂没于水中时提竿

2. 钓鲤鱼的提竿时机

（1）手竿信号表现：先是小幅度的浮浮沉沉，然后鱼漂徐徐下沉，或突然黑漂、走漂。鱼漂出现浮浮沉沉时，正是鲤鱼试饵品尝阶段，这时提竿，最容易跑鱼惊窝。如果鱼漂徐徐下沉，或突然黑漂、走漂，这时鲤鱼正在大口吞食，此时提竿中鱼率在90%以上。掌握提竿时机，必须了解鲤鱼的觅食习惯，适时提竿中鱼率就高。掌握不好时机，过早或过迟，跑鱼惊窝的可能性就大。

（2）海竿信号表现：铃夹轻响或竿梢点点时不要提竿，要待铃声连连震响或竿梢振幅较大，表现为竿子弯腰或送线（回线），这时提竿，效果最好。

鲤鱼上钩后，会往深水处逃窜，垂钓者应紧握钓竿，让钓竿绷紧呈弓状，充分利用钓竿的弹性和鱼周旋，使其筋疲力尽，最后就擒，避免和鱼形成拔河状态。如果是海竿，可以充分利用钓线长的优势，适时放线或收线；若大鲤鱼僵持不动，不要硬拉，可以用弹琴的方法（一手适当拉紧线，另一手弹拨钓线，可多次弹拨，使鱼疼痛，恢复运动），最后用抄网擒之。

3. 钓草鱼、青鱼、鳊鱼的提竿时机

草鱼个体大，所以鱼星也就大，一般为单个上升，有时会在单个气泡后面跟随几个较小的气泡；青鱼的鱼星则表现为泡小数量多，密集上升。青鱼是随着鱼星一路游来的。

草鱼和青鱼的咬钩方式大体相同，多为闷漂。这两种鱼的警惕性高，在窝中停留的时间也短，但见到合口的食物，仗着个大力猛，咬钩就走，故闷漂多，提竿可适当晚些。

鳊鱼为中下层鱼，鱼星较小，与鲫鱼星极为相似。但是鳊鱼泡不是两个一组的上浮，而是一个一个地陆续上升。鳊鱼咬钩没有规律性，反映在鱼漂上不是大拖就是大送，很少点点抖抖。故在钓鳊鱼时，可以等到完全送漂或闷漂时才提竿。

4. 钓鲶鱼、鲢鱼的提竿时机

鲶鱼和鲢鱼多在乱石中活动，鱼星连续几粒，如绿豆般大小，多呈一条直线。这两种鱼喜食蚯蚓、鸡肠等腥味重的荤饵，其吃钩快捷，鱼漂表现多为斜沉且速度很快。只要发现鱼漂斜沉，垂钓者便可提竿。

提竿小贴士

①提竿原则一是不能让上钩的鱼跑了，二是不能把水下的鱼惊散了。

②提竿动作不能过大，但要有爆发力，最好是动作果断、干脆利落。只有脑、眼、手紧密配合、动作连贯，才能顺利钓鱼上岸。

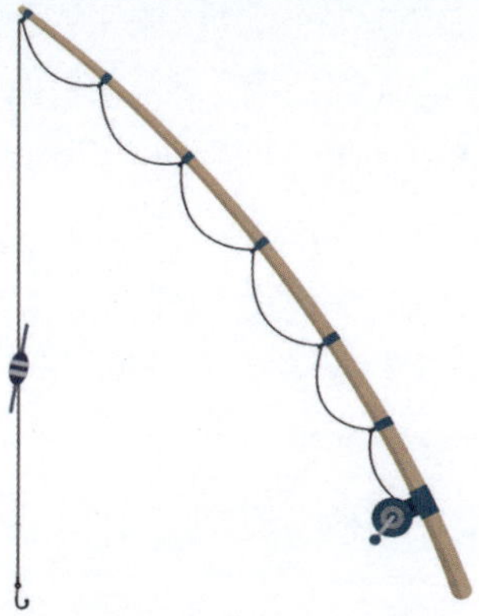

③提竿最佳时机是鱼摄食入口，将要游走的一刹那。垂钓者苦练提竿技术，不过是为了能抓住这一刹那的最好机会。

part 6 遛鱼的方法

什么是遛鱼

钓到大鱼后，垂钓者准备把中钩的鱼拖到岸边抄鱼，此时鱼在水里挣扎、意图逃窜，而垂钓者始终牢牢握住钓竿，不断消耗鱼的体力，待鱼精疲力尽后成功抄鱼上岸，这个过程即为遛鱼。

遛鱼的方法

不少钓友，尤其是新钓友钓上大鱼后，往往是一个劲地收线，只收不放，从而导致不良后果：一是鱼过早地看见人和竿，会更加疯狂地挣扎，容易脱钩跑鱼；二是如果钩小线细，而鱼体又大，很易发生钩折线断的后果。

大鱼上钩后，垂钓者要头脑冷静、镇定沉着。运用所掌握的长线控制法、圈式遛鱼法或牵制遛鱼法等耐心遛鱼，就可以将鱼制服。下面为大家重点介绍长线控制法。

所谓遛鱼的长线控制法，即钓上大鱼后既要收线，也要放线。放线控制在25～30m，但放线时不是任鱼拉线，而是通过绕线轮的曳力控制出线量。

只要曳力调得合适，既可使鱼拉动钓线，又会迫使鱼费大力气，以消耗其体力，经反复多次遛鱼，直到把鱼遛疲。

手竿遛鱼，其技巧性更强，因为竿长和钓线长度都有限，遛鱼时只能在竿、线所及的范围内进行，故遛鱼的难度很大。提竿时，要一手在上、一手在下握住竿柄，遛鱼动作不能忽快忽慢、忽重忽轻，要主动领鱼，千万不能让竿倒向鱼的逃窜方向而形成拔河态势。

领鱼游动的运动轨迹要呈圆弧状，使鱼不知不觉地改变游动方向；钓线移动的速度要快于鱼游动的速度，让鱼跟着钓线游，这是控制鱼游向的关键。借此领鱼在水中反复游动，直到鱼疲乏无力、露出水面。

根据所处水域的不同，遛鱼也不同。在流水水域凭手感判断钩住大鱼后，应将竖起来的竿斜着朝向下游方向；若在静水水域可将竿斜上扬成45°角，斜着朝向左右两侧均可，把鱼控制在自己能把握的范围内，用竿绷住钓线领着鱼沿着岸边游，不让它向深处水域远游。遛到一定程度，直到鱼已无力挣扎任垂钓者摆布时，再有意地慢慢加力并将竿抬高，将鱼头提出水面。若鱼已难以维持自身平衡，侧身歪倒或肚皮朝天才可将其遛至近岸。

“8”字形遛鱼法

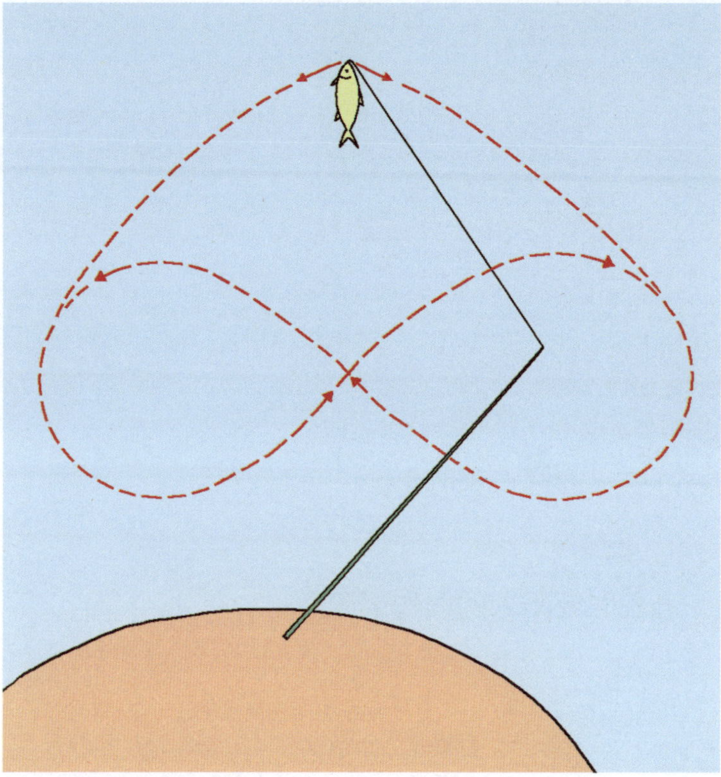

“8”字形遛鱼法是长线控制法的延伸。当鱼被控制在距岸25~30m的位置时，经多次被遛，鱼已不能大力挣扎的情况下，垂钓者即可收线，拉鱼至距岸5~6m处，开始采用“8”字形遛鱼法进行遛鱼，直至抄鱼入网。

另外，垂钓者在遛鱼时要了解钓具的综合钓力，即钓竿能承受多大拉力，钩和线的拉力如何，绕线轮上有多少线等，这些情况是确定钓鱼对策的前提。

遛鱼时，要特别注意钓场的情况，看看前后左右是否有障碍，水下是否有树枝、石块和苇草等，要尽量躲开这些障碍。如果鱼不太大，可以领着鱼躲开这些障碍，或者左右挪动钓位，也可以先放长线使鱼远离这些障碍，而后变换钓位再收线。一定要根据实际情况，灵活采取有效对策。总之，遛鱼时，一定要静下心来设法耗尽鱼的体力。

遛鱼时的技巧

鱼上钩之后，如果遛鱼过程中用力不当，往往容易出现跑鱼现象；如果用力得当，用小钩、小线也能钓上大鱼，这样的例子不少。如果能在遛鱼过程中巧妙运用“四两拨千斤”的技巧，对防止鱼脱钩是非常有用的。

鱼受到的力是线的拉力，遛鱼的效果不但和阻力大小有关，还与力的方向有关。人用力的方向和鱼游动的方向应该形成某一合适的角度。垂钓者一般是用变换竿子的角度来调整拉力的方向。

遛鱼时用力的方向需要根据情况不断调整，不能一成不变。鱼在向深水区逃窜时会竭尽全力，此时也是消耗它体力的最佳时机。一些垂钓者往往直接向后用力（鱼游动的方向和线的拉力方向相反），这样做只使鱼受到向后拉的力量和向上提的力量。如果把竿子左倾或右倾，情况就不同了，这时拉力的方向向左后方或右后方，这个拉力会产生三个作用力（三个分力）：一是与鱼游动方向相反，阻挡其前进；二是向上提，把鱼拉到水表层；三是迫使鱼转向。这样，鱼在逃窜时必须拼命击水，以克服阻挡其前进的拉力；必须低头向下用劲，以抗击向上提的力；还必须向右或左扭动，以抵消迫使它向左或向右转弯的力。这样的遛法会逼迫鱼使出浑身解数，用出全身力量，能在短时间内耗尽鱼的体力。如果鱼沿“之”字形被拉向岸边，应将竿梢交替指向左前方和右前方——鱼向右游动，竿梢左指，迫使它左转弯；待它左转弯游向左边时，竿梢又向右引，迫使它右转弯。

巧妙运竿用力，实际上就是化解鱼对钓竿、钓线的反作用力。鱼来则收、鱼走则放，使钓竿、钓线与鱼之间始终保持角力状态，这就是遛鱼时的“四两拨千斤”。只要多体会运用，遛鱼成功率就会大大提高。

遛鱼时易陷入的操作误区

遛鱼时竿子的角度（竿与线的夹角）对遛鱼成功与否很重要。有两种角度是错误的：一种是竿子和线几乎在一条直线上，夹角趋近180°，这就相当于和鱼拔河，竿子发挥不出弹力作用，鱼只要稍一用力挣扎，就易线断鱼跑。

另一种是将竿子高高举起，竿子和线几乎重合，竿梢几乎对折，鱼在向人靠近时，人没有退路，容易发生松线脱钩。竿子与线的夹角以90°或稍小于90°为宜，竿子的弹性才能发挥最大作用。

遛鱼时的注意事项

（1）注意钓竿的角度。如果用的是手竿，应把钓竿仰起与水平呈70° 角左右，并始终使竿子保持弓形，以充分发挥其弹性作用，不可将竿子倒向鱼逃跑的方向。如此稳住一段时间，再伺机遛鱼。如果用的是带绕线轮的海竿，同样要将钓竿仰起与水平呈70° 角。

（2）注意钓场情况。一般钓场的水下都有树枝、石块或苇草。鱼中钩后，可以领着鱼躲开或放线使鱼远离这些障碍物，变换钓位后再收线。这要根据实际情况，灵活地采取有效措施。

（3）注意控制范围。手竿受线长的限制，遛鱼时只能在相对固定的范围内活动：如果鱼向前游动，垂钓者就要领着它顺势向左右两侧转弯，使鱼在水中的游动路线呈“8”字形，将其活动区域控制在小范围内，直到它精疲力竭。

（4）注意动静结合。采用“鱼动我不动、鱼不动我动”的方法，可以使垂钓者保持主动，始终控制局面。鱼的第一次冲击不成功，就要稍稍休息，这时垂钓者应该立即将钓竿转向另一方，即左后方或右后方，并后退几步，用力将其向近身、近岸方向提拉。当鱼感到自己正被拉向浅水时，就顾不得休息而立即向外奔逃，此时再使用老方法，横转钓竿，以不动制动。这样反复多次，鱼的力气越来越小，就容易擒获了。总之，遛鱼要有耐性。

力学分析表明，当拉力不变时，钓线与水平面的夹角越大，水平方向的分力越小，垂直向上的分力就越大；水平方向的分力越大，垂直向上的分力就越小。

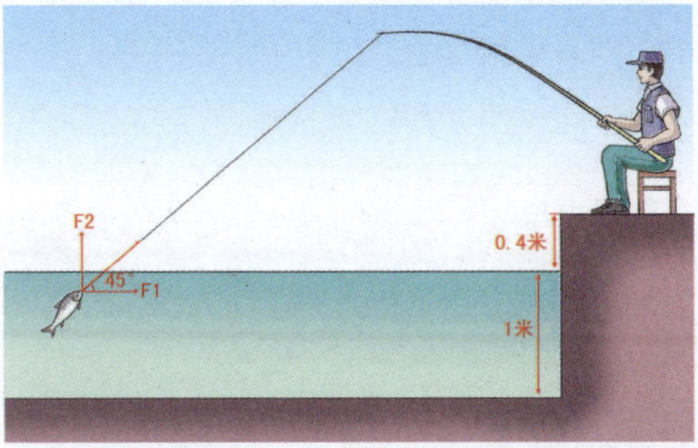

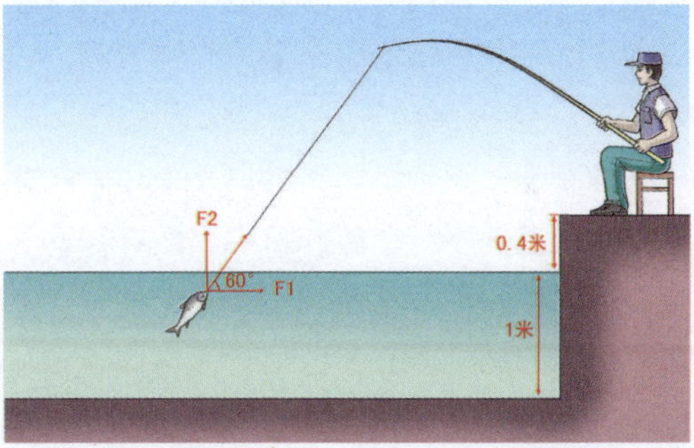

如上图所示，假定水深为1m，岸高为0.4m，竿长3.6m。如果是坐着扬竿，钓线与水平线的夹角大约是45° ，就是说鱼受到一个斜向上45° 的拉力。如果我们对鱼的拉力是1kg，那么鱼实际受到了两个力的作用，一个垂直向上，另一个是水平向岸，1kg的拉力在水平方向上的分力大约为0.7kg，也就是说鱼受到了0.7kg的水平拉力。

如上图所示，如果我们站得更高些，水更深些，或者说鱼离岸更近些，钓线与水平面的夹角就可达60° ，而我们对鱼的拉力还是1kg，这时鱼受到的水平方向的拉力就只有0.5kg了，向上的分力却有0.86kg。这个时候，鱼感觉并不是要把它拉上岸，而是要把它拉出水面。

总之，钓线与水平面的夹角越大，将鱼向上拉的力越大；钓线与水平面的夹角越小，将鱼向岸边拉的力越大。

遛大鱼时的注意事项

钓大鱼后的遛鱼，比起遛普通体形的鱼，算得上是一件难事。难在何处？难就难在鱼在水中，行动敏捷自如，冲击力量很大，而人在岸上，虽然钓组具有一定卸力功能，但垂钓者的行动受到多方限制，在遛鱼过程中，稍微操作不当，就会断线跑鱼。遛大鱼，应该注意哪些方面呢？

（1）忌“控”“遛”不分，要坚持“以静制静”。大鱼吞钩之后，发现被什么东西刺了嘴唇，有点儿不适和意外，想吐，又吐不出；想尽快走开，又走不了，预感到事情可能不妙，于是下定决心，打算冲出这是非之地。鱼准备行动了，垂钓者也准备遛鱼了，此时，最应该注意的就是“控”与“遛”之间的区别，即我们通常说的“遛鱼”之前要先“控鱼”。在控鱼过程里，我们除了适当绷紧钓线之外，还该做的就是静观其“动”（当然也要运用两眼余光，环顾周围水域并注意站位左右是否有障碍物），坚持“只要鱼不动弹，我也绝无动作”的“以静制静”原则。此时的第一大忌就是惊喜交加、忘乎所以、鲁莽草率，放弃被动寻主动，强拉硬拽，急匆匆忙着早早遛鱼，造成“控”“遛”不分，过早将大鱼逼上垂死挣扎之路。

（2）忌一味挑着竿子遛鱼，要做到“以动制动”“以巧力制蛮力”。面对大鱼，控鱼的过程是短暂的，大鱼的智商决定了它不会在那种“钩子吐不出，走又走不成”的险恶环境下久留，它必然要尽快尝试着早点儿逃离这大难临头的是非之地。大鱼逃跑时，发起的第一次冲击往往是头朝水域中央、尾巴朝着钓手挣扎，此时我们如果一味高挑着钓竿，以为只要使竿子和钓线保持较大夹角，就一定可以很快将大鱼的冲锋控制住，那是靠不住的。从杠杆学的原理来讲，钓竿的握柄是杠杆的支点，竿梢的钓线扣结处是杠杆的施力点，由于支点和施力点的距离有好几米远，于是施力点的作用被长长的力臂放大，使力的作用效果更加突出。何况大鱼首次发起冲击的气力是非常大的，即使钓手是一位力量十足的小伙子，有时也会有使不上劲的感觉，眼睁睁看着大鱼将高高挑起的钓竿压低，迫使垂钓者不得不面临一种极其尴尬的拔河局面。此时最好的方法，就是将高挑的钓竿迅速下压，让绷紧的钓线与水平面平行（近似），对大鱼来一个垂直侧拉。这种侧力的适当运用，对正在冲刺中的大鱼干扰作用最大，最能加大其前行的阻力，消耗其能量，也最能有效地打乱大鱼的逃跑计划，使其在不知不觉中改变冲击的方向。如果从鱼的左侧持续作用下去，就会使鱼按逆时针方向在水中画圈。

（3）忌遛鱼时过度刺激鱼，要刚中带柔、遛中有控、控遛兼顾。遛大鱼是一个循序渐进的过程，垂钓者不可性急，不可“逼鱼太甚”，除了要掌握用力角度，还要把握用力分寸。遛大鱼时，经常会遇到这样的情况：正在按着垂钓者计划路线游动的鱼，突然如梦中惊醒似的猛然改变方向，不顾一切地夺路直冲。这时钓手的站位、握竿的姿势、钓线的牵引方向，都需要及时做出相应的调整，稍有迟疑，就会出现难以控制的局面。调整后待鱼重新稳定下来，再刚柔并施、遛控兼顾，重新把它领入前文所述的“8”字形的“八卦迷阵”。

（4）忌急于抄鱼，要等彻底把鱼“遛翻”之后才可以抄之入网。有少数垂钓高手，在遛鱼接近尾声时，怕夜长梦多，看准鱼浮在水面喘息并听任钓线牵引在水面缓缓移动时，便一手握住抄柄，提前轻轻将抄网插入水下，一手举竿，慢慢将鱼大半截身体牵到抄网口上方，迅速起网将鱼兜住，提拉上岸。不过这种提前抄鱼的做法难保不出意外，即使经验丰富者也不宜多用。笔者建议垂钓者，尤其是垂钓新手，最好还是要等到把鱼遛至无力挣扎时再下手抄鱼较为稳妥。

大鱼上钩后，前三个回合的角力是遛鱼成败的关键。

第一次，大鱼多半准备不充分，但其力量一般会很大；

第二次，鱼的冲击力要比第一次大一些，并会有意识地选择逃跑路线；

第三次，鱼的挣扎也很猛烈。

当大鱼奋力窜逃时，垂钓者除了运用前文所述的遛鱼方法外，还可依势将双臂向外伸延，以缓解其冲力；同时，钓竿应向左或向右摆动，使鱼儿的窜逃方向由前后变为横向。

一般而言，经过三个回合的较量，大鱼的锐气就会被消耗大半，此时它再想脱逃已是不易。

part 7 抄鱼的方法

抄鱼的技巧

钓鱼时中鱼的感觉非常好，那么如何能够将已经钓到的鱼稳稳当当提到岸上？遛鱼之后，最关键的一环是抄鱼，如果掌握不好抄鱼的技巧，很有可能一个“鲤鱼翻身”，鱼就脱钩逃跑了。

（1）要沉着镇静，不要紧张，不要怕鱼逃掉。其实，越是担心，心情就越紧张，就越会手忙脚乱，导致抄鱼手法不当，易造成跑鱼的结果。

（2）不可先把抄网放进水中，等待鱼靠近时就动手抄捞。鱼见抄网，必做拼死挣扎，很容易逃掉，最稳妥的做法应当是先将鱼彻底遛乏，甚至肚皮朝天一动不动，垂钓者才可将其拉到近前抄取。

（3）上钩的鱼如果在水中还能自由活动，说明它的力量还没耗尽，这时绝不能拿着抄网追着它抄。由于抄网在水中有很大的阻力，一般人的反应跟不上鱼的游动，怎么也追不上鱼。所以，须待鱼遛乏，不再游动时，才可抄鱼。

（4）不要从鱼的后面抄，这在某种程度上说，无异于用抄网赶着鱼跑。所以抄鱼时，必须从鱼的头部下抄网，因为鱼不能快速倒退，这样就可顺势将其抄进网中。

（5）在准备钓大鱼之前，要事先将抄网打开，放在距离身边不远的位置，避免在将鱼遛到一定程度需要用网时，一只手要提着钓竿，而抄网又离自己很远拿不着，或是拿到了抄网而一时打不开，结果因误了时间，忙乱中让鱼挣脱而逃跑。

（6）用炸弹钩钓上来的鱼，抄鱼时最好是使鱼头从抄网口中间进入，尽量不要使鱼的头部碰到抄网。因为炸弹钩的钩多，抄鱼时那些在鱼体外面的钩子，有可能挂在抄网上，使鱼不能入网，造成脱钩。使用串钩时，更应防止抄鱼时多余的钩挂住抄网。

（7）如果鱼体太大，超过5kg，最好请身边的钓友帮助，用大口抄网抄起。

抄网的使用技巧

抄鱼时抄网应斜插入水，使鱼头正对网口中央，再顺势将抄网向前推、抄鱼入网，尽量做到一次成功，否则另一根子线上的钓钩很有可能挂住抄网，致使到手之鱼趁机逃掉。当鱼入网后，要放松钓线，以防进网之鱼被绷紧的钓线拖出网外，还要注意网不可离水，让水托着鱼到岸边，再用手握着网圈，提鱼上岸。

抄鱼“禁忌”

（1）抄遛翻的鱼，忌抄游动的鱼。所谓遛翻的鱼即遛得翻出鱼肚白的鱼，至少是行动迟缓的鱼。否则若鱼“精力旺盛”，就易出现失误，常见失误主要有两方面：一是鱼见了抄网受惊，奋力挣扎，导致线断鱼跑；或是鱼被抄上岸后仍然活蹦乱跳，要么挣脱钩线逃跑，要么挣扎中发生伤人事件。

（2）抄鱼头，忌抄鱼尾。精疲力竭的鱼并非完全不能动弹，一旦受惊，仍会逃窜。从鱼头抄鱼，它要窜也只能扑向抄网，想回过头来逃跑是不可能的；从鱼尾抄鱼，它游得比人的反应速度快。因为鱼的身体在水中所受的阻力很小，而抄网在水中所受的阻力很大，移动起来跟不上鱼的速度。

除此之外，还要提及的一点就是，利用多钩钓起的鱼，抄时要注意空钩挂网，特别是挂网的外面。因此，抄鱼时最好的方法应该是网心对准鱼头。发现钓钩挂住抄网时，为了减少对抄网的伤害，应该先摘鱼嘴上的钩，再取网上的钩，具体做法请参见下文。

抄鱼时宜直提，忌横扛

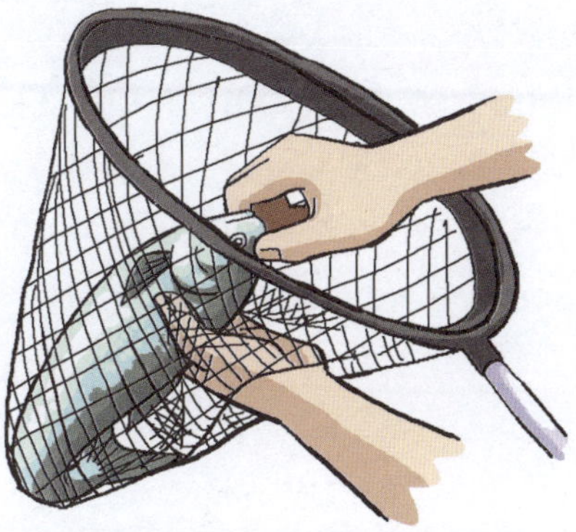

抄上鱼后，有些人往往不顾鱼的轻重，双手把抄网一抬，想横着把鱼擒上来，这是很不科学的。因为这样做，鱼的重量不仅压在抄网的网布上，也压在抄网的柄上。抄网的柄虽然是金属的，却往往很薄，多为中空，横向的负载力有限，受重压时易断裂。正确的做法应该是把抄网手柄竖起来，握着抄网的金属圈把鱼端起来。若没带抄网，也可用旧衣服包鱼入护。

钓钩挂网的应对方法

现在流行的钓鱼方法，无论是传统技法还是台钓，基本上都已采取双钩，上鱼的时候常见情况就是单钩中鱼，另一个钩则空着，这就给抄鱼时钓钩挂网带来了可能；特别是台钓，由于子线的长度一般都在15cm以上，因此更易造成钓钩挂网的情况，尤其在以下几种情形下极易发生意外：新手抄鱼，抄鱼时不是由头抄起，而是抄网追着鱼跑；有热心钓友帮忙抄鱼，结果和钓手配合不默契；夜间钓鱼，光线不足造成抄鱼不准。

发生钓钩挂网也有两种情形：钓钩挂在抄网内侧或钓钩挂在抄网外侧。这两种情形下的挂网，解决办法有所不同：钓钩挂在抄网内侧时，只要重新抄一次就可以了；钓钩挂在抄网外侧时，由于子线的长度有限，此时若继续抄鱼是无法将鱼抄上的，稍有不慎，极易导致线毁鱼亡（逃跑）的情况发生。此时最好求助周围钓友，大家一起帮忙取下缠在网上的钓钩。

初学者抄鱼注意事项

（1）注意抄鱼时机。抄鱼一定要把握好时机。初学钓友一般都心急，尤其钓到大鱼后都急于把鱼抄上岸，觉得抄上来放入鱼护才算放心，此时极易出现失误。因为大鱼不但爆发力强，而且冲击具有持久性，因此面对越大的鱼就越要保持一颗平和的心，应反复试探，确认鱼没有一点反抗力才能抄鱼入网。

（2）注意抄鱼方法。对新手而言，“抄鱼”虽然是“抄”字在前，“鱼”字在后，但其真正情况应该是“等鱼入抄”才对。正确的方法应该是提前把鱼遛乏，然后伺机将抄网埋伏在水中，鱼的大半身体都进入抄网时，配合松钓线动作向前上方迅速抬起抄网，这样就能十拿九稳地抄鱼出水了。

（3）注意抄网入水深度。抄鱼时抄网没入水中的深浅也很重要。较为稳妥的方法是把抄网没入水下20～30cm，这样垂钓者能看清抄网在水下的准确位置又不易惊鱼，成功率才会高。

（4）注意收网技巧。正确的方法应该是抄鱼入网后把抄网手柄竖起来，握着抄网的金属圈把鱼端起来，至岸边时再用手端着抄网前缘拖出水面。若鱼特别大，可请钓友帮忙，用手在抄网底部托住鱼弄上岸来，这样才能把意外降到最低，确保成功率。另外还得提醒钓友一点，拖鱼出水后一定要向岸上快走几步，离水面有一定距离才不易出现意外。

常见“跑鱼因素”

1. 水下脱钩跑鱼

从鱼漂出现鱼讯，到钓钩刺中鱼后的一小段时间里——数秒至数十秒，这个阶段的跑鱼原因最为复杂。

钩的大小、钩门宽窄、钩尖深浅都很关键，钩尖圆钝或卷韧造成刺鱼时打滑，鱼漂的灵钝不当造成提竿时机不准，钓钩没有在鱼嘴的合适部位刺入等因素都可能造成跑鱼。

线号不对，钓线磨损后强度下降，过硬的线造成钩子入口偏浅，过软的线造成钩子在水下的形态不理想，鱼追食时吃钩困难等也都可能导致跑鱼。

饵团的状态不合适，造成钩子在鱼口腔的正常部位不能完成刺入动作，钩子挂得浅等原因也可能造成跑鱼。

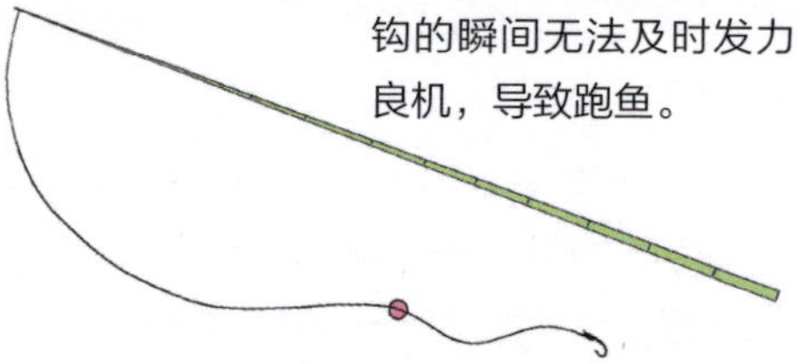

钓竿弹性不够，造成鱼咬钩的瞬间无法及时发力而错过良机，导致跑鱼。

2. 水面跑鱼

比如，刚开始提竿时没有刻意让回鱼的路线稍长一点，走个弧线遛一遛，而是直挺挺地拉过来，用力过大或速度过快，直接拉坏钩线或鱼嘴，导致跑鱼。

3. 遛鱼时跑鱼

遛鱼时的跑鱼，有很大一部分是可以避免的。大鱼中钩初期，多半会拼命朝着深水处冲击，我们只需控制钓竿的方向，下压钓竿，钓竿与钓线间大体呈直角，保持持续运动状态（钓竿在上挑状态下控鱼力度不足）。若使用手竿尽量别让鱼向中央深水区跑，若用矶竿或海竿则别让鱼向两边距岸太近处跑；如果鱼向水底扎去且停止运动，一定别让它在近岸处较大范围里游动，尤其是沿水底移动，否则钓钩容易挂底或挂住杂物，岸边的岩石也容易割伤钓线。有时，特别大的鱼中钩后会以非常沉稳的力道游动，这种鱼尚未"发威"，一定要及时调整好控鱼力度和角度，不要刺激它，要凭借技巧和耐心逐渐消耗其体力，这样等它发现危险时可能已经来不及发力了。具体的遛鱼方法与要点读者可以参看前文。

4. 飞鱼时跑鱼

这个阶段跑鱼的原因，最有可能的是断线、钩变形、鱼嘴拉豁和鱼跳动脱钩。不论什么原因，线细、钩形不合适或钩的大小不当都易直接造成跑鱼。钓竿太硬、提竿操作的手法太生硬，则会直接引起鱼的跳动而跑鱼。

除此之外，此阶段常见的跑鱼原因还有调钓的目数不匹配，造成信号出现过早，钩子没有正常进嘴，或挂得太浅跑鱼；钓点太远，起鱼的瞬间钓竿弹力无法施展，提竿即拔河；中鱼的瞬间，没有利用身体的高度和钓线的长度及时抖竿，因钓钩刺入鱼唇太浅而脱钩跑鱼。

5. 抄鱼或装鱼时跑鱼

抄鱼时的跑鱼原因有钩挂抄网和抄网太小。钩挂抄网或空钩挂住水底杂物的情况往往最常见，而抄网偏小、一抄不中后鱼借力反弹也会导致跑鱼。装鱼时跑鱼，则可能因为地形不利，鱼跳动后带钩线入水，另一钩挂住杂物或垂钓者的手，使垂钓者不能及时出手阻止；也可能是垂钓者取钩后抓鱼不牢造成鱼猛跳跑掉。

6. 提鱼出水时跑鱼

由于提竿可能过猛了一些，当鱼离开水面，竿尖出现回弹的时候，钓线松弛的瞬间，鱼从无倒刺的钓钩上滑出。小鱼的嘴肉嫩，在使用超硬调钓竿时，抖竿刺鱼用力过猛，易严重拉伤鱼嘴；当鱼离开水面，竿尖回弹下落时，在鱼的重力和自由落体加速度的双重作用下，拉豁鱼嘴，造成跑鱼。如果采用搓饵的方法，饵料过硬也容易造成刺鱼不利，在垂钓者提鱼出水的时候出现跑鱼现象。

因此，为避免垂钓最后关头出现跑鱼，在使用硬调或超硬调钓竿钓小鱼的时候，抖竿刺鱼的力度要适当。垂钓者可以尝试按某种力度抖竿刺鱼，对钓上的鱼进行查看，如果鱼嘴中钩处没有形成较大裂口，证明力度得当；如果鱼嘴已经被拉出较大裂口，就应该减小抖竿力度。

总之，在鱼即将被提出水面的瞬间，垂钓者的腕力要柔和，避免对鱼嘴造成太大伤害。

第四章

选钓点和打窝子

不同水域，由于各自条件不同，鱼情往往不同，如果水域选择不当，垂钓就达不到理想的效果。钓友对水域的选择，就叫钓场选择，也叫选钓点。

在垂钓过程中，打窝子，即制作窝子非常重要。

part 1 选钓点

什么叫钓点

钓点就是钓友准备施饵垂钓的地点。能否正确选择钓点，是关乎垂钓成败的关键因素。钓技的高低，能体现垂钓者对钓具和饵料等的熟知程度。但是“巧妇难为无米之炊”，只有熟悉水域的情况，选择合适的钓点，才能为垂钓者后续“展现钓技”提供可能。

好钓点的特点

（1）鱼类的栖息区。广阔的水域并不都是鱼类的栖息地，各种鱼类在不同的季节有不同的栖息区。如：鲤鱼特别机警、胆小，喜欢障碍物多或杂草丛生的水底和有沟壑的水域。而鲶鱼则喜欢乱石堆或洞穴。在盛夏的高温时节，大多数鱼类都喜欢寻找阴凉处或深水处。如能按季找到鱼类的栖息处，在这样的位置垂钓，垂钓者自然会大有收获。

（2）鱼类的觅食区。觅食是鱼类生存的本能。尽管它们有一定的栖息地，但为了觅食也会到水草丛生、浮游物多的地方。如活水流进处，淘米、洗菜等生活用水排放处，多半是鱼饵充足处，也是鱼类觅食的最好场所，同时也是很好的钓点。

（3）鱼类的洄游通道。许多鱼类从栖息区到觅食区的游动，都是很有规律的。很多钓友所说的“鱼道”，和水域中的地形有很大的关系。如水域的狭窄处、堤岸的突起部，都是鱼的必经之处。在这样的地方垂钓，必有好的收获。

（4）鱼类聚集和经常出没的地方。俗称“有水便有鱼”，但是鱼在水中的密度是不同的。只有选择鱼群聚集地作为钓点垂钓，才能多钓鱼、钓大鱼。

天气、季节与钓点的关系

天气情况，即气温、风向、风力、晴、阴、雨、雾等对钓点的选择有很大影响。如温水鱼类在水温8℃左右开始游动觅食，在水温15～25℃时食欲旺盛；水温超过25℃时，鱼类便潜入深水或到草丛中藏匿。

久雨初晴、久晴骤雨、大风过后等都是垂钓的好时机，天气、季节变化与钓点的选择有密切的关系。谚语“春钓滩、夏钓潭、秋钓阴、冬钓暖”概括了一年四季选钓点的基本规律。滩是指有水草的浅水处，春天此处经太阳一晒水温相对较高，蛰伏了一冬的鱼开始活动，喜到水温较高的浅水处游弋觅食和产卵。夏天气温升高，水温也相应升高，但水深每增加1m，水温就要低1～2℃，鱼游向深水处避暑是很自然的。秋天水温虽有下降，但晴天的太阳依然似火，鱼喜欢聚集在树荫或船影下。进入冬天后，天气日趋严寒，鱼势必选择阳光充足、环境温暖的深水处活动。

风向也对选钓点有影响。有经验的垂钓者往往选迎风岸边为钓点。因为风会把水中的浮游生物吹到下风的岸边附近，故此处形成饵料富集区，鱼类多到下风岸边觅食。

按照季节变换选择钓点

随着一年四季气候的变换，钓点应随之变动。但四季气候的变换是一渐进过程，不是一两天之内会突然变过来的，故选点应从实际情况出发。例如，初春气候特点与冬末类似，初春垂钓选点就不可生搬硬套“春钓滩”的做法，应按照“冬钓深”的鱼谚进行，将钓点选在较深处或深处水域；到了仲春或暮春，天气已暖和，几乎所有鱼种白天都离深逐浅、近岸觅食，这时才应该将钓点选在浅处和近岸水域，并从钓多种鱼着眼。

因一年四季气候各不相同，各鱼种之间存在着生活习性上的差异，钓点的选法就不会在任何情况下对任何鱼种都发挥作用。受到鱼种、季节、天气、水域、食物等方面的制约，任何一种选择都有其局限性。在不同季节垂钓，应根据不同鱼种的生活习性和自然环境的实际情况进行选点，依势而行。此处我们仅做简单说明，至于如何顺应季节变化，选择合适的垂钓地点和方式，会在下一章为大家详细介绍。

春钓滩

春季气温逐渐升高，太阳照射水面，绝大多数的热能被1m以上的水层吸收，这样就出现了适合鱼类生活的水温条件。浅滩处的水生植物也开始展露嫩芽。此时，浅水滩是垂钓鲫鱼和鲤鱼的最好钓点。而到清明时节，许多鱼类接近产卵期，更会成群结队地在有藻类、水草的浅滩处栖息。

夏钓潭

夏季，气温升高，水温也随之升高，此时，1.5~3m的深水区，水温比浅水区低，适于鱼类生活。而在一年中最炎热的三伏天，鱼类大多栖息在深水光线昏暗处。不论湖泊、水库或是池塘，阴凉的树荫下是此时最好的钓点。

秋钓阴、冬钓暖

入秋以后，气温冷热适宜，鱼类的活动范围增大。这时，自然环境中的水草在水中的部分已经枯萎，并逐步腐烂。此时，开阔明亮的水面或已枯萎的水草边缘，是鱼的栖息地。

冬季，气温下降，鱼类栖息在水深向阳处，很少活动。北方凿冰冬钓，选择背风向阳处最佳。

根据天气变化选择钓点

天气变化，不仅影响鱼摄食，还会改变其栖息水域的环境。实际垂钓经常遇到这样的问题：仲春或仲秋，第一天风和日暖，在某一钓点垂钓，喜获丰收；第二天天气变阴或小雨，气温低些，再去同一钓点垂钓，收获甚微。其主要原因之一是鱼因避寒而游向深水处了。善垂钓者，此时便弃浅逐深，钓获仍颇丰。

正常情况下，鱼的活动有规律可循，以我们经常垂钓的鲫鱼和鲤鱼为例：到了夜晚，它们大都靠近岸边有水草的水域寻食，毕竟近岸处比远岸和深水处可寻食物更多。尤其从后半夜约凌晨3点到太阳出来后几小时，鲫鱼和鲤鱼大部分时间都在近岸寻食，到中午时分又游回深水区。

天气异常时，鱼的活动规律将受到极大

影响。如太阳暴晒、久晴无雨、久雨无晴、大风、大雨、水质过于浑浊、水位的大起或大落等，都会使我们的垂钓受到极大影响。每到春季下雨，由于气温低，气压不会过快下降，鱼更加活跃，此时是垂钓良机。夏季降雨，气压会快速下降，即我们常说的：天气闷、鱼上浮，此时垂钓就很难有好成绩。

根据食物源选择钓点

食物多的人工养殖水域，如饲养者投放饲料喂鱼之处，就是很好的钓点。

自然水域中异于周围环境之处，如较易聚集食物，也是好钓点。但在投放草料的地方，是不易钓着鲫鱼的，因为此处多有大草鱼、大鲤鱼来光顾，鲫鱼是不大敢前来的；而在草料外垂钓，鲫鱼却频频咬钩。

根据水底地质选择钓点

不仅水库、湖泊、大型池塘的水底地质各不相同，就是同一水域的地质也不一样——有的地段为泥土，有的地段系泥沙，有的地段是砂石，这些地段分别适宜不同鱼种生息。垂钓就应根据想钓取的鱼种，在适宜的地段选点。

泥底地段，土质肥沃、水生物多，多种鱼都喜在此聚集，如钓鲤鱼，泥底水域就是选点的好地段，因为鲤鱼有拱泥觅食的习性，多在此处活动和栖息。砂石地段贫瘠，水瘦且较清澈，水生物少，聚鱼力差，一般不宜在此选点。

“归函钓点”和“过道钓点”

鱼类的习性和自然条件有时会令鱼群聚集在一定水域，不远游。这样的抛钩水域叫归函钓点。又因为鱼类为了繁殖、越冬、觅食等必要的活动，须进行长距离的洄游或短距离的半洄游；从此水域游向彼水域，从深水游向浅水或从浅水游向深水。洄游的每一种鱼，其活动路线都有一定的规律。在这条路线上的某个关隘之处进行抛钩，则叫选择了“过道钓点”。

归函钓点和过道钓点各有其不同的特点。就淡水鱼而言，鱼喜欢栖息之处的归函钓点多在两河汇流的清、浑水交界处，江河主流与支流间的平静水面，闸坝下、水渠内的缓水区，清水塘堰有生活水（如淘米、洗菜水）的入水口，浑水塘堰有清水注入的堤岸旁等。鱼类喜欢的过道钓点，多在小型河渠有缓流的桥墩下或下游两岸最接近处的葫芦口、湖港的交接处、堰与渠的连通处、瀑布下的深潭出水口等。总之，无论流水或静水，无论水域面积大或小，都可能有鱼的归函和过道点。

依据水域地形选择钓点

选择钓点，必须看清所在水域岸上的地形，才能选到好的钓点。如半岛尖端是鱼向上下游游动和进入两侧水域的必经之路，故一般被视为很好的钓点。但在盛夏和隆冬，在半岛尖端垂钓则可能“颗粒无收”。因为此处多系泥沙底或砂石底，水也较浅——盛夏，烈日烘烤得水温很高；隆冬，若寒风凛冽，使水体变得更加寒冷，且食物稀少。这两个季节，鱼在深处生活栖息，喜静不喜动，不会到此活动和觅食，故不宜在此选点垂钓。

这里为大家举几个不同的钓场实例，来说明根据不同水域地形选钓点的要领。

河川钓点

河川有鱼可钓的水域大体上可分为三种类型：①主河道；②支流；③小沟汊。以河川支流为例，河的横断面一般为天然斜坡，5~6月，鱼的产卵期刚过，鱼类多留在产卵场附近觅饵育肥。梯形河岸上游离被水淹没的植物不远，时常有种子、叶片散落，因此饵料较为充足，以此为钓点，收获最大。下钩时要把钓饵递在窝子的前方20~30cm处。

小河钓点

桥边

河流拐弯处

水草繁茂处

选用小河钓点时，要考虑水的深浅是否适宜，最好上连湖泊、下连水库。每到春天，就会有大量鱼儿聚集在此产卵、育肥。

选钓点不离水草

多数鱼类由于生存的需要，与水草结下了不解之缘，鱼类“偏恋”水草的主要原因有以下几个方面。

易于隐蔽

茂盛的水草是鱼类的隐蔽之所。

饵料丰富

水草处一般水较浅，且有大量的浮游生物，如小鱼、小虾等，是很多鱼类的“佳肴”。很多水草本身就是鱼类的饵料，丰富的饵料吸引了众多鱼类前来觅食。

溶氧充足

水草进行光合作用可以释放氧气。

躲暑避寒

炎热的季节，水草能遮挡强烈的阳光，水温较别处低。秋凉以后，水草所在水域的水温又比别处高。鱼选择水草地栖息可起躲暑避寒作用。

繁殖场所

水草是鱼类天然的产床，鱼儿喜欢在水草上产卵，每到繁殖季节，很多鱼儿就在水草区嬉戏交配。

不适宜垂钓的水域

（1）水质不好的水域。水质不好包括水过肥或过清，水过肥则说明水中腐殖质过多，或者污染严重，这样的水域水色发绿、发黑，溶氧少，鱼很难存活，自然钓不到鱼。

有些池塘水质过于清澈，一眼可以看见底，这样的池塘水质瘦，没有多少浮游生物，水中的鱼也不会多，不适宜垂钓。

清澈水

浑浊水

还有些池塘水质过于浑浊，这样就使得水的能见度低，鱼不易发现钓饵或诱饵，也不适宜垂钓。

（2）水浅、水色不正常的水域。有些池塘水浅，只有10多厘米深，水中没有水生植物生长，周围也没有植物生长，水色浑浊，呈铁锈色，不适宜垂钓。

（3）处在高岗上的无活水水域。主要指某些丘陵地带高岗处的一些水坑，这些水坑里的水主要来自雨水，夏天常常干枯，水质瘦，很少有鱼，不适宜垂钓。

（4）三面环山或高山遮挡的水域。处在三面环山或四面环山的池塘，因阳光照射到水面的时间不长，风又难以刮进，使池水水温低，溶氧也不高，相应地，水中的浮游生物也少，水质也多半清瘦，也不适宜垂钓。

（5）水草过于茂盛之处。水域中水草过于茂盛，鱼活动不便，难以咬饵，而且垂钓也困难，即使勉强下钩，也易挂草、跑鱼。

（6）水生植物太多的水域。有些池塘水生植物太多，几乎覆盖了整个池塘，使得水与空气的接触面小，水中溶氧低、水温低，也不适宜垂钓。

（7）树木过于密集之处。有些水域边长有很多树木，有的树枝还伸入水中。这些地方容易聚鱼，但是对伸竿、收竿和提鱼十分不便，稍不留意，就可能挂钩，造成线断、钩掉。

（8）堤岸陡峭处。堤岸陡峭处，往往水很深，这样的地方有可能出大鱼。但离水面太高，即使钓到大鱼也很难将鱼抄上来；而且地势陡峭，垂钓者若一不小心滑落水中，容易发生事故。

（9）嘈杂之处。垂钓不宜在大路、公路边选择钓点，这里来往的人多车多，十分嘈杂。鱼一般都很胆小，特别是鲫鱼、鲤鱼等，它们多远离嘈杂之处，偶尔游近钓点，一旦受惊，就不敢上前觅食，甚至立刻逃之夭夭。

（10）高压线下。钓点应远离高压线，以免扬竿时挂线难以取下。如使用碳素竿或竿身被水弄湿，若不小心触碰到高压线也易导致伤亡事故。

观察鱼情选钓点

（1）观察鱼星选钓点。一般鲤鱼喜欢掘泥寻食，拱动水底污泥时，产生的水泡多，即鱼星多，且连续成串并常移动，出水后呈泡团。草鱼的鱼星多为单泡，但大小不一致、个数多，常常连成3～5cm^{2}的泡沫片。鲫鱼的鱼星多为细小而密集的小泡，范围小，或为3～5个单泡，一般呈米粒大小，且大小基本一致。频繁泛鱼星，则显示该处有鱼群聚集。当鱼在水底逃窜时，也可能形成一串水泡。一般鲫鱼游动较慢，出现的鱼星大小不一；鲤鱼游动较快，常伴有小水泡冒出；草鱼受惊后逃窜，水浅时，水面常常带出水痕；鲶鱼游动时常带出一串细泡带；黑鱼鱼星多为单泡。有时鱼头贴近水面呼吸，受惊后下沉也会划出水泡。垂钓者可根据上述鱼星的特点选定钓点。

（2）根据鱼的翻花情况选钓点。鱼在水体内游动，遇到障碍物时，常会翻出水面而激起浪花，此被称为翻花。另外，当鱼在水面活动时突然受惊，翻身入水时也会翻花；春季鱼在水草丛中嬉戏、产卵，有时也常出现翻花。经常出现翻花的地点，也是好钓点。

根据鱼跳现象选钓点

当鱼进入性成熟的繁殖期时，常跳出水面，特别是春末至仲夏这段时间的早晚、雨后、风平浪静时，鱼跳现象增多。如果某处连续多日出现这种现象，则此处很可能是鱼的聚集地，故是较好的钓点。须注意的是，当鱼真正进入交尾期时，常常拒食。

根据水情选钓点

看水纹选钓点

水面平如镜，看不到小鱼活动，水下可能无鱼或少鱼。如水波粼粼，水面不时漾起涟漪，有鱼打出水花、漩涡，或追逐嬉戏，时而跃出水面，表示水下的鱼很多；水面游动嬉戏的小鱼突然受惊，四处逃散，或水面有隐约的波纹，多是大鱼活动、觅食所致；如果有鱼群浮在水面嚼水，这是水里缺少氧气，鱼不会进食。

看水色选钓点

俗话说：水清无大鱼，浑水好藏鱼。水过清多是无鱼或少鱼。在沟河中垂钓，适合垂钓的水色多呈淡绿色、淡蓝色或淡青色，如果水草较多则水色比较清淡。池塘中最适宜的水色是淡白色、淡褐色、淡绿色或清中略带点浑（多见于围田、围垦养鱼）。

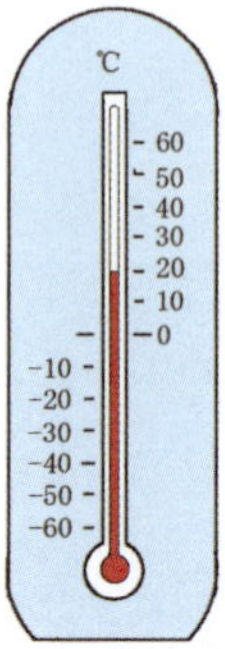

试水温选钓点

水的热量主要来源于太阳辐射，水的温差变化受空气温度的影响，水温的升高和降低都比空气温度的变化慢，形成了水温与气温的差异。炎热的盛夏，气温高达35～40℃，但几米以下的深水处只有几度；夏季雷阵雨后，地面已经凉爽，但水温仍然很高；初冬北方的冷空气南下，空气已很冷，但水温并没有下降多少。水温合适的水域才是适宜的垂钓点。

闻气味选钓点

垂钓前，迎风站或蹲在岸边（下风口），闻一闻从水面上吹来的风有无鱼腥味，或用手捧水闻闻有无鱼腥味。鱼腥味越浓，表明鱼群留下的分泌物所形成的泡沫就越多，鱼也就越多，反之，则少鱼或无鱼。

听水声选钓点

具有一定垂钓经验的人知道，根据鱼跳跃时出现的击水声，可以判断鱼情。听鱼吃草发出的“嚓嚓”声和大鱼追捕小鱼发出的“扑通”声，也能进行判断——有声则有鱼，无声则少鱼或无鱼。

看水鸟选钓点

鸬鹚、水鸭、白鹭等都是专食小鱼的鸟类。垂钓者来到湖泊、河流，如果见到栖息在水草边的水鸭、白鹭等突然起飞，或看到白鹭在水面上空盘旋、翱翔，鸬鹚、水鸭在水面戏水，说明此处的鱼较为活跃，适宜下钩垂钓。

part 2 打窝子

什么是打窝子

打窝子也叫打窝，是指为提高垂钓效率而向选定的垂钓点投放诱饵的行为。通常可以通过手掷、竿抛、划船送饵甚至使用遥控船投放诱饵，起到诱鱼进窝的作用。根据垂钓鱼的品种，打窝所使用的饵料可分为粉状、糊状、颗粒状，甚至可直接用活体诱饵。

打窝用诱饵通常应该与钓钩上所挂的诱饵相同或者近似。打窝，在水域广阔的野钓中能够起到十分重要的作用。打窝通常可以分为两种形式，一种是预先打窝，另一种是即时打窝。预先打窝一般是在开始垂钓前的1～3天，在选好的固定点位，根据水域大小，投放足够数量的饵料。然后，在这一区域设置标记，可以使用打窝漂。预先打窝是为了让水中的鱼有足够的时间发现并集中到钓点，这样就形成了鱼窝。即时打窝是指在垂钓的过程中，向钓钩的周围投放一些脱离钓钩的散饵。这样可以帮助鱼通过散饵的颜色和气味尽快发现并找到钓钩。

值得注意的是，使用橡皮船送饵是具有相当大风险的，特别对于老年垂钓者和不会游泳的垂钓者更是如此。尤其处于陌生的水域环境或于夜间垂钓时，危险系数更高，用遥控船可以避免上述风险。

常见窝子的种类

素窝

主要使用粮食类作物制作，如糠饼、豆饼、麦麸（饼）、菜籽饼等。素窝是垂钓者使用最多的诱饵窝。对鲫鱼、鲤鱼、草鱼、鳊鱼等鱼均有很好效果。

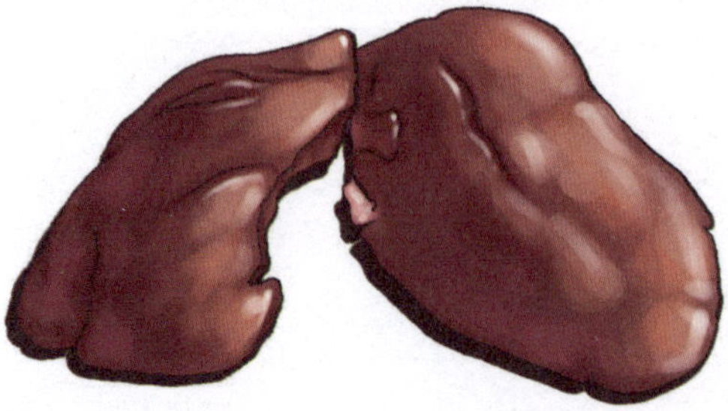

荤窝

用动物性饵料制作的窝子，如鸡血、鸡肠、猪肝、猪骨、羊肝等。荤窝对鲶鱼、乌鳢、黄颡鱼等肉食性鱼类的效果最好，对鲫鱼、鲤鱼等杂食性鱼类的效果也不错。

草窝

鱼类都有趋草性，故水草丛生处是鱼类喜欢栖息、活动的地方。而诸如草鱼等草食性鱼类，草类是它们的主食。为此，将水草或陆草捆绑成把，扔在钓点水域，下面坠上石块固定，对诱鱼有极好效果。

臭窝

臭窝是用发臭的饵料，如动物粪便、腐烂的内脏、臭肉、烂骨头等打窝子。最好用铁纱或破布包成小包，用绳子捆住，坠石投到钓点。臭窝的浓烈臭味徐徐放出，随水扩散，人闻臭，鱼闻香，鱼会循气味游来，对于肉食性和杂食性鱼类效果不错。

香窝

鱼类嗅觉敏锐，很多鱼类对香味尤为喜好，若用香味浓烈的饵料，如酒米、酒糟、炒黄豆粉、炒芝麻粉等撒于窝点，对鲫鱼、鲤鱼、鳊鱼等均有很好效果。

虚窝

用能散发浓烈气味的物质，如香精、白酒、香油等拌泥土，揉成团扔入钓点。但这种窝子只有味道而无饵料可食，可将鱼引来，却难久留。

活窝

可以变动位置的窝子即为活窝。垂钓者将豆饼块、糠饼块中心打一洞，系上绳子扔于钓点，或将粉粒料用纱布或铁纱包好，系上绳子扔于钓点。若垂钓者需要转移钓位，只需将饵料转移到新钓点即可，可节省饵料。

自制打窝器

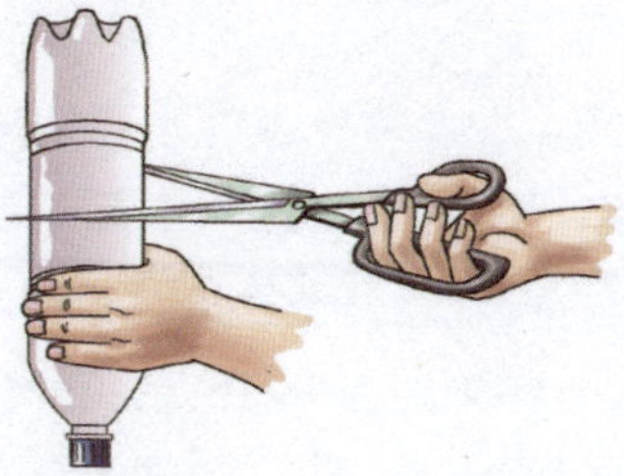

①将可乐瓶剪去一半。

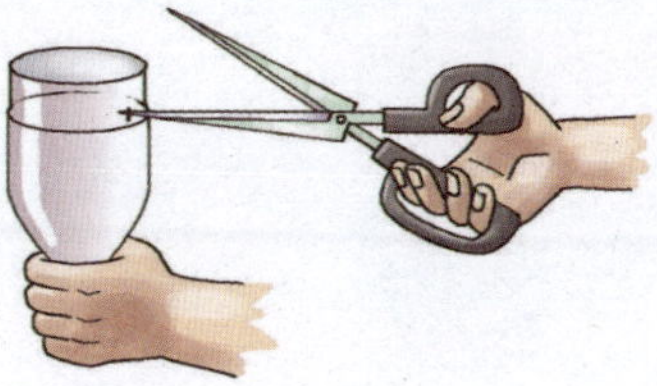

②取上半部分，在可乐瓶上扎两个对称的小孔。

③将铁丝或绳子穿在两个小孔中做一个提梁，在可乐瓶靠近瓶盖处扎几个通气的小孔，瓶口的盖子上再扎一个小眼，小眼里穿一根粗线。粗线头穿过瓶盖后打一个大结，以防线从瓶盖中脱落。

④粗线的一端系一个小铁丝钩，把小铁丝钩挂在提梁上；在粗线的适当位置打一个结（保持可乐瓶的瓶口呈水平状态），形成一个连接环。打窝器就做好了。

将装有诱饵的打窝器送至钓点，然后松线，小钓钩会从提梁上脱落；稍稍提竿，带动盖子上的粗线，打窝器就会被打翻，诱饵落入钓点，完成打窝。使用这种打窝器，既可把诱饵撒在水面，使之慢慢下沉，也可把诱饵直接投入水底进行打窝。

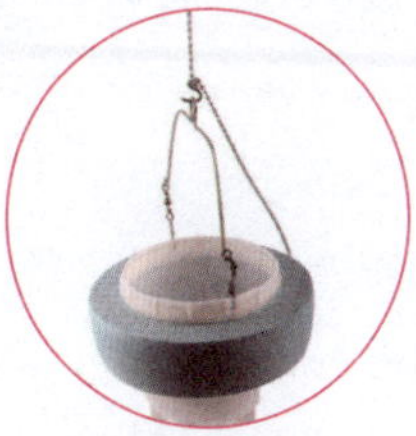

打窝器

各有所长的打窝方法

（1）通过打窝子做“饵路”。先把一定数量的窝食集中投放在钓区，此窝点称为主窝，然后抓起两把窝饵，一把投在主窝的前方，向主窝前延伸三五米即可；一把分撒在主窝的左右两侧，延伸两三米即可。扬手漫撒的窝饵呈散碎状，星星点点地“拱卫”着主窝，我们称为“饵路”，也有人把这种窝称为“导向窝儿”。鱼只要接触到零星的散碎饵食，就会顺着饵路游到主窝区吸吞主窝饵，因此饵路能够帮助觅食的鱼及早发现主窝。

（2）做“人工鱼道”。选准钓点，多次大量投喂，一次投二三十个饵团，连续投一星期，喂而不钓，即形成一大片“人工鱼道”。鱼在一处觅到食物，饱食之后，第二天再来，仍有食觅，逐渐养成每天定时到人工鱼道觅食的习惯。前来觅食的多数是大鱼。一星期后，用与投人工鱼道相同的窝子食做钓饵，挂炸弹钩垂钓，每天早晨定时去钓一次，连去一星期，定会丰收。这种先喂后钓的方法，更适合住处距钓场较近的垂钓者施用。当然，每次投喂最好选天亮前或天黑后无人时，勿让其他垂钓者发现你做的人工鱼道。

（3）饼饵打窝法。可以用作钓鱼打窝的饼饵主要有糠饼、豆饼、花生饼、菜籽饼等。这些榨油的剩料，属于本味饵，饵料本身散发的清香，能产生极大的诱鱼效果。静水中钓大鱼，可以用一个饼或多个饼抛投打窝。流水中钓鱼，可以用一个饼或两个饼沉入水底打窝。在养殖场或在野塘、野水钓鱼，可以将饼饵锯成大小不同的块状饵打窝。在野外钓小鲫鱼，可以将饼饵锯成豆腐块大小打窝，甚至可以锤成颗粒状打窝，照样有效。

用饼饵打窝，最大的优点就是可以较好地保窝、养窝，块饵溶化时间长，很难散窝，加上每种饼饵都能诱好多种鱼，有很大的通用性。所以，饼饵为当今打窝钓鱼的主要诱饵。饼饵与酒米组合打窝，好钓鲫鱼、鲤鱼。饼饵与油糠等粉饵组合好钓草鱼、鳊鱼等鱼。也可以用糠饼和花生饼、菜籽饼组合打窝，一种锤碎，另一种锯成块，养窝诱鱼效果也十分明显。

须注意的是，用块状饼饵打窝，容易出现跑窝现象。由于大鱼在吸食块饵时，会将块饵顶漂起来，如水底不平，块饵会不知去向。解决的办法就是将饼饵锯成三角形（长150mm，角顶高50mm即可），无论大鱼如何吸饵、顶饵，三角饵总在原地打转，不易漂起。

（4）种子饵打窝法。大米、小米、大豆、玉米等农作物种子经发酵后都可以用来打窝诱鱼，其中以大米最为典型。用大米发酵后打窝，酒香能增强诱鱼效果。红酒米用来诱鲫鱼的效果明显，白酒米用来诱鲤鱼作用较强。在浑水里钓鱼，应该选择白酒米打窝，以提高浑水中的可见度。

用酒米打窝，常见的有堆集法、散布法、丢投法。堆集法是使用打窝器在同一地点多次重复下饵，五杯、十杯都可，形成酒米大窝，主要用于钓大鲫鱼，特别适合鱼多的水域。散布法是用手抓起一把酒米，抛洒在窝点上，也可以多次抛撒。此法也可以用于补窝。散布法适合休闲钓鱼。丢投法主要用于浑水钓鱼，特别是钓鲤鱼，每次抓起

10~20粒酒米，丢投于水面同一个地方，酒米沉入水底则能诱鱼上窝。

酒米、粉饵组合使用，特别是各种豆粉组合，是野钓鲫鱼、鲤鱼的理想窝饵。酒米与饼饵、块饵组合使用是钓养殖鲫鱼、鲤鱼的主要窝饵，同时加入豆粉，成为三合一的窝饵，效果更为突出。垂钓者还可以加入香料，以增加饵料的香气浓度，提高诱鱼效果。小米、大豆、玉米之类种子饵，可以用水浸泡或加热后发酵制成窝饵，所钓之鱼也很广泛。用发酵玉米钓草鱼效果明显。

在深秋和初春的低温季节里，最好将大米炒熟，与熟豆粉组合打窝，更适应低温季节鱼类摄食需求。

（5）草类饵打窝法。用草类饵打窝主要用于钓草鱼、鳊鱼。用草类饵打窝分为拌入法、捆扎法、丢投法等。

拌入法

主要用于谷芽打窝。虽然散打谷芽同样能诱来草鱼上窝，但远远不及将谷芽拌入油糠之类粉饵打窝的效果好。如果再以块饵配合入窝，形成芽饵、粉饵、块饵三合一的组合，是钓草鱼的最优窝饵，常在钓大草鱼中使用。

捆扎法

打沉底窝，将割来的青草用绳带捆扎成把，吊上砖头、石块，抛投于水中，这种捆扎青草的办法，同样适用于树叶枝、竹叶枝打窝。树叶枝以谷皮树为主，竹叶枝以楠竹枝为主；谷皮树主要用于静水打窝，楠竹枝主要用于流水打窝。草鱼吃谷皮树，天气炎热时，草鱼对竹叶也感兴趣，因此，此种方法对钓草鱼也很有效果。

丢投法

主要用于钓流水中的鱼。将割来的青草切成短节（约30mm长），每次抓起10根左右丢投于流水水面，每隔一定时间丢一次，草鱼会追食而上，进入窝区。草鱼上窝与未上窝，可以通过水面的鱼星来确认。至于在静水中打浮面草窝，就没有必要将草切断，直接将割来的青草丢投于水面即可。需要注意的是，用草类饵打沉底窝钓草鱼，水深应在2m左右，气温应在20℃以上。如果在流水中打浮面草窝，温度低于25℃，草鱼是不会浮出水面上窝的。

（6）粉饵打窝法。粉饵是软饵，是变化最大的一种窝饵。

自古就有很多种粉饵做法，粉饵不但可以做诱饵，也可以诱钓合一。最原始的做法是用牙齿把豆子嚼碎后，捏在钩坠上打窝，或是用灰面油糠和水直接打窝。

过去这些单一的本味饵打窝，主要用于野水中钓鱼。现在，用多种不同类型的粉饵组合出诱饵，可以钓养殖鱼也可以钓野生鱼。

粉饵分为淀粉类和蛋白类。淀粉类主要有大米、小麦等，蛋白类主要有鱼粉、虾粉等。在淀粉中兑入合成香精和植物香料，即可组成香饵。

鲤鱼、草鱼、鲢鱼的香饵自制法

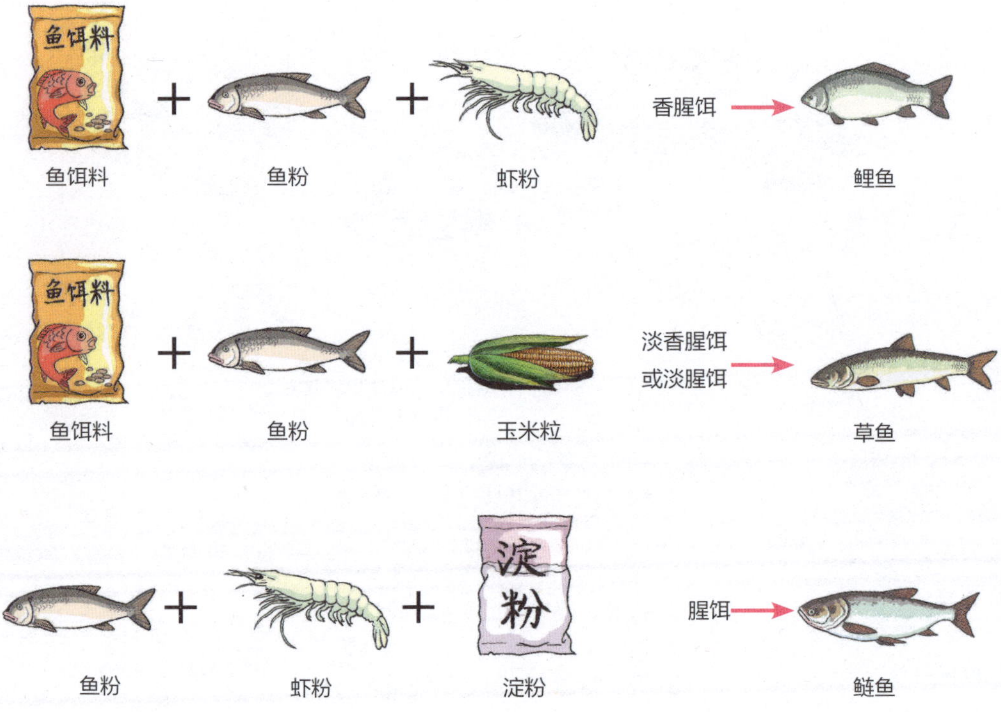

在本味饵、香饵、香腥饵、腥饵等鱼饵料中加入维生素、氨基酸、奶糖类成分的添味剂，可提高鱼类的食欲。

用粉饵打窝，可以在水面打窝，也可沉入水底打窝。水面打窝必须用半干半湿粉，要能浮于水面，如灰面、麸皮等。沉底打窝必须将粉饵和湿，做成不同形状，用打窝器打入。粉饵与酒米、糠饼块等其他饵料配合使用，特别能提高诱鱼效果。粉饵最大的优势是可以诱钓合一：台钓钓法、炸弹钩钓法和包钩垂钓都是凭借粉饵的可塑性才产生的。

我们在前文已经说过，粉饵是有生熟之分的，用熟粉饵诱鱼，四季可以通用。用生粉饵诱鱼，主要用于炎热的夏季。若气温低于10℃，用生粉饵诱鱼的效果会明显降低。

（7）蛆饵打窝法。蛆饵打窝诱鱼有两种做法：一种是水面丢投饵诱法，一种是水底袋装诱法。水面丢投饵诱法主要适用于手竿钓上层鱼，可以钓流水也可以钓静水。将活蛆洗净之后置于盆内，拌入草木灰或油糠之类的粉饵，每次抓三五条丢投在同一水面位置。静水中要等鱼吃完后再丢第二把，流水中则可以按一定的时间间隔丢饵，鱼会沿途寻来，进入窝区。不论钓流水还是钓静水，一定要等鱼上窝才钓。当丢在水面的活蛆很快被食光，鱼不再跳出水面抢食，提竿可以连续上鱼，说明鱼已上窝。

水底袋装诱法主要适用手竿钓鲤鱼、鲫鱼、鳊鱼、鲌鱼等鱼。可以在流水和静水中垂钓。选择约能装一升饵的袋子，将活蛆装入袋中，在袋子上钻5~10个小洞，洞口每次只能通过一到两条活蛆，在袋中放入重物，使袋饵沉底即可。流水钓可以加大布袋重量，锁紧袋口，防止饵料漏出。用活蛆打水底袋装饵，要防止钓钩挂袋，在静水中可以悬浮钓，在流水中应钓下游，钓饵尽量离开布袋一定距离。用罐装蛆饵打窝就没有钓钩挂袋的问题，但罐装封口比较麻烦，不及袋装蛆饵封口方便。

（8）贝类打窝法。用贝类打窝诱引青鱼上窝，通常有两种做法：一种是将田螺锤碎直接丢投于窝区；一种是将锤碎的田螺连壳带肉拌入油糠之类的粉饵打窝，也可以将田螺与块饵、颗粒饵配合打窝。

青鱼对蚌肉也感兴趣。将蚌肉切碎，剁成泥拌入粉饵或颗粒之中打窝。在青鱼养殖塘钓鱼，可以打大窝，用拌有螺肉或蚌肉的粉饵和湿后捏成直径4~5cm的圆球。一次可投入三五个，待鱼吃光了还应及时补窝。

注意，没有青鱼的水域之中，不要随便用贝类打窝，特别是草鱼多的池塘。贝类的腥味，不是所有鱼类都喜欢，草鱼甚至会远离窝区、避之不及。

打窝要区分季节、风向和地点

打窝子时，要将季节、风向和地点这三个因素结合起来考虑。

饵窝能够聚鱼，是因为诱饵在水中散发某种鱼类所喜欢的气味。静水里，在无风浪的条件下，这种气味的传播并无固定方向，是缓缓地向四周扩散；在有风浪的情况下，这种传播却具有明显的方向性，即向着顺风方向迅速传播。如果下风处鱼多，集鱼就多，鱼群会循味顶风而上，聚到窝点；反之，下风处少鱼或无鱼，饵窝就不能起到较好的聚鱼作用。（以垂钓者所处位置为参照，风吹脸处为下风处；如果风吹后脑勺，这个地方就是上风处。）每个钓点两侧的水域宽窄往往不同，一般说来，水域宽阔一侧鱼大且多，水域窄的一侧鱼小且少。因此，打窝必须对季节、风向和地点进行全面分析和综合考虑后再进行。

你知道吗？因季节不同，打窝的方法也是不同的，因为鱼在各个季节的生活习性有一定的差别。强调“区分季节、风向和地点”打窝，其实就是在强调因地制宜、因时制宜，只有做到有针对性地打窝，方可拥有满意的渔获。

四季简易打窝法

新春打草窝

新春，鱼要“拜访”的是草窝，有时垂钓者还可收获子崽鱼。

初春天还冷，窝最好安排在草中间，优点当然是阳光集中升温快，冷风难侵暖不退；仲春和暮春，窝最好设计在草边，这样窝有“窗”又有“门”，好处自然是纳雨受风气通畅，取食自由好方便。假如碰上寸草不生的水面，可采用先远后近、先深后浅（滩）的方法，解决打窝问题。

金秋打边窝

金秋，鱼“巴结”的是边窝。边窝在岸边、草边、田边、树边。因此，秋季主要在这些地方打窝，更容易得到鱼的“青睐”，自然也能有更大的收获。

酷夏打爽窝

酷夏，鱼喜欢的是爽窝，追逐的是深窝、阴窝的长处（阴凉），拒绝的是深窝、阴窝的短处（闷热）。所以，爽窝被称为鱼的“夏都”。鱼早上头浮水面、吐故纳新，上午潜入浅窝就餐；两三个小时后，深入深窝或躲入阴窝休息；到了下午，又回到水边的浅窝，“翻箱倒柜”找吃的。要是撞上闷热天，气压低，水中缺氧，鱼就会浮到水面透气。

寒冬打阳窝

窝是冬钓的重中之重，而阳窝又是此时选窝的重点。好的阳窝应满足如下几个标准：一是阳窝要深浅适度，以1m左右为标准；二是阳窝要避风避浪，无风或微风为合适；三是阳窝的诱饵味道必须是浓香，用料一定要新鲜、易消化，钓饵讲究大而活；四是阳窝即使在阴天或小雨雪天，仍有许多余热供给鱼类。

打窝的操作要点

（1）根据鱼种打窝。各种鱼类的食性差异很大。如草鱼喜酸甜，喜食草，可打草窝，并在草窝附近补撒酸糟饵；鲤鱼、鲫鱼喜香甜，素窝加香窝是最佳选择；鲶鱼、黄颡鱼好荤腥，则荤窝对它们吸引力大，荤窝对鲤鱼、鲫鱼也有很大诱惑力；鲢鱼偏酸，则酸糟食打窝最好；鳙鱼爱酸臭，则臭窝可诱集大量鳙鱼等。

针对鱼的喜好打窝，才会有好收获

（2）根据水体深浅打窝。垂钓水体的深浅差异很大，打窝的投饵量亦应不同。若水深在1m以内，撒饵量宜少；若水深超过2m，撒饵量就相应要多些。因在下降过程中，粉粒饵料会散失、漂浮，到达底部就较少了，若是底钓，则效果较差。因此，在深水处打窝，以多投大颗粒钓饵或块状钓饵为宜。

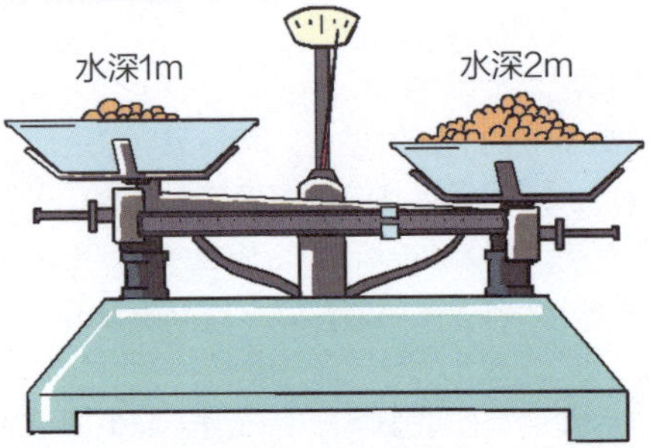

打窝用料多少与水深密切相关

（3）要适时补窝。打了窝子，鱼被诱集过来频频咬钩，这时，垂钓者不要光顾钓鱼，因为鱼群是被诱饵诱拢来的，鱼越多，诱饵消耗越快；当诱饵消耗殆尽，此处对鱼再无吸引力时，它们就会离窝而去，再想聚拢，又要耗费时间了。因此，在有鱼频频上钩之时，必须适时补窝，补窝的量不宜太多，但次数要多一些，使鱼恋窝不走，吸引更多鱼循味而来。

（4）打窝要虚实兼顾。鱼的嗅觉是很灵敏的，觅食时多凭借嗅觉。因此，光有气味的虚窝也能将鱼诱来。但鱼来了以后，光有其味，而未见其食，它们仍是饥肠辘辘，画饼终难充饥，也就不会在窝点久留。因此，垂钓者应满足鱼的摄食需求，不能光有气味，还应有鱼爱吃的鱼饵。一般来说粉饵主味，而颗粒鱼饵、块状鱼饵则使鱼有可食之物，虚实兼顾的窝子才能达到真正诱鱼的目的。

打窝要虚实兼顾

（5）最好提前打窝。如果是临钓时打窝，其效果往往不如提前打窝来得好。提前打窝是在临钓前几天去钓场打窝，可用一些入水难化的钓饵，它们在水中留存时间长，往往长时间浸泡也很难化开；或者找一些气味大，鱼又食之不尽的鱼饵，如动物内脏、骨头、动物尸体等作为诱饵；这些鱼饵既有很强的诱惑力，又能持久，若有可能打这类窝子，其效果相当好。

动物内脏是很好的打窝材料

（6）对付小鱼闹窝的方法。为了将闹窝的小鱼引开，可事先预备一些漂浮性较好的食物，如麦麸子等，顺手扬到近岸水面上；漂浮物及少量下沉物会将小杂鱼引到水表层抢食，从而令其游离窝点。此法只适用于顺风垂钓，如逆风，此方法则难以见效。

其他对付小鱼闹窝的方法还有以下几点。

①用三角打窝器投饵。这种打窝器入水后直到触底才会打开，饵料在水底，能在一定程度上避免水中层的小鱼截食。

②多加一些颗粒状饵，减少粉状饵。因粉状饵最易被小杂鱼抢食。

③如果用蚯蚓穿钩引起小鱼闹窝时，可改用面团饵穿钩，或在钩的柄上和弯部穿蚯蚓，在钩尖上挂面团。这样一来，小鱼吃不进面团，也就吃不着蚯蚓了。有时候，钓钩上的蚯蚓被鱼吃了半截，还剩半截，为了节省蚯蚓，此时也可把蚯蚓拉到钩柄部位，钩的前端再穿上面团，可谓一举两得。

④小鱼咬钩时，垂钓者可猛地颠一下竿，以吓跑小鱼。

⑤垂钓者可把钓钩下到离窝子1m以外的地方，待钩子沉入水底后再慢慢移到窝子里，避免被小鱼发现。

⑥垂钓者可改换钓饵。用鲜嫩玉米粒、煮熟的红薯粒、山芋粒、米饭粒当钓饵，也能在一定程度上防止小鱼闹窝。

垂钓者要适时补窝

（7）打窝后不能急于垂钓。这是因为鱼进窝有一定的过程。一般说，春秋两季，鱼大量进窝约需半小时，夏天需一二十分钟，冬天则需一两个小时。如果不等鱼大量进窝就钓，容易把鱼惊退；尤其是惊动了头鱼不敢进窝，那就更糟糕。羊群里有头羊，鱼群中也有头鱼。如果头鱼不进窝，鱼群也不会进窝，甚至已经靠近窝的鱼也会很快离开。因此，必须等头鱼进了窝，放心摄食时再垂钓。

怎样判断头鱼进窝呢？鱼群中头鱼发出的声频是很高的，当头鱼进窝后，鱼群便纷纷进窝，在头鱼的指挥下抢食食物。如果没有出现这种现象，通过观察水面波纹和鱼星，也能够判断鱼群是否进窝。鱼群进窝后，水中出现鱼星和许多细小的气泡，水面波纹也会发生变化。

（8）注意诱饵在水面上的落点。打窝不能完全根据水面上鱼漂所在的位置来进行，否则易造成窝点偏差。另外，饵团或抛过了钓点、或正落于饵钩上，也对垂钓不利。

为什么正好落在饵钩上也不行呢？这和鱼的摄食习惯有关。饵团入水后，很快被水泡开，散于水底，没多久，就会扩散到较大的范围。如果是一次投几个饵团，其范围就会更大。这时，鱼小心翼翼地从边缘开始吃食，等吃到中心有钓饵的地方也就吃饱了。钓饵也就失去了吸引力。那么，饵窝应该打在何处呢？最好是打在钓点的内侧（即近岸一侧），距离饵钩16~32cm为宜。这样，当饵团在水底扩散后，能使饵钩正好处于饵窝的外侧边缘，容易被鱼发现。另外，让饵钩处于饵窝的外侧，还有一个重要的原因——一般当鱼群聚到窝点时，往往是大鱼在外侧（大鱼比较狡猾，总是离人和竿远些），小鱼在内侧和左右侧，而且外侧鱼的密度大。因此，饵钩要处于饵窝外侧，才更容易有收获。

此外，窝不宜过大，更不要在一个地方同时打几个窝。窝打得面积很大，或在一个地方同时打几个窝，可能引来更多鱼，但不能使它们集中在一个较小的范围，钓点上鱼的密度会相对减少。一处窝引来的鱼量总是有限的，不能让有限的鱼分散在较大的范围。

用“放生法”对付小鱼闹窝

钓上小杂鱼后，小心翼翼地把它们从钩上摘下来，轻轻地放回垂钓水域，使其向同伴们传递信息——“闹窝”危险，赶紧远离。实践证明，这种“放生”越多，小杂鱼越收敛。

第五章

四季垂钓知识

四季气候变化，这对垂钓而言是不可忽视的因素。气候对鱼的影响一般包括：季节、温度变化对鱼习性的影响，雨雪、风力给鱼带来的栖息地和摄食上的变化，气压变化对鱼栖息环境的影响等。

part 1 春钓

春钓的最佳时间

春天可分为早春、仲春、暮春三个不同时期，有经验的垂钓者会根据时期的不同来选择最佳钓鱼时间。鱼生长的最佳水温是15~30℃，在这个水温范围内，鱼活跃，食欲旺盛，贪食易钓。如果水温低于5℃或高于30℃（鲢鱼、热带鱼除外），鱼就极少觅食，不宜垂钓。

早春时节，早、晚的气温还比较低，垂钓时间不宜过早，一般上午8点以后下钓为宜。因8点之前，水温较低，鱼游动范围小，不易上钩。

仲春时节，春暖花开，是钓鱼的黄金季节。无论什么天气都可以出钓，尤以阴天为佳。在早上6～10点这段时间内，由于气温还比较低，应朝阳而钓。10点以后，水温升高，此时宜在阴凉处下钩。在这段时间内，有几天鱼忙于交尾产卵，不贪吃、不易上钩。但产卵后，鱼特别贪吃，上钩率高。即“大麦黄、钓鱼忙”之时，正是春分前后，鱼产卵后需大量食物补充营养，所以极易垂钓。

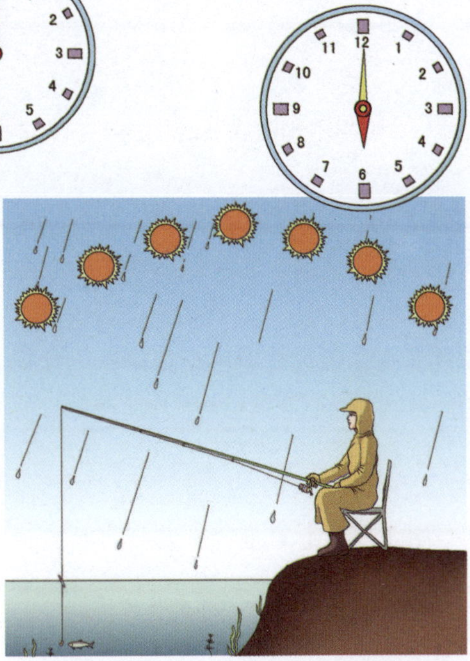

暮春仍是钓鱼的好时光，阴雨天更适合下钩。而且一日中钓鱼时间长，从早上一直可以钓到傍晚。

春季鱼类的特点

早春乍暖还寒，北方大部分地区水域的冰层或刚刚融化或融化不久，水温大都在15℃以下。在冰下度过了一冬的鱼，重新接触到大自然的新鲜气息。但这时的鱼因为长期与外界隔离，具有一些鲜明的特点：

1. 鱼身发硬，行动缓慢，不够活跃

这是鱼越冬后最基本的特征。此时的鱼不但游速慢、吃饵缓，而且挣脱力也弱。

2. 胆小

春季的鱼是在深水区安静度过了漫长的冬季之后回归大自然的，因而特别习惯于安静，惧怕外界惊扰。不论是声音还是影子，此时的鱼稍受惊吓，都会仓皇逃窜。

3. 胃口小，张嘴也小

鱼体较为僵硬，肚子很饿，却体力不支，表现在咬钩上就是非常轻微，有风浪的时候垂钓者甚至很难判断鱼是否已咬钩。

4. 喜荤不喜素

鱼在5℃以下时很少进食，即使吃食，在冰下能找到的食物也仅有少量的微生物和泥中的虾虫，因此，经过一个冬天的“蛰伏”，鱼已养成了食荤的习惯。

春钓的技巧

春天钓鱼要具备一些技巧，才会有好的收获。

（1）中午钓潭：暮春的白天，尤其是中午，浅水处的水温持续升高，鱼不会在岸边停留，此时垂钓者最好把竿投向远方的深水区，选择把钩下到水深2m左右的水域。

（2）全天钓草：暮春时节，水草茎叶繁茂，鲫鱼等都会聚集在水草区觅食和产卵，此时可采取戳茬或钓草洞、草缝、草角的方法，上钩率会多于钓明水。

（3）无风钓活水：无风时要选择有进、出水口的池塘垂钓。既有进水又有出水，会使整个池塘的水体“活”起来。相对而言，钓进、出水口优于钓中段水体，钓进水口又优于出水处。

（4）钓雨中和雨后：暮春下雨时，水中气压基本变化不大，加之雨水携氧气和食物进入水中，使鱼十分活跃，食欲大增。雨中垂钓莫失良机，但要钓近不钓远，钓浅不钓深。雨后垂钓较之雨中垂钓更有优势。

（5）钓凹凸和坑洼：在无草的光塘垂钓，要选择在水底凹凸不平和有坑洼的水域下钩，因为这些地方聚鱼，且聚而不散。水底有坑坑洼洼的地方也是上好的鱼窝。

（6）钓杂选乱：水底杂乱利于藏鱼，因此杂乱的水底也是鱼的栖身之处。但垂钓时为防止挂钩，必须采取悬坠钓；此外，在杂乱之地垂钓，掌握提竿时机也十分重要。

春季垂钓选位经验

天气

就天气而言：钓暖不钓冷，钓晴不钓阴，钓煦不钓狂（风）。

水情

就水情而言：钓深不钓浅（雨中垂钓除外），钓静不钓流，钓浑不钓清。

岸形

就岸形而言：钓凹不钓凸，钓弯不钓直，钓远不钓近（雨中垂钓除外）。

草盖

就草盖而言：钓草不钓明，钓坎不钓坦，钓边不钓中央。

风力

就风力而言：钓和风不钓燥热，钓南风不钓北风，钓顺风不钓逆风，钓4级以下小风不钓5级以上大风。

气温

就气温而言：选择一天中温差9～13℃的时候垂钓，渔获要优于温差5℃以下的时段。

座位

就座位而言：晨钓时可坐东向、面朝西。

春钓的饵料配比

虽然春季鱼也“开口”，但是还不太活跃，所以饵料配比方面还是以味道浓重为主，口味以腥香为佳。此外也可以在饵料中添加带有酒味的饵料，如果天气热就适量添入酸味料。

春钓宜采用适合多种鱼口味的混合饲料，主要成分有大米、小米、麸皮、玉米渣、油籽饼、酒糟、芝麻等。自然水域中用量宜“少放多添”；鱼池则施重饵适时补窝，也可贴近饲养者所喂饲料，以适应池鱼的口味，提高钓获。

此外，春钓钓饵宜荤不宜素。

鱼儿经过一冬的消耗，需要补充蛋白质。所以，钓饵要尽量使用荤饵，如选用营养丰富的线虫（红虫）、红蚯蚓等动物饵料。因早春气温低，鱼儿食欲差，对鱼饵味道比较挑剔。线虫、红蚯蚓穿上钩后，不停地蠕动，能起到刺激鱼类食欲、逗鱼上钩的作用。

春钓的线组配合

在池塘春钓，线和钩不宜太过粗大，不过在水库钓鱼的线组可以根据水深情况做适量调整。春钓鲤鱼和草鱼以4.5m的竿为佳，使用长竿钓浅滩最理想，切记不要用太短的钓竿。因为太短的钓竿容易吓到鱼，即使中鱼，也会因为抄鱼的时候造成太大的响动，使其他鱼受到惊吓不敢靠近。

冬季钓鲫鱼的竿线组合，春季可以继续使用，但是最好在四五月份之后换大线组。

根据气温选择春钓钓点

鱼有“三趋”，即趋温、趋氧、趋食，在这三趋中，不同的季节鱼的侧重点也不同。春季大地回暖，气温升高，随着气温的升高，水温也在缓慢上升，此时的鱼以趋温为主，因此春季垂钓选位，应以不同位置的水温高低为重要依据。如日照时间相对较长、进水口附近、大面积浅滩、水中有垂直生长的植物或稀疏水草的地方、与大水域相连的小水域、接连数日都是下风口的近岸处等区域，这些都是春季水温攀升相对较快的地方，也是适宜春季垂钓的钓点。

我国地域辽阔，南北温差较大，所以以上建议不能一概而论。江南的春天会来得更早些，在东北想在水库浅滩钓到鲤鱼却要等到立夏之后。在华北地区，初春时节虽然气温开始回升，但昼夜温差较大，最低气温仍然在0℃左右徘徊，此时虽然鱼已经开始小范围活动，但仍然藏身于相对较深的水中，选位的依据与冬季垂钓相差无几。惊蛰尤其是春分以后，鲫鱼、鲤鱼相继奔滩，开启了一年当中垂钓的第一个好季节。所以在仲春之前，最低气温在0℃左右时仍然要选择日照时间较长的相对深水区；仲春之后，最低气温在5℃以上时就要选择进水口附近等水温攀升较快的钓点。当然在选择这些钓点的时候，影响春钓的其他因素也要同时顾及。

根据天气情况选择春钓钓点

春季天气变化对选位的影响非常大，比如，前几天都是连续晴好的升温天气，今天突然降温，那么今天的钓点就不宜选在下风口或者太靠近进水口的位置。因为降温的第一天虽然要选择浅滩，但最好是选择背风或避风处的滩，不宜选择顶风处的浅滩；最好能选择大面积浅滩中水相对较深的地方作为钓点，也就是所谓的“滩中凹”。如果是在降温之后的第二天或者连续降温的天气出钓，则要选择水相对较深一些的背风处。若是在水库的进水口附近，则至少要离进水口30m，以水深2m以上的地方为佳。如果连续两天以上刮东风或者东南风，就应舍弃日照时间较长的北岸或东岸，选择西岸或西北岸边处在下风口的浅滩作为钓点。

在阳光明媚而有3～4级风的晚春，应以迎风岸边的浅滩为首选，不要怕水面风浪太大而看不清漂相，下风口的风浪和浑水会使鱼变得非常胆大，吃钩很稳。尤其在泥土质的陡岸，风浪冲刷会使岸边的水变得浑浊，这时3.6m的竿都未必用得上。只要水深适宜，有时就在近岸脚下1m多深的水中就能钓到十几斤的大鱼。

如天气突然晴好，温度骤升而且风平浪静，这种天气里的春钓一般适宜早晨或上午出发，在近岸浅滩选点能钓到鱼。中午和下午时，鱼会浮在远离岸边的水表取暖，很少活动，此时近岸很难钓到鱼，因此选择这种天气的中午或下午垂钓，钓点就要离岸远一些；此时如果没有好的窝饵诱鱼下底是很难钓获的，若窝饵和钓饵俱佳，在离岸较远的钓点就可以不断上鱼。

喜钓春鱼“七字要诀”

①听。主要有两点：一是在出钓前多听听天气预报，选有利于垂钓的天气出钓；二是要经常向钓友打听最近哪儿出鱼，出什么鱼，哪儿的鱼喜欢吃什么饵等情况。

②看，即看水况。春季的水域需要结合水温、天气等因素进行综合分析，判断是否存在鱼群，此处不再赘述。

③草。水草稀薄处，阳光充足，食物丰盛，钓到鱼的概率自然会增大。

④走，即竿围着施钓水域转圈。由于受自然客观条件及自身条件的限制，春季聚集在一处的鲫鱼数量不会太多。

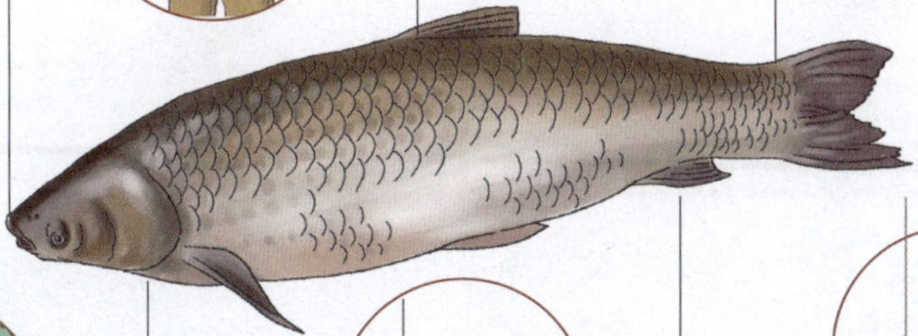

⑤选。春钓一般选用材质较轻的4.5～8m的硬调碳素竿，钓线首选弹性强、拉力大的无色透明的细线。

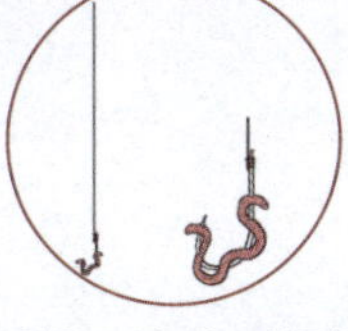

⑥诱，即诱饵。春钓对诱饵的选择不必过于精细，但一定要对鱼产生诱惑力。如选用香味重的饵料，往往能够起到很好的诱鱼效果。

⑦钓，即钓饵。一般首选红虫，在装钩时千万别把红虫的身体弄断了。次选是刚包住钩的细小红蚯蚓，用红蚯蚓的尾部装钩，令其能蠕动则更佳。

早春垂钓的注意事项

早春，指公历2月上、中旬，立春至雨水期间。这期间，由于气温、水温都还很低，鱼几乎处于半冬眠状态，活动范围小，摄食量也小。一天之中，上午8点以后，随着气温、水温上升，鱼逐渐活跃，鲫鱼咬钩较勤。这时垂钓者仍可按冬季的钓法，用4.5m或6.3m的轻便型手竿，配0.4号或0.6号细线，用2~3号小钩和轻坠小漂，选择有日照，水深2m的草丛边下竿，主钓鲫鱼。钓饵以火柴棍粗细的红蚯蚓、红虫为佳，其次用米饭粒。

仲春垂钓的注意事项

仲春，指公历3月中、下旬，惊蛰至春分这一段时间。这期间，气温、水温逐日升高，虽早晚和中午存在一些温差，但整天的气温和水温都很适合鱼的生存需要。所以，各种鱼都显得异常活跃，也特别贪食，产卵后的雌鱼更甚。若在这期间出钓，应改变早春钓的招数，坚持“五钓”——全天钓、靠边钓、浅水钓、挨草钓和对口钓。

“五钓”中的前四“钓”前文已经讲过了，这里笔者重点给大家说说“对口钓”。对口钓，除了要求用“对象饵”钓“对象鱼”外，更要充分考虑线钩组合，一旦遇上大鱼，不至于在钓具组合上出现人为失误。建议垂钓者选择能以小胜大的“综合型”组合，即钩为5~6号长柄宽门钩，线的选择范围最好为0.8~1.2号，所配漂、坠，可比冬钓时略大一些。

钓饵可荤素兼备，酌情用之。值得一提的是，荤饵不管是软体动物还是昆虫类，都不能阻塞钩门。素饵，尤其是自制传统面团饵，也不能太硬或因颗粒太大而阻塞钩门，否则既不利于鱼摄食，也不利于钓钩对鱼唇的穿刺，从而易导致跑鱼。

暮春垂钓的注意事项

暮春，指公历4月中、下旬，清明至谷雨这段时间。这期间，气温、水温较仲春逐日上升，尤其是晴天的中午更为明显。此时仍然是钓鱼的大好时光。一般选择离岸6m外，水深在2.5m以上的地方作为钓点。

其实，暮春阴天或毛毛细雨天适宜垂钓，这种天气，早晚和中午相比，水中的温差不大，鱼在水中的位置，全天都差别不大，不会像大晴天中午那样，因气温骤升使水中的鱼因缺氧而上浮。若天降细雨，全天都比较适宜垂钓。也因此，资深钓友总结出“春钓雨蒙蒙，出钓无空门”和“暮春老阴天，好钓莫贪懒”的钓谚。

part 2 夏钓

夏钓的最佳时间

1. 钓早晚

夏季的早晨，气温一般在20～26℃，水温在22～30℃。此时鱼儿食欲旺盛，四处觅食。鱼儿觅食活跃，易钓。夏季傍晚，即下午4时以后，太阳西斜，气温下降，水温也随着下降。鱼儿在深水区休息后，感知夜晚就要到来，水已开始凉爽，便从深水区逐渐游向岸边进食“晚餐”。此时，鱼儿觅食活跃，也易上钩。因此，一早一晚是夏季垂钓的好时间点。

夏日中午，烈日当空、骄阳似火，气温、水温太高，水中缺乏氧气，浅水区温度上升，超过鱼类生活的适宜温度，鱼类便由浅水区转入深水区休憩。鱼类大多栖息在2～3 m的深水处。超过6 m的深水区，光照不足、含氧量低，天然饵料贫乏，少有鱼群。总之，夏日中午气温高，鱼儿进食意愿下降，对饵料兴趣缺乏。此时垂钓，不仅垂钓难度上升，炎热的天气对垂钓者也是一大考验，因此，我们才说夏季要钓“早晚”，避免中午垂钓。

2. 夏钓阴

夏天气候炎热，阳光直射水面，对水温极为敏感的鱼儿，喜欢躲在深水区和有树荫、坡荫、水草的地方“乘凉”、戏水、觅食。故钓点应选择遮阴处、水草旁。

3. 夜钓

夜间比白天的温度低，鱼儿纷纷从深水区游至浅水区觅食；有些鱼儿白天躲在深水里或洞中，夜间才外出觅食。因此，夏日选择夜钓也往往能收获颇丰。夜钓时，垂钓者可在钓竿的竿梢端夹一个小铃，有鱼上钩时，铃声作响，不易错失机会。夜钓注意事项可参见下文“鲤鱼”章节。

夏日涨水时钓“进水口”

夏天暴雨后，有大量新水注入水域，水位迅速上涨，一些具有逆水争游习性的鱼类便借机逆水而上，游向进水口一带。再因新水裹挟各种陆生籽叶、虫卵、昆虫及其残骸碎骨，给鱼儿带来难以抗拒的美味佳肴，也会诱使鱼儿在进水口附近争抢夺食。

夏钓常见鱼种

夏日是鱼的生长期，各种鱼类的吃食量是很大的，只要掌握它们的活动规律，渔获就不会差。淡水鱼中，除一些春日易钓的鱼，在夏日可继续钓获外，大鱼的上钩率明显提高。青鱼、草鱼春日只偶尔吃钩，夏日吃钩率明显增大，尤其是草鱼，它是夏日淡水垂钓的主要对象鱼；用青草、菜叶、花蕊浮钓，是风靡全国的夏日钓草鱼法。鳊鱼在30～40℃的水温中吃食仍旧很猛，速度也快；鳜鱼多在凉爽的桥洞下或石洞内的水域，垂钓者可选取这些地点作为钓点。甲鱼、乌鱼、鲶鱼、黄颡等多种肉食性鱼类春日进食较弱，不易钓取，夏日则吃食旺盛，相比春日，夏日更易钓取这类鱼。

可垂钓的海鱼种类在夏日也有所增加，名贵的暖水性鱼类，如石斑鱼已游至浅水区，由春末只可少量钓取到可以大量钓取；红笛鲷、真鲷、大眼鲷等从深水向浅水迁移；乌贼、枪乌贼在近海及堤坝下早晚吃钩很勤，便于垂钓——海滨垂钓进入旺季。渔获关键是掌握鱼类的洄游规律和吃食规律，以求把握时机，取得好的垂钓效果。

夏季钓鱼技巧

夏季天气炎热，浅水区升温的速度过快。而受阳光的影响较小、升温缓慢的底层水体，在和表层水体温差加大的情况下，水体密度出现差异，表层的温水区和底层的凉水之间会形成一个平流层，同时也是一个水体湍流区。上下两层水体以湍流区为界，各自形成一个独立的对流层，泾渭分明。两个对流层会通过中间的湍流区进行一些热氧交换。上层水体利用与空气中风的接触和水生植物的光合作用形成一个富氧区，但因水温很高，水体蒸发量大。底层的水体凉爽，直射水面的阳光到达水底后强度已经较低了，这导致水生植物的产氧量较低；同时水底生物降解有机质也会消耗很多的氧气，最终导致底层水体缺氧。

鱼类作为高耗氧量的生物，必然要在舒适的环境温度和氧气富集区域间寻求一个能够接受的平衡点，同时兼顾安全。于是，到了夏季，长期在底层生活的鱼类种群会迁至一个相对浅的水域，或是在水体的中上层巡游。这时鱼类的觅食积极性会被极大地抑制住，大部分鱼都会躲到漂浮性水生植物的茎叶下方乘凉，觅食活动也集中在水体的中层上下——既不会冒险去水面的上层游动，也很少下到缺氧的底层觅食。

因此，在快速升温的天气里，垂钓者如果选择无遮挡的上层水面作为钓点，有好收获的可能性不大。此时，正确的选择就是有阴凉可乘的浅水区以及滩地。钓离底从底层逐渐拉起钓较浅的深度，直到找到合适的鱼类泳层，就可以畅快开钓。较浅的滩地和有遮蔽物的浅水区域也是不错的钓点，因浅水区的温度有利于鱼卵的孵化，是鱼类理想的产卵地。较大体形的鱼类也会在浅水区的水生植物群附近活动。活水的入水口和近岸有遮蔽物阻挡阳光直射的阴凉处也是不错的夏季钓点。

夏季钓饵选择要点

如果说春季钓饵要求小而精的话，那么相对而言，夏季钓饵就应更大一些、粗一些。因为此时鱼已进入生长期，对食物的需求旺盛，口张得大、吃得多。此时鱼吃食已不太挑剔，消化能力强，这使它们进食也粗而快。大体而言，春末天气一热，鱼就开始吃草料。夏日鱼食欲旺盛时，一天所摄食物的重量可达鱼身体重量的40%。也就是说，一条2kg的草鱼，1天内可吃0.8kg左右的食物。因此，夏日用素饵钓草鱼、鳊鱼，只要用新鲜的嫩草或菜心，卷在钩上或挂在钩子上，上钩率是很高的。由于夏日鱼的胃口好，也不怎么挑食，此时用荤饵垂钓也很好。选取昆虫的幼虫、蛹或蚱蜢、苍蝇等已变成成虫的昆虫垂钓，效果也很好。

除此之外，此时蚯蚓、面包虫等仍是垂钓的好钓饵。这两种钓饵，取用方便，垂钓时鱼吃钩率高。夏日垂钓，蚯蚓要取红而大者，钓时可穿1条，也可穿2~3条。

荤饵在海钓、淡水钓和流水钓中有上百种，绝大多数荤饵都可用于夏日垂钓，一般来说，荤饵越新鲜，带来的垂钓效果就越好。

夏钓如何保存“战利品”

夏日垂钓，鱼吃钩率高，大鱼上钩多，但炎热天气对“战利品”的保存和运输不利。

“钓鱼容易存鱼难！”这是一个令许多夏日垂钓者头痛的问题。随着技术的发展，这一问题已经得到了解决，比如，可用钓鱼专用冰箱来存储“战利品”。这种有蓄电池装备的或用夹层冰块降温的长方形小冰箱，一次可装10kg左右的鱼，即使储存几个小时，鱼的存活率也很高。但这种冰箱造价昂贵，普及起来较困难。垂钓爱好者因此想了很多办法来避免鱼离水后过快死亡。

将钓上来的鱼放在鱼袋中，用另一容器装满水。返程途中，不论是骑自行车还是乘车，都不要让鱼袋受到挤压；最好让鱼袋中的鱼处于通风状态，不时地将容器中的水洒在鱼身上，使其身体湿润、不易死亡。同时，随着水分不断蒸发，能带走鱼身热量，也能减缓鱼的死亡速度。

夏季垂钓安全须知

在我国夏季风盛行的地区，夏雨频繁发生，时而小雨沥沥，时而大雨淋淋，有时还会发生强对流天气——狂风大作、雷雨交加，暴雨或大暴雨接连肆虐。考虑到垂钓者的人身安全及渔获情况，我们建议钓友最好避免在不合适的环境中垂钓。

不在雷雨中垂钓

雷雨天绝对不能进行野钓，千万不要拿自己的生命去冒险。垂钓者如果正在野钓，一旦发现雷雨即将来临，就要立即停止垂钓，尽快在附近找一个安全的场所躲避雷雨，确保自身安全。

不在大雨时垂钓

下大雨时，雨滴下降速度很可能超过6m/s，雨点击打钓场水面时会发出较大的声响，水面振动也大，鱼儿受惊后纷纷潜入水底不动，很难钓获；另外，在大雨中垂钓，操作十分不便。

不在下雨前垂钓

雨前气压低、湿度大、天气闷热，此时水中严重缺氧，鱼儿会纷纷上浮到水面，用嘴啜水进而获取氧气，而不愿咬食鱼饵，因而此时也不宜垂钓。

不在久雨后垂钓

久雨是指较长时间的下雨。久雨期间，由于没有阳光的照射，鱼儿身体不适，比较萎靡；再加久雨转晴，艳阳高照，水面与水底温差甚大，鱼儿更加不适，便纷纷上浮到水面晒太阳，不吃不动，以便尽快恢复体力。在这种情形下，垂钓者只能望鱼兴叹。

不在下“太阳雨”时垂钓

太阳雨是指在多云间晴的情况下，天空突然下一阵小雨的特殊天气现象，很多人将这种雨称为“太阳雨”。这种小阵雨下得很小，几乎连地皮也淋不湿，雨滴就被阳光蒸发了。这时，天空雾气弥漫，空气湿度大，天气闷热，水中氧气不足，鱼儿自然乏力厌食，此时垂钓，也很难有所收获。

严防山洪侵害

夏日雨季时，如在山中垂钓，必须将钓点选在山洪不能为害之处。

part 3 秋钓

秋钓的特点

秋季是很好的钓鱼时机，若选择在水库里钓鱼更可以领略垂钓的乐趣。

秋季昼夜温差大，气压高，以晴为主，早晚及夜间较凉。此时也是鱼类活动旺盛的季节。

秋季适宜鱼类生存，是鱼类觅食的高峰期。很多鱼类的摄食量比夏季大，且吃食较猛，春、夏较难钓到的鲤鱼、草鱼、鲢鱼，此时也纷纷咬钩。这个季节的鱼不管对荤饵还是素饵都比较喜爱，一般不挑食。

秋季的鱼较肥大，即便是春天出生的鲫鱼幼崽此时也能长到30~50g。

秋钓应选择的钓具

由于秋季鱼摄食较猛，上钩后挣扎也较猛，所以线组的搭配要合理。

如果所钓水域的鱼个体较小，主线一般选择1.0～1.5号线，子线可选0.2～0.4号。钓钩可选4～5号的伊豆、伊势尼等。若对象鱼个体较大，手竿主线可选择2～3号，子线0.8～1.0号；海竿主线用3～4号，子线1.5～2号。若专钓白鱼可选1～2号的袖钩，主攻鲤鱼则钩号要大一些，一般选6～8号。在水库钓鲤鱼、鲢鱼，甚至要选8~10号的钩才比较稳妥。

钓竿要根据水域不同做适当调整。深水域主钓鲤鱼要使用5.4m以上的手竿，钓鲫鱼选择3.6～4.5m的手竿。鱼漂的选择可根据个人视力和钓法的不同而不同，因人而异。

秋钓应选择的钓饵

秋钓用饵一般要偏腥，在选用上具体采用以下几种方法。

（1）选择具有腥香味道的鱼饵。

（2）在鱼饵里加入一些虾粉或鱼骨粉，增加鱼饵的腥味，提高鱼类摄食的欲望。

（3）选择荤饵时，可使用蚯蚓或红虫钓鱼。

（4）根据季节的变化，可选用当季粮食作为鱼饵。如使用红薯丁做钓饵，红薯加颗粒料混合后做诱饵，在自然水域垂钓效果很好，在一些鱼塘里也很有效，可以一直用到晚秋。

秋钓应选择的时机

掌握钓时是获鱼多少的关键。选择最佳钓时，要以初秋、仲秋、深秋而易。初秋的最佳钓时是早晨和傍晚。仲秋钓鱼，有“金秋时节小阳春，不冷不热好钓鱼”“秋高气爽鱼儿肥，钓翁钓得笑哈哈”之说。

北方深秋一遇寒潮，有些地方就开始大雪纷飞，冰天雪地，除中午能钓，其他时间出钓，获鱼无几。大体而言，立秋之后要钓阴，秋分之后要钓阳。要勤钓雨雾日，莫钓骤变天。

秋雨对垂钓的影响

仲秋以前，一般气温、水温都比较稳定，适宜鱼类活动，而下雨又可以给水体增加氧气，鱼食欲旺盛，垂钓效果好，不要错过良机。但若是中雨偏大雨，又不间歇，雨点落入水中，点点水花中很难看清鱼漂，这时不宜用手竿，用海竿效果较好。仲秋以后，气温下降较多，秋凉水寒，正如俗话说的，“一场秋雨一场寒”，水温随降雨进一步降低，大大影响了鱼进食，所以仲秋后下雨时对垂钓不利。

part 4 冬钓

什么是冬钓

人工饲养的鱼，如青鱼、草鱼、鳊鱼等，当气温在15℃以下时食欲减退，8℃以下则静卧深水中，进入半冬眠状态，很少摄食。而一些野生鱼如鲫鱼、鲤鱼等在8℃以下、4℃以上时，虽行动缓慢，食欲减退，仍会吃食。因此冬钓主要钓鲫鱼，有时也可钓到鲤鱼、鳊鱼等。渔具最好用细线、小钩、软竿。

长江中下游和黄河流域，在天气晴朗的中午，垂钓于向阳处，可有较好收获，“冬钓阳”即为此意。此外，下雪前垂钓也易有较好收获。在中国北方，尤其是华北、东北地区，冬钓常为冰钓。

冬季水温较低，不论南方或北方，大部分鱼类都潜伏在水底，不食不动。只有鲫鱼和鲤鱼耐寒，野生状态下，在水温为4~8℃时仍然摄食，但通常情况下，垂钓者钓获量不多。

冬钓应选择的水位

冬天钓鱼，所选钓位的水的深浅很重要，需要结合天气情况进行选择。我国华中、华南大部分地区依旧采用亮水垂钓的方式。晴天时，鱼中午时分一般在浅水；而一早一晚，鱼就会移入深水。因此，此时钓鱼，可以在风和日丽的晴天钓浅水，阴天或雾天钓深水。

冬天的鱼确实不爱动，但若有温暖的阳光，浅水在阳光照射下升温较快，它们则会游到浅水区享受温暖。若在无阳光的阴天或雾天，鱼就会躲在深水里。在有活水的情况下，鱼最好钓。前文说过，夏天尤其是在雷雨之前，天气闷热的时候，鱼上浮不爱动，但只要有活水，不愁钓不到鱼。冬天同样如此，在气候温暖的南方地区，有活水的情况下可以多钓鱼。俗话说“水动鱼动”是有道理的。

北方凿冰求鱼

北方冬季气候严寒，冰天雪地，在结冰的水面，需要破冰求鱼。同一地区的不同水体，结冰期不同。静水的小池塘先结冰，大的湖泊、水库后结冰，流动的河水最晚结冰。河道中水的流速不等，所以河冰的薄厚不均。在向阳、背风的区域冰薄，但在背阳、向风的一侧冰的厚度可达50cm以上。气温较低时，冰很坚固，冰面可以载人。晚冬时节，虽然冰还很厚，但是已经变得松脆，此时上冰往往会有危险。垂钓者在冬钓选取地点时，一定要考虑到这些因素。

冬钓应选择的天气

钓谚云："出钓看天气，下钓看水色。"冬钓，要选择无风或微风，最好是艳阳高照的大晴天，风雨天或阴天则避免垂钓。因鱼对水温变化极其敏感，在低温时少吃少动，但在阳光的照射下，随着水温的上升，鱼开始游动、觅食。冬季，风雨天或阴天天气严寒，鱼在深水区静卧不动，不易上钩。水温越高鱼的活动量越大。同样的道理，冬季霜雾天不宜钓，但雾后钓鱼易有收获。

阴天与降雪时避免冬钓

阴天与降雪的共同特点是都会导致水中的能见度更低，大多数水体在冬季原本就不太洁净，再加上光照不足，可能的冰层阻挡，导致水中更显黑暗，鱼难以发现饵料，因此此时不宜垂钓。

冬钓应选择的时间段

冬天，一日之中鱼咬钩的最佳时间是上午9时至下午3时，这也是钓鱼的最佳时段。在这段时间内，是一天之中气温、水温稍高，鱼活动、觅食的好时间。其他时间，由于气温、水温较低，鱼则少吃少动。因此，冬日垂钓，垂钓者不必早出晚归，免受熬更守夜之苦。冬钓，研究"时"，遵守"时"，才能合于"时"；不知"时"，误了"时"，也就不合"时"。

总之，冬日垂钓，在出钓的时间上要选择水温较高的时间段，符合这一要求的规律是：白天优于夜间，中午优于晨昏，冷空气过境前优于冷空气过境后。将钓时定在连续晴好天气的中、下午，特别是冬季冷空气来临前则更加理想。

冬钓应选择的水域

初冬垂钓宜在小水域，以池塘为佳，小溪、小河亦不错。因水面小、吸热快，水温相比大水域高一些。如水的浑浊度大或水色浑一些则更理想——首先浑水中鱼多，其次浑水中水温相对高一些，鱼易上钩。初冬不宜钓特别大的水域或流速快的水域，因水温过低，鱼不进食。

整个冬季选水域的总体要求是背风向阳，黄河以北地区更是如此。如水面结冰，水域下层水温相对其他地方要稍微偏高，这才有利于鱼类隐藏。但在冬季的不同节气，水域选择也有不同，初冬到“三九”寒冬时节，水域的选择要由浅向深过渡，垂钓的水域要由小向大过渡，因为随着气温的逐渐降低，深水、大水面的水温降速要缓于浅水、小水面。“六九”到春暖花开时节，水域的选择要由大水面向小池塘过渡，因为随着气温的不断升高，浅水、小水面的水温提升速度要快于深水、大水面。

需要说明的是，冬季钓深是一般规律，在初冬和冬末季节，有时会出现连续十几天的晴好天气，这时会发生鱼游进浅水的特别现象，此时则可选择有浅水区域的钓场。这种现象多发生在深浅交界的浅水区，或者出现在水域中有利于鱼藏身的水草或障碍物的浅水区。

冬钓应选择的钓点

钓谚云：“七分钓位，三分钓技。”鱼对水温有一种本能的敏感性，同一钓场的鱼，冬季多栖息和觅食于向阳的一侧，故钓点应选择背风向阳的北岸。垂钓地点的选择依据，是鱼群在水域中所处的位置。

实际操作中，冬钓钓点多见于以下地方。

1. 深潭

指垂钓水域较深的地方，以水深2～3m处为佳。冬天，浅水区水温下降，低于鱼生活的适宜温度，鱼便由浅水区转入深水区“避寒”。因冬日浅水较冷，深水较温暖。正如前文所言，冬钓深，并不是水越深越好，超过6m的深水，光照不足，天然饵料缺乏，鱼不喜欢在此休息、觅食。

冬季垂钓选深潭收获会更好

2. 阳光充足处

冬天，由于太阳的照射，水表温度上升，鱼便游至向阳水暖处觅食。钓谚云：“冬天出太阳，莫钓深地方。”

3. 水域腰部

腰者，池塘、溪河等水域的汇中处。因腰际可三方来鱼，鱼群吃钩持续的时间长，鱼易上钩。

4. 钓草

水草间有鱼喜欢吃的水生物，水草对水岸上的惊扰能起遮掩作用，冬季水草下面比无遮挡的明水区温暖，鱼喜欢在水草间栖息、觅食。钓谚云：“人穿棉袄，鱼钻水草。”

阳光充足处也是冬钓的好钓位

冬钓应选择的饵料

冬天钓鱼，诱饵要香，才能迅速招来鱼群。冬钓诱饵以“药米”为上乘。药米是鲫鱼、草鱼、鲤鱼喜欢吃的饵料，备灵草40g、排草60g、香松50g、小茴香30g、滑石20g、大黄20g，分别切碎，混合好后装入玻璃瓶中，加入白酒浸没，浸泡1~2月即成。若垂钓者手中无“药米”，也可选麦麸、玉米糁、菜籽饼、啤酒糟、食品屑等，在其中掺入少量的食用香精或糖。

钓谚云：“钓饵对了口，鱼儿才吞食。”“冬天钓鱼，钓饵要香。”若想简单省事，钓饵可直接选择线虫、蚯蚓或红薯。线虫是冬钓鲫鱼、鲤鱼的好钓饵。蚯蚓以红色、细小的为好。红薯以红心的为好，鲤鱼、草鱼、鲫鱼都喜欢吃，将红薯或煮或蒸至七八成熟，切成颗粒状即可。

冬钓，用诱饵打窝，可以多打几个，依次下钓。若有的窝子上鱼，再适时补窝，反复下钓。对无鱼上钩的窝子，则及时放弃。

冬钓应选择的钓具

冬钓所选手竿宜长，钓线宜细，钓钩宜小，坠宜小，漂宜细，以提高整体钓具的灵敏度。竿长多选5.4~6.3m，长竿才能钓远处或深水区。钓线以直径0.1~0.15mm的为佳。钓钩以5~6号的为好。坠用粗保险丝锤平、锤薄，裹在钓线上较为理想。漂选七星漂、立漂均可。

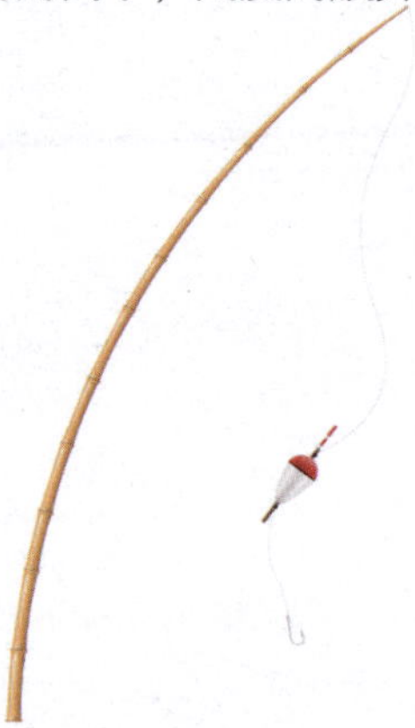

冬钓应把握好提竿时机

冬季水温低，鱼游动、觅食的速度慢，钓时以守窝为上乘。打窝后，鱼游进窝点约需半小时。故垂钓者要耐心等待，守着窝点稳坐钓鱼台，久等必有鱼来“光顾”。切不可“蜻蜓点水”，频频换位。除此之外，垂钓者还须随时提动饵钩，使“死饵”变“活饵”，诱鱼上钩。

冬钓要注意适时提竿。冬天，鱼摄食时嘴张得小，动作极其轻微，因此要集中精力观漂，稍有颤动即应提竿。鱼咬钩之后，漂徐徐上冒，一提竿十之八九便钓着鱼。若见漂徐徐下沉或抖动几下，也是提竿时机。

冬季冰钓的特点及好处

冰钓用的竿短但量多，看鱼漂真切，中鱼时手感更直接。垂钓者凿好冰洞后稳坐钓竿中间，环视各点，出现鱼讯即提竿，如同指挥官“调动兵马”。等待半小时至一小时后，若鱼讯号稀疏则垂钓者应立即搬家。这样东砸西敲，在冰面上漫游，一旦找准鱼密集处则往往能频频起竿，比起水钓来更忙碌、更惬意、更有意趣。

冰钓活动范围大，钓点不受岸边的限制。如果说水钓是人等鱼，有些被动；冰钓则是人找鱼，要主动得多。一经找准了“鱼道”或“鱼窝”，稳扎稳打之下，渔获决不会少于水钓。就笔者所知，一次冰钓鲫鱼尾数赛中，3小时第一名的成绩是150尾。还有一次冰钓鲤鱼重量赛中，5小时第一名的成绩达到13kg。

冰钓除了能让垂钓者收获“战利品”外，还能很好地锻炼垂钓者的身体。冰钓遇到晴天是最好的日光浴，对垂钓者的身体很有好处。冬季进行户外活动还可以增强人体御寒能力，因此，冬钓是冬季体育锻炼的一项重要内容。凿冰窟窿对垂钓者体力的消耗是巨大的，和冬泳、滑冰、滑雪等运动一样，冬钓具有很高的健身价值。

冰钓宜采用的饵料

冰钓一般选择红虫为饵，将几条红虫捆在一起，如同一朵盛开的菊花，入水以后对鱼有极大的吸引力。红虫分公、母两种，体形不同，价格差别很大；公虫体形较大，所以价格较贵。使用公虫垂钓时用量大大少于母虫，再加上公虫的强度远远高于母虫，所以钓鱼时大多用公虫为鱼饵。公虫的身体短粗，长着黑颜色的头。母虫身体细长柔软，不耐小鱼撕咬，钓鱼效果不及公虫，但胜在价格便宜，所以大多垂钓者用母虫来打窝，用公虫做钓饵。

家中自制红虫拉饵

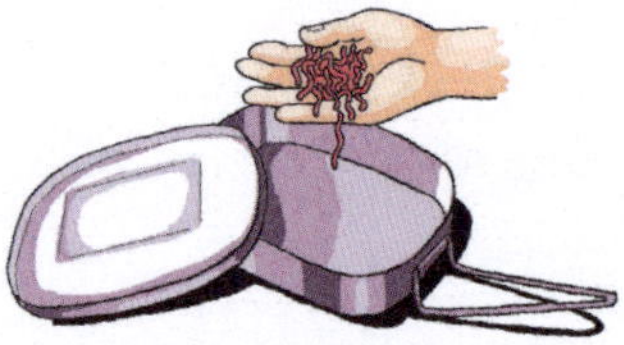

①将买来的50g活体红虫放在不锈钢饭盒里。

②用清水漂洗数次。

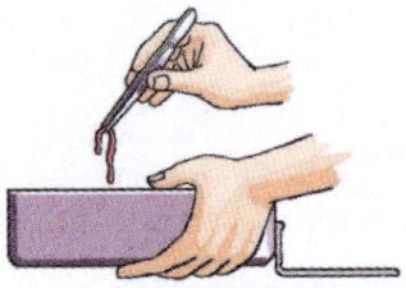

③用镊子把死掉的红虫逐一挑出。

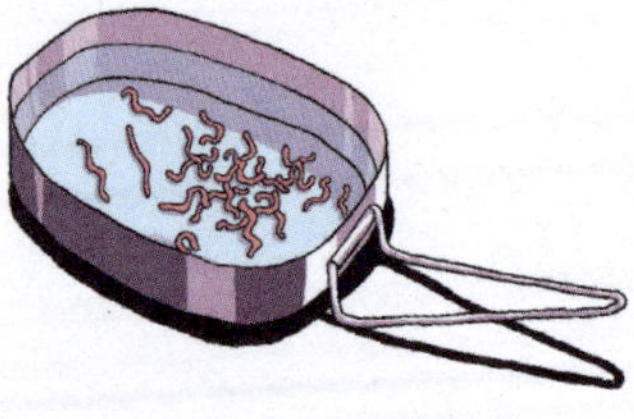

④加水淹没红虫，水量要高于红虫10mm。盖好盖子。

⑤将饭盒放在冰箱冷藏室内保存，每隔三四天漂洗一次，同时把死虫挑出，直到用完。不要用塑料制品或铝制品保存红虫，否则会加快红虫死亡。红虫拉饵应现用现买，用公虫最佳，因母虫很不好保存。

第六章

常见对象鱼的钓法

我国可供垂钓的鱼种类繁多、形态各异，不同的鱼有不同的生活习性、生活在不同的水域、喜好不同的食物，也有各自的觅食和产卵规律。实际操作中，垂钓者必须采取不同的钓法，有针对性地运用一些技巧，才能有更大的收获。

part 1 鲤鱼

鲤鱼的生活习性

鲤鱼，也称赤鲤、拐子、红鱼，是世界上分布非常广的淡水鱼类。鲤鱼适应能力极强，能在各种水域甚至在环境条件十分恶劣的地方生存。大体而言，鲤鱼喜在大水面沿岸水体的下层活动，尤喜水草丛生或土松底软的环境，是典型的杂食性鱼类。鲤鱼的生活习性，大概表现在以下几个方面。

（1）属于底层鱼。栖息于水域的松软底层和水草丛生处，喜欢在有腐殖质的泥层中寻找食物；早晚风平浪静时，鲤鱼也常到岸边浅水区游弋觅食。

（2）食性杂，荤素皆吃。幼鱼期主要吃浮游生物，成鱼则以底栖动物为主要食物。小鱼、小虾、红虫、螺肉、水蚯蚓以及藻类果实等，都是它的美味佳肴。鲤鱼尤其喜吃红蚯蚓和薯类，对有香味的甜面饵特别感兴趣。鲤鱼的嘴部长而坚，伸缩性强，吃饵常常翻泥打洞，有点像猪拱食，水面随之泛起气泡。在鱼塘干枯后，可以看到塘底和岸边有无数的圆形坑窝和孔洞，很多便是鲤鱼所为。

（3）喜弱光、喜活水。鲤鱼喜欢在水色比较暗褐、透明度较低的水域中生活，阴天比晴天时活跃。它们还特别喜欢在有新水注入的进水口处游弋和觅食。

（4）机警聪明。鲤鱼比其他鱼类要聪明机警得多，素有“鬼子鲤”之称。鲤鱼上钩后，为逃避“灭顶之灾”，会使出浑身解数与人对抗。如在水底原地不动“打桩”，躲进障碍物或草丛之中等，有时甚至能够制造某种假象来迷惑垂钓者。鲤鱼胆小，一有动静便立即逃窜。

（5）生长快、寿命长、个体大。当年鱼可长到250~800g（人工喂养），三冬龄鱼体重可达2kg。在江河、湖泊和大中型水库中，20~30kg的大鲤鱼为数甚多。鲤鱼的寿命比较长，很多能活四五十年，素有鱼中“老寿星”之称。

（6）摄食量与水温关系密切。水温是决定鲤鱼食欲的关键因素。随着气候和水温的变化，其摄食口味也会发生某些改变，有时有明显的选择性。鲤鱼在水温20~25℃时，食欲最旺，可从早至晚不停地摄食，上钩率最高；水温低于10℃，活动量很小，基本不进食；水温在2℃以下时，鲤鱼会躲进深水处越冬，不吃不动。

（7）生性好动，到处游弋觅食，有逆水而上的习性。鲤鱼在一个地方待不了多长时间，爱跃出水面蹦跳。鲤鱼喜群居，常结伴而行，但大鲤鱼喜欢单独行动。

（8）适应能力强，耐寒、耐碱、耐低氧，对水体要求不高，几乎能在各种水体中生活，在我国分布极广。

（9）繁殖力强。两冬龄鲤鱼便开始产卵，产卵数量大。在我国北方，每年的5月上旬至中旬（长江以南地区早些），雄、雌鲤鱼相互追逐，游到岸边浅水区水草稀疏处（无水草则喜岸边僻静处），进行交尾和产卵；卵贴于水草或其他物体上发育、孵化成幼鱼。鲤鱼交尾期不进食，产卵后食量大增。每年春夏之交和初秋，鲤鱼摄食量最大，初春和深秋次之。冬季南方仍可钓到鲤鱼，在北方则相当困难了。

鲤鱼喜爱的休憩场地

用包食钓鲤鱼

包食，即准备粮食等饵料，将黏度较大的钓饵包在中间，黏度小一些的包在外面，像包饺子一样——好吃的包在里面用来钓鱼，外面的“皮”用来诱鱼。

鲤鱼食性杂，蚯蚓、虾仁、面团、米饭都吃，成年的鲤鱼除了底栖动物外，还很爱吃玉米、菜饼、豆饼等杂食。

配制诱饵时，垂钓者可将碾碎的豆饼粉、菜籽饼粉上锅炒香后，趁热掺入啤酒或少许白酒，放进塑料袋内密封发酵待用，这就是包食中的“皮”。第二步，垂钓者取过筛后的较细的豆饼粉、菜籽饼粉加水拌好，上锅蒸20分钟，蒸熟后的饵料会散发出一种好闻的粮食香味，这就是包食中的“馅”。使用时，用“皮”包住“馅”，搓揉均匀，钓鲤鱼的包食诱饵就做好了。

炮制豆饼窝钓鲤鱼

豆饼窝常用于家塘钓场，此处鱼的密度较高，较容易上钩。

豆饼窝的炮制法

①选一整块重500g左右的豆饼，在出钓的前一天晚上喷适量白酒，使其表面湿润。

②用不透气的塑料袋将喷过白酒的豆饼封好。

③到钓点后，测量水深，再用绳把豆饼拴牢，加上漂后投入钓位水域。漂可用硬质泡沫塑料块制作，以利于精确投钩。展开钓具装好钩后，当鱼漂的周围出现密密的鱼星时，即可投钩垂钓。

④尽量用蚯蚓、泡泡糖、白色泡沫塑料块蘸香精水或白酒做模拟饵，因这些材料耐咬、耐水泡，这样能减少换饵次数。

⑤收竿时，拉绳拽上豆饼，沥干水，回家晒干，以备下次再用。只要豆饼不变质，可使用数次。为节省香精或白酒，用一段时间后，可改用鸡骨发酵水或韭菜大葱发酵水浸润豆饼。

适合钓鲤鱼的钓饵

钓鲤鱼的钓饵，可分荤饵与素饵两类。

1. 荤饵

用于钓鲤鱼的荤饵主要有螺蛳、小虾、蚯蚓、地蚕、蟋蟀、猪肝、生肥肉丁等。垂钓者一般喜用红色的蚯蚓，但有的垂钓者试用水蚯蚓，因其腥味大，效果也很好。

2. 素饵

钓鲤鱼的素饵种类很多，具体操作的时候变化也多。

素饵主要分为面饵和糟饵。前文介绍的包食诱饵，也算是一种糟饵。

（1）面饵是钓鲤鱼的主要素饵，它通常以面粉、玉米面、米粉等为基本原料（玉米面、米粉需加水蒸熟），再加入白糖、白酒、香油、虾粉等拌匀，捏成团后挂钩使用。

（2）糟饵是另一种主要素饵，它以豆饼粉、糠饼粉、麦麸等为基本原料（可将其部分炒香），再加入玉米面、芝麻粉、蚕豆粉等，也可加少量白酒。糟饵可经低度发酵，效果很好。另外，米饭、糠饼粒、豆饼粒、嫩玉米粒、半熟的红薯块（红心薯）和土豆丁、桑葚、年糕块等，鲤鱼也很爱吃。

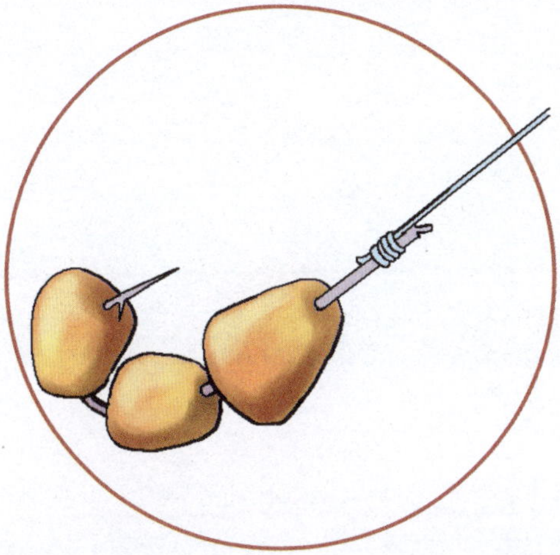

钓鲤鱼时用的嫩玉米，以色泽金黄者为佳。选用嫩玉米，以刚能剥下粒的为佳。

用新鲜的玉米粒做钓饵，因钓法不同，挂的粒数各异。手竿垂钓挂颗粒饵时，钩尖不要外露；用海竿远钓时，挂3～4粒为佳，钩尖要外露。

守钓鲤鱼的方法

1. 寻找鲤鱼的踪迹

钓友们都知道鲤鱼很狡猾，尤其是野鲤就更狡猾了。它胆小、机敏、警惕性高，行动与吃食都非常谨慎，不轻易咬钩。钓鲤鱼，首先要找到鲤鱼的踪迹。鲤鱼爱拱泥寻食，从而产生大小均匀且密集的气泡，即鱼星——一连有数十个同时上冒，并经常移动、此起彼伏。若找到了鲤鱼星，就找到了鲤鱼所在之处了。

2. 掌握觅食规律

鲤鱼属群游觅食鱼类。鲤鱼觅食与其他鱼类不同，它很少在一个地方长时间逗留，而是一边觅食一边前进，有时又转回来再吃，如此不断地循环往复；待吃饱之后，便游到附近的深水区或其他适合的水域停留、栖息。总之，鲤鱼不会长久停留在食物区。

3. 钓鲤鱼须静守

根据鲤鱼的觅食习性，垂钓应采用守株待兔钓法（底钓）。在选好钓位之后，要耐心静候，过一段时间可提竿换新饵。尤其是在窝子周围出现鱼星时，不能像钓鲫鱼那样经常提竿引逗，否则鲤鱼会被吓跑。实践证明，垂钓时换饵太勤，误提次数多，必然干扰鲤鱼正常吞食，丧失获鱼良机。

4. 鱼上钩后须小心处理

鱼上钩后，首先将手竿上举，并迅速将鱼领离钓点（以免惊走窝里的鱼群），及早提出水面，不让鱼在水中挣扎逃窜；若鱼较大，则遛鱼时要使线的移动速度略快于鱼的游动速度，使鱼跟着线走，掌握主动性，控制鱼的游向，把鱼遛疲后用抄网将其抄上岸来。若遇到大鲤鱼“打桩子”，需握竿相持一段时间，然后抖动竿子，使鱼被刺痛后不得不上游——遛鱼时手竿呈弓形，尽量高举，使鱼头朝上，这样鱼只能往上游；预先将抄网埋伏水下，待鱼遛疲，肚皮朝天，将抄网对准鱼头，朝着鱼身方向抄起上岸。

5. 要及时应变

鲤鱼易受外界的干扰，若遇到人多垂钓时，应及时分析情况，不失时机地将钓点转移到平静区域或离岸较远的水域垂钓，才可能获得较好的效果。

鲤鱼的咬钩与其他鱼不同，它们吃饵并不鲁莽，总是小心翼翼地把钓饵含到口中，试一试、尝一尝，然后吐掉，再含起来尝尝，又放下，有时可重复多次，不会贸然吞入口中，因此鲤鱼吞食慢而轻，摄食后即游走。鱼漂反应是大幅度下沉（黑漂）或横向/斜向移动，漂尾由高渐低，慢慢沉入水中，此时若及时提竿，定会中鱼。鲤鱼上钩后挣扎力大，逃窜迅猛，耐力较强。

春季钓鲤鱼的方法

要根据鲤鱼的习性和特点、季节和天气变化等客观情况，在进行认真分析的基础上，选择施钓水域中的最佳钓位。

初春的水温还比较低，钓位应该选在水深 1 ~ 1.5m向阳、背风、有草的水湾，河道进出口的缓流处，木桩和乱石旁等地点。

选好窝点的大概位置后，不要刻意求远求深，只要有一定的深度就可以，有时近一点、浅一点效果会更好。

春季钓点宜选在阳光充足处。阳光充足的时候，向阳处的水温较其他水域要高 2 ~ 3℃，光合作用使这里的水生植物大量繁殖，是鱼儿很好的食物源，鱼群喜欢在这里觅食、嬉戏。此外，春季在水面较小的坑塘中，鲤鱼还有沿着塘边巡游的习性。

酒米在春季垂钓鲤鱼时是非常重要的。

春季打窝用饵，酒米不可少，鲤鱼喜香、甜，所以用酒米打窝很适宜。调饵时，垂钓者不要将饵料调得太稀，应将饵料调至松散状态。窝饵入水后影响的面积广、聚鱼快，上鱼也就快了。总之，钓鲤鱼不像钓草鱼那样打很大的窝，鲤鱼窝要打得少而散。

春钓鲤鱼的钓具要因地形、地势选用。以2.7 ~ 4.5m的硬调以上的碳素或其他韧性好的钓竿为佳。这类钓竿反应灵敏，又有很好的控鱼能力，中鱼后一般不容易使鱼钻入杂草中造成跑鱼。

在坑塘中垂钓时主线用2号、子线用 1 号的强力钓线为好，如果在水库中垂钓，那么线径就要适当增加。但要注意，抛竿前一定要把钓线捋直，对于口儿微小的鱼来说，水下弯弯曲曲的钓线传递到鱼漂上的鱼讯往往微乎其微，有很大的滞后性，使垂钓者真假难辨，经常痛失良机。

春钓鲤鱼的鱼漂选用 3 ~ 4 号的孔雀翎或巴尔杉木材质的实心尾漂最好。这种漂浮力适中，正好与微口鱼相配，又能灵敏传递鱼讯，既适用于钓大鱼也适用于钓小鱼，是一种很好的组合搭配。

救生衣

救生衣又称救生背心，设计类似背心，采用浮力材料制作而成，是垂钓者的救生设备之一。穿在身上具有足够浮力，能使落水者的头部露出水面。颜色较为鲜艳，易被发现，方便救援。

夏季钓鲤鱼的钓位选择

选择钓位是关系到垂钓成败的首要一环。炎热的夏天，是钓鲤鱼的好季节。若是风和日丽、万里无云的天气，应把钓位选在树荫下，或由山峰等自然物体形成的、能挡强光的凉爽处。这种地方适合鲤鱼“避暑”，也符合鲤鱼喜弱光的特点。

如在早晚或夜间垂钓，应把钓位设在水草生长的地方，或者在近岸有腐殖质的地方。如在阴雨天或雾天垂钓，应把钓位选在近岸水草生长处和有腐殖质处，与早晚或夜间垂钓大致相同。在雨季，大小水道都向水库或江河的主干道汇注。这些小河与水库、江河主干道的交界处，是理想的钓位。

由于沟渠和小河冲下来的水中溶氧量充足，且含有大量的植物果实，以及虫卵之类的食物，能诱来成群结队的鱼在此觅食。选择这样的钓位，哪怕是初登钓场的新手，也会有所收获。

6月份后，鲤鱼进入产卵期，此时也是各水库放水后的枯水期，这时鱼容易产生惊恐感，常窜到深水区躲藏起来，食欲欠佳。此时必须放长线、钓深水，或偶有所获。在江河大桥的水涡处、与水库相通的桥墩旁、1.5～2m的深水区，常有大鲤鱼栖息，遇到这样的好钓位，一定不要错过。

靠近村舍池塘的洗菜、淘米处，也常常是鲤鱼流连觅食的地方。把钓位设在此处，一般不会空着鱼护返程。停靠船舶的码头边、养鱼塘的喂鱼点，也都是夏季钓鲤鱼时比较理想的钓位。

夏季晚间垂钓注意事项

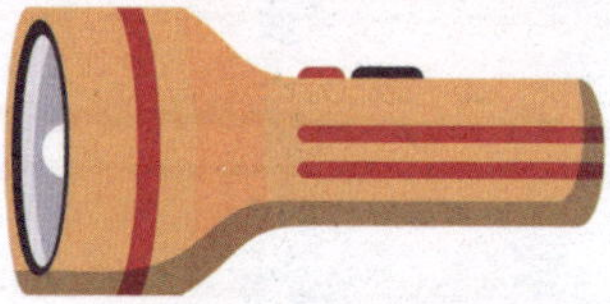

①夜钓的照明设备是不可或缺的，最简便的方法，就是带一支大手电筒。

②我国北方地区夏季昼夜温差大，晚上垂钓要注意保暖。

③夏季夜钓要注意安全，要防蚊虫叮咬，更要防被蛇咬伤。

冬季钓鲤鱼的方法

要想冬季钓到鲤鱼，必须先找到鲤鱼经常活动、栖息之地，也就是鱼窝。

在选择钓点时应根据鲤鱼的生活习性去找，否则易劳而无功。

一般来说，冬季鱼多在向阳、背风的深水区聚集，这里水温相对较高。鲤鱼生性机警，怕强光，喜欢到隐蔽性强的地方游弋，如江河岔口，钓点就应选深、浅交界处或堤岸突出部，进出水口有深沟处或水底有许多障碍物处也是适宜垂钓鲤鱼的地方。

对生性机警的鲤鱼来说，冬季水底环境越复杂，越安全。这就需要钓友们尽力了解水底的情况。如果在池塘垂钓，就要了解塘底的情况。一般塘主为了起鱼方便，大都在塘里挖有深坑。如能找到塘主挖的深坑，垂钓者多半大有收获。

如何找深坑？可用较长的竿多探测几个地方。一般坑深都在2m左右。找到深坑，就要准备打窝了。打窝时最好用菜籽饼或酒米。如能找到鱼窝也可不打窝。钓饵最好用红蚯蚓，用大点的钓钩。钓钩上多穿几条蚯蚓，留出头尾，使其形成团饵并能在水中蠕动，以吸引冬季饥饿的鲤鱼吞食。如果没有蚯蚓，用酒泡枸杞子也行。

找到鲤鱼的聚集点，如果一直不上鱼也不要急，须知冬钓就是等钓，垂钓时缺乏耐心是不行的。但如前文所说，若坚持一小时后仍不上鱼，则应及时更换钓点，选择他处。冬季冰钓鲤鱼可参见前文的冰钓方法，此处不再赘述。

冲锋衣

由于垂钓环境的特殊性，对垂钓者的衣着也有着较为特殊的要求。

冲锋衣，又称风衣或雨衣，是钓鱼爱好者的必备装备之一。冲锋衣具有专业防水和透气的特性，有利于垂钓者更好地发挥钓技。

泡过酒的枸杞子对鲤鱼有很大吸引力

江河的进水口处是冬钓鲤鱼的好钓点

part 2 鲫鱼

鲫鱼的生活习性

鲫鱼也称鲋、喜头、童子鲫、刀子鱼，为广适性鱼类，无论在深水、浅水、清水、浊水、流水、静水、大水域和小水域中均可生活。鲫鱼尤喜栖于水草丛生的浅水河湾与湖泊沿岸水域，生命力较强，甚至在低氧、碱性较大的不良水体中也能生长、繁殖。鲫鱼属杂食性鱼类，食谱范围大致与鲤鱼相仿，作用于鲤鱼的饵同样可以钓鲫鱼。鲫鱼的分布范围极其广泛，是我国大江南北垂钓的主要品种鱼之一。

生活在不同水体中的鲫鱼食性有差异：河道中的鲫鱼喜食粮食性饵料，湖泊中的鲫鱼偏向于腥饵，池塘中的鲫鱼则两者兼食。

不同品种的鲫鱼食性也不同：白鲫偏向于植物性饵，且能悬离水底咬钩；银鲫对粮食饵以及蚯蚓、蛆虫类软体动物饵较喜爱，较多地在近底的下层水域咬钩；土鲫鱼对米饭类饵料有偏好，对蚯蚓也喜欢，摄食时多见于贴底觅食。

普通鲫鱼

金鲫

观赏鲫

在色彩斑斓的观赏鱼类中，最具魅力的就是金鱼，而普通鲫鱼正是现代金鱼的祖先。鲫鱼变成金鲫，金鲫又经池养到盆养、缸养及玻璃器皿养，从根本上改变了它们的生存环境和它们原本的生活方式，最终，普通鲫鱼变成现在色彩斑斓的样子。

钓鲫鱼的打窝方法

（1）钓鲫鱼打窝用的鱼食有两种：一种是用豆饼、麦麸、酒糟之类的粗杂粮磨成细粉，加点有香味的黏性粉料，加水拌成蚕豆大的颗粒，如核桃大小，晒至半干后使用，一般每个窝投放3～5颗；另一种是用米饭晒成干粒或直接用碎米，每个窝投撒一小把。

以上两种鱼食，实际应用中还是用碎米和干饭粒比较合适，因为鲫鱼体积小、嘴也小，进食碎米和干饭粒更方便。打窝的数量不拘，可根据情况决定，一般可打3～5个，轮换着垂钓。窝打好后，如果过一会儿发现某个窝点来了许多鲫鱼，就应该再向这个窝点投些饵料，钓鱼界称这种做法为"添窝"，我们在前文也说到过。这样做是明智的，因为适时添窝能把窝巩固下来，就有可能在这里钓到较多的鲫鱼。

（2）在打窝前，要用长竿或钓钩对水域的底部进行探测，摸清该窝点的水深，也要确认水底是干净还是杂物很多的，要了解水底的水草生长情况。如果杂物过多或水草过于繁茂，则不宜做窝，在这样的水域垂钓，不易钓到鱼。

（3）打窝应选择离岸边不近又不远的水域，如果太靠近岸边，鱼会害怕；但离得太远也不好，垂钓起来比较吃力——若有500g以上的大鲫鱼吞钩，就不容易提竿。窝最好是打在比竿长小1m左右处。比如，若用的是4.5m的竿，则窝打在离岸3m左右的水域中比较适宜。打完窝后可在岸边做好标记。

打窝钓点与太阳的关系

选择打窝钓点的岸边，最好要有些树木，若在没有遮挡的阳光下垂钓，最好要位于阳光从左侧或右侧射来的位置。因为若在阳光从正面直射处垂钓，光线会直刺垂钓者眼睛，使垂钓者无法看清鱼漂的起落动静；若阳光从垂钓者背后射来，则人走来走去的影子映入水中，会使鱼受到惊吓，不敢前来吞饵。

补窝小贴士

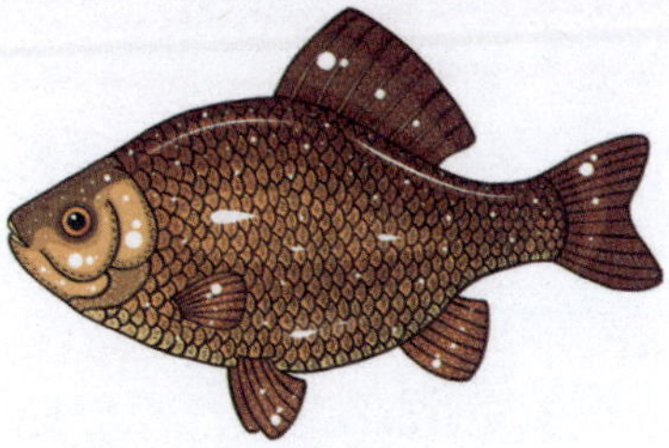

钓鲫鱼时，钓一会儿以后就要补窝，补诱饵的原则是勤补、少补。因夏天鱼的消化机能好，补窝间隔的时间要短；天冷了以后，补窝间隔的时间可以长一些。固体诱饵可在前一天就投入钓点，这样可维持几天的诱鱼效果。

草塘钓鲫鱼的选窝方法

一般塘堰的进水口处往往水浅而草密，出水口处则水深而草稀。选择进水口处做窝，鲫鱼上钩率较高，但小鱼居多；出水口处的稀草水域虽上钩率不及进水口，但往往能钓到大鱼。此外，进水口如有水流，窝子不宜直接打在主流道上，而应打在主流侧旁的草里，此处有回流则更好。

在草盖迎风的一端，应选择缺口不大，且向草盖中心深入，同时风浪能够波及的豁口做窝。

此外，草塘选窝，应避开近岸无草的水域。边沿有草或有挺水植物（香蒲、水葱等），可以阻挡鱼的视线，使鱼不易发现岸上的人影、竿影。

菱秧和水浮莲是常见的水生植物。菱秧的茎和水浮莲的根都又细又长，相互交错盘绕，因此往往水面上有孔洞，但钩子下不去。做窝时，应避开这两种水生植物。

钓鲫鱼和钓鲤鱼的不同

（1）所用的钓组不同。鲫鱼是小型鱼类，因而钓鲫鱼时大多采用小钩、细线、小漂、轻坠以及软调或中硬调的细手竿。这样组合而成的钓组使用时，轻巧方便、反应灵敏。而鲤鱼是大型鱼类，因而钓鲤鱼的钓组匹配，就要根据所钓鲤鱼的大小，适当把钓线加粗，钓钩加大，鱼漂也要加大号数，钓竿要选用硬调的中长手竿，这样组合而成的钓组钓鲤鱼时，才能更好地控制鲤鱼的猛烈挣扎，才能成功地牵鱼、遛鱼，不易造成断线跑鱼。

（2）所用钓饵不同。鲫鱼和鲤鱼的食谱大同小异，但因鱼的个体大小不同而有所不同。如小鲫鱼吃食偏甜香，大鲫鱼吃食偏腥香。小鲤鱼喜食偏腥饵，大鲤鱼偏素食，尤其是新鲜粮食类饵更合大鲤鱼的口味。

（3）钓法不同。钓鲫鱼要动、要“灵”。鲫鱼对活动的鱼饵特别感兴趣，所以钓鲫鱼时要用动态钓法，尽可能让鱼饵动起来，引起鲫鱼的抢食。而钓鲤鱼时要静、要钝。环境要静，钓饵也要静，钓饵不可随便提动。所以钓鲤鱼时要有耐心，采用卧底或坠子轻触底钓比较合适。

（4）漂讯不同。钓鲫鱼的漂讯大多是下顿、上浮及点动，这都是鲫鱼吃钩的有效讯号，捕捉到后要及时扬竿。而钓鲤鱼的漂讯大多是有力的闷漂，也有少数升漂和斜拉走漂，发现后也要及时扬竿。须注意，钓鲤鱼时鱼漂点动不可扬竿，这是鲤鱼在吸食钓钩周围的散饵，因水的流动引起鱼漂的点动，如果此时提竿不但钓不到鱼，还可能把鱼惊跑。

（5）扬竿力度不同。正确的钓鲫扬竿法应是大臂带动小臂，小臂带动手腕，手腕轻抖。而钓鲤鱼时，扬竿的力度就要大一些，因钓鲤鱼用的钩大、饵大、线粗、坠重、竿长，再加上鲤鱼鱼唇较厚，所以扬竿时幅度就要大一些，但要避免用蛮力猛提硬拉。

春季钓鲫鱼的方法

我国北方清明前后，在池塘的背风向阳坡下，可化出一块无冰明水区。此处水温稍高，溶氧较足，经过漫长饥寒交迫“猫冬”的鲫鱼，常到此水域觅食或逐日吸氧。

鲫鱼虽然个体较小，但警觉性很高，稍受惊吓就逃之夭夭。垂钓者如果能找到鲫鱼藏身处，力求避免人影和钓竿晃动把鱼惊跑，可取得较好的垂钓效果。

勘探明确、选准钓位后，垂钓者最好头天傍晚喂好窝子，第二天上午10点以后再去垂钓，垂钓者往往能高兴而去满意而归。如果钓位前没有沙丘或土堆供垂钓者隐藏身体，最好人工架设草堆，也可以用近似岸色的布或草袋等物搭一个隐蔽所，否则，鱼受惊后，打窝的诱饵再好，它们也不敢来吃。

春季钓鲫鱼，要根据地形或隐蔽所与垂钓处之间的距离选择钓竿的长度。如距水面近，用小短竿操作为宜，比较灵便。如距水面较远，竿也要相应加长。也可不用坠、不加漂，全凭手感来判断提竿时机。

春季的鲫鱼咬钩轻微，必须选用小而锋利的钓钩，装饵不超过大米粒大，钩尖裸露。随着天气渐暖、水温升高，钓点可逐步向塘内延伸，同时加坠、加漂，可一直钓到在浅滩有杂草长出，小满节气以后，垂钓者的钓获量也往往随着水温的不断上升而增加。

速干钓鱼鞋

速干钓鱼鞋适用于较复杂的涉水环境，特有的设计符合人体工程学原理，可减轻垂钓者的疲倦感，令垂钓者在长时间穿着的情况下也能倍感舒适。

夏季钓鲫鱼的方法

炎热的夏天，有的池塘长满浮萍，特别是沿岸水域的浮萍生长得尤为茂密。当垂钓者扒开一个洞想要打窝时，浮萍很快就合拢了，垂钓者很难下钩。在这种环境中，钓拱是最理想的。所用钓具很简单：一根长竿，挂上从竿梢到饵钩长约40cm的短线，不用鱼漂，不上钓坠。

这种钓法，全凭认真观察和主动出击。当听到“吧嗒吧嗒”的声响时，多是鲫鱼吞食所发出的声音，同时，常能看到响声处有鲫鱼拱动浮萍，或凸起一个浮萍包，甚至能看到鲫鱼把头伸到水面吸氧。此时，垂钓者就要不失时机地把饵钩送到鲫鱼活动处。

如果递钩后没见鱼上钩，垂钓者要上下提拉钓钩，以此诱鱼。如有手感多半应提竿，往往提竿就得鱼。这种钓法，上钩鱼个体较大，小的极少。

钓拱全靠耳聪目明、动作迅速，因此切忌钓翁群集、高谈阔论。鱼受惊则不起拱，所以防止各种干扰很重要。垂钓者应把钓位选在宁静处，便于听“吧嗒”声，观察“凸包”或“浮头”。有时拱萍动态可能是青蛙所为，但青蛙一般是拱着浮萍跑，一拱一条线，鲫鱼则是上下拱动，垂钓者要注意区别。

深秋、初冬浮钓鲫鱼的方法

浮钓是在特定条件下采用的一种垂钓技法。由于从深秋到初冬气温逐渐降低，鱼很少游动。但在向阳背风的高崖下、波光粼粼的水域里，刮着1～2级西南风，在11～14点这段时间，水面温度稍高，水中溶氧量较多，就常常可见到成群结队的鲫鱼浮游戏耍、晒太阳，有的鲫鱼把背鳍露出水面一动不动——这正是浮钓鲫鱼的好时机。

垂钓时，最好把钓位选在岸边有柴草或沙丘的隐蔽处，用长竿短线，不用坠，不加漂，装上蚯蚓饵，再蘸点香精，轻轻地、慢慢地把饵钩送到鱼群的近旁或侧边处，不可送到鱼群的中央，以防鱼上钩后把鱼群惊散。

浮钓鲫鱼，必须由近及远，鱼上钩后，千万不能让它闹水——抖竿刺鱼后，快速向岸边或鱼群的侧缘拉。一般情况下，重150～200g的鲫鱼上钩后用不着遛， 可直提上岸。假如投钩后鱼仍在晒太阳或吸氧，尚未发现适口的钓饵，可轻轻地上下提拉或轻抖钓竿突显钓饵，提高其“存在感”，诱鱼上钩。

垂钓鲫鱼时，垂钓者手不能离竿，有手感就抬竿。当把一个钓位的群游鲫鱼快要钓光时，应撒上提前准备的羊油拌麦麸诱鱼。由于羊油不沉水底，会被风吹到漂浮物或水浮沫的边缘，与竿梢下的浮游饵钩汇集在一起，又可形成一波诱鱼、上鱼的小高潮。

江南冬钓野鲫的方法

在江南冬钓鲫鱼，用长子线悬坠底钓的台湾地区钓法要比传统沉坠底钓法收获量高出不少，前者在技术上要把握好以下几点。

（1）钓组要小、细、软。钓具组合在冬钓中非常重要，这里的“小”是指用钩要特小，钩大了会直接影响鱼吞饵。白袖1号钩较理想。江南冬钓野鲫鱼主线用0.4号，子线配0.2号的超强线为佳。“软”的重点是用相应的软竿，如按竿的调性来配，则以中硬调、中调竿为好。

（2）钓点要深、阴、静。每个季节钓鲫鱼，对选点都有不同的要求。入冬后，鱼大都潜入水温相对高一点的深水处。垂钓者应首选水深处下钩。深潭处，不仅鱼多，而且个头也大，诱鱼后，其汇集时间也快。“阴”是指尽可能找阴暗处，如水草丛生处，水下有废弃物、障碍物的地方。“静”的意思是，在以上同等条件下，应选安静、非闹区的钓位。

（3）鱼饵要香、白、精。冬钓饵料宜清香而不宜浓香。水果香、奶香的添加剂为上品，因浓香和腥香会引来成群小杂鱼闹窝。相对于红饵、黑饵，白饵对野鲫更具诱惑力，因冬日白色食物能刺激鱼的食欲。

（4）钓法要“搓、拉、引”。很多垂钓者冬钓鲫鱼，都搓大粒饵装钩引钓，不少竞钓小鲫鱼者都采用“拉饵”装钩法，上鱼效果都不错。“引”则指开始时要一分钟一竿，不停地抛引，一般半小时至一小时就有鱼讯。

总之，野鲫生性胆小、警觉，垂钓者要根据实际情况采用合适的钓法，通过实际操作多总结经验，就一定能在冬钓中收获满满。

钓大鲫鱼的方法

大鲫鱼有“刁猾”之称，要想钓到大鲫鱼，需要具备多方面的条件。

（1）所垂钓水域必须有大鲫鱼。哪些水域才有大鲫鱼呢？水体历史在5年以上，并且是从未清过底的水体，才可能有大鲫鱼和其他大鱼。野生状态下，500g的鲫鱼需要5~7年才能长成，1kg左右的鲫鱼需要7~10年时间才能长成。因此，不摸清水体的具体情况，是无从钓到大鱼的。

（2）选好垂钓季节很关键。大鲫鱼在春季摄食意愿强烈，准备产卵；入冬前的催肥期，为了在体内贮存越冬所需的养分，摄食意愿也很强烈，这两个季节都可以钓到较大的鲫鱼。

（3）采取“浅水钓深（远）、深水钓浅（边）”的辩证钓法也是钓大鲫鱼的重要经验之一。浅滩处垂钓要用长竿（7~8m），窝子打于较深远的地方；在深水体中，窝子要打于近岸边的不深不浅的地方；深水体中的浅滩处，是大鲫鱼的集中点。

（4）大鲫鱼胆子小，怕强烈的光线和清澈见底的水，平时多在水草丛中活动。因此打窝子就要选择有水草处下诱饵，而白水荡中是留不住大鲫鱼的。

（5）大鲫鱼吃食矜持，动作缓慢，需要相对安静的吃食环境。如窝中有小杂鱼抢食，大鲫鱼摄食困难，就会选择离开；若垂钓者用拎竿吓唬小杂鱼，两三次的拎竿动作就会吓跑大鲫鱼，故若遇小杂鱼抢食，就要先想办法对付小鱼的干扰。

钓大鲫鱼时的握竿方法

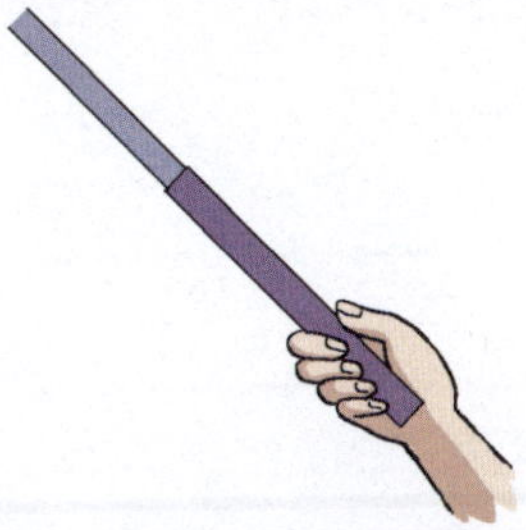

竿柄抵住掌心，拇指压住竿柄，其余四指包住竿柄，使竿柄实实在在地被握在手掌中。这种握法，扬竿有力，适用于长度超过5m、硬调性质的钓竿。因垂钓体重超过1kg、个体较大的鲫鱼，需要有足够力量的扬竿才能钩透鱼嘴。采用这种握竿方式才能最大限度地钓获大鲫鱼。

中、小鲫鱼上钩后的扬竿规范动作

将钓竿向正前方推出，提竿后手臂伸直，超过头顶。手臂用力，将鱼头提出水面，领至岸边；右手握抄网，把鱼捞起。抄网要单独放在手边，取时顺手，否则可能会因临时找抄网而导致跑鱼。

part 3 青鱼

青鱼的生活习性

青鱼也称黑鲩、螺丝青、乌青，多栖息在水体的中下层，一般不游至水面，成年后食性比较单一，多以田螺、湖螺、幼蚌、蚬子为主要食物。在池塘养殖中的幼鱼喜食粮食饲料，小青鱼也吃蜻蜓幼虫、摇蚊虫等。青鱼长至体长15cm后，咽齿压碎功能增强，能磨碎坚硬的甲壳后吐壳吞肉，食性出现转变，转向软体水生动物。

入秋以后，天气凉爽，青鱼吃食活跃，正是钓青鱼的好时候。其实青鱼除冬季食欲较弱外，春、夏、秋三季摄食都较为活跃，且能在气压较低、大多数底栖鱼类普遍厌食的情况下依然咬钩吞饵。

自然水域中，青鱼常群聚于江河和湖泊的深浅接合部。钓青鱼应选择水下有水草、乱石等杂物，河道内有洄流或缓流的湾子。当然，石块砌成的大坝附近或水下石块较多的地方，也是理想的青鱼钓点，因这些地方有螺类或河蚬，可供青鱼饱腹。

钓青鱼的饵料

青鱼因其肉嫩味鲜、刺大而少，号称“淡水鱼之王”。想钓青鱼，选择合适的钓饵是最关键的。

青鱼天性爱吃螺蛳，因此用螺蛳钓青鱼既简单又不必担心用错钓饵。用田螺钓青鱼时可以将田螺整个钻孔挂钩，也可砸碎田螺壳后取肉挂钩。若不方便用螺蛳，也可使用河虾、河蚬、蚌肉挂钩。

未经长时间浸泡和煮熟的干玉米粒也可以直接用于钓青鱼。把干玉米粒稍加浸泡，能串钩挂饵即可。

将田螺去壳，用肉挂钩，并微露钩尖。

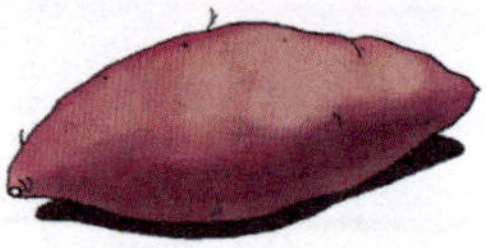

将红薯蒸至八分熟，捣烂，拌入面粉中，做成面团挂钩，在初秋钓青鱼效果很好。

将麸皮、玉米粉、虾粉（或蚕蛹粉）混合，用水调制成面团挂钩。

将小米、面粉、虾粉、糠粉拌匀后蒸熟做成窝头，晾凉后掰碎，加入白酒（或中药酒）调拌，制成香味浓郁的面团，即为钓青鱼的面团饵；也可把碎螺蛳肉拌入以上面粉中做成面团。

青鱼的钓法

钓青鱼多用手竿传统钓法，也有不少垂钓者以能放线的两用竿专钓青鱼。

青鱼身大力猛，钓青鱼的钓具以硬调长竿配粗线、大钩为宜。钩虽不大讲究型号，但钩条粗壮与否和钩门的宽度是非常重要的。青鱼咬钩时漂的初始反应是稳而滞，漂的起伏不大，比较平稳；接下来青鱼会缓慢地把漂拖入水中，垂钓者很难见到漂再度浮起。

以两用竿钓青鱼的鱼讯多为铃声不响或轻响后竿身直接大幅下弯，也可见竿身上下稳稳起伏而铃声不响，这与其他鱼类咬钩后铃声大作、竿身急剧抖动截然不同。

有时候垂钓者发现有鱼咬钩，提竿时也有感觉，但在收线时钩上像空了一样。当垂钓者漫不经心将钩收到岸边时，突然发现青鱼正摇头摆尾而来，随后青鱼会飞快地转身逃窜，这是大青鱼常玩的把戏。没有心理准备的钓手多在这时手忙脚乱，令鱼脱钩而去。所以在使用两用竿钓青鱼时，一定先调好绕线轮的曳力装置，做好预防青鱼外冲的准备。此外，即使稳稳地钓中了青鱼，垂钓者也要把青鱼遛乏才能以抄网收鱼。

遛青鱼的方法

大青鱼上钩的时候，垂钓者不能急躁、激动，收线的时候竿尖要保持一定的角度，不宜抬得太高，这样一来，一旦大鱼突然咬线就不会因难以送力而导致跑鱼。收线到一定程度，就要遛鱼了。遛青鱼要注意跟着鱼走，但是要注意控制住鱼，不能着急地将鱼快速拉到岸边，以防收线不及、钓钩挂草而跑鱼。其实只要操作得当，青鱼一旦咬钩就很少出现跑鱼的现象，因为青鱼吃食的时候不像一般的鱼类那样直接吞食，而是吸进嘴后要进行咀嚼，因此上钩的青鱼，嘴上经常会挂着好几只钩。所以钓青鱼发现上鱼的时候垂钓者大可不必紧张，这样才能保证遛鱼的效果。遛鱼的时候竿与水面保持一定的夹角，如果鱼拼命挣扎就让曳力装置发挥作用，增强钩、线、竿的承受能力。等到青鱼吐出大鱼星后，鱼身很快会侧翻，此时垂钓者就可以用大抄网或搭钩提鱼上岸了。

part 4 草鱼

草鱼的生活习性

初春和深秋时，草鱼通常在水域中下层活动，初夏和初秋则常常游至中上层觅食。在天气最热和最冷的时候，草鱼则喜欢躲进水的深处栖息；温度适宜时到处游动。不过整体而言，草鱼白天活动较少，夜间多游到水上层和岸边觅食。草鱼性情活泼，喜群游，被水淹没的浅滩和水草繁茂区常有草鱼的踪迹。

草鱼属典型的草食性鱼类，以水域中及岸边的草类植物为主食，摄食量相当大。草鱼特别爱吃黑藻、嫩苇芯、南瓜花、浮萍和菜叶；对人工投放的混合饲料，如酒糟、菜籽饼、红薯、面团、米饭粒等也都喜欢；对荤饵中的田螺、幼蚌、活蚯蚓、活虾、青蚂蚱、蝼蛄、蟋蟀、油葫芦等也很感兴趣。

草鱼的食欲与水温及水质有关：水温在25~30℃时，其摄食量最大，日摄食量可达体重的40%左右。草鱼适应能力很强，在0~38℃的温度范围内都能生存。草鱼喜水质清瘦，肥水不适宜草鱼生活。

草鱼生长发育快，每年春夏之交产卵，自然环境中，当年鱼可长到0.5~1kg，三冬龄鱼体重可达3kg。在江河湖泊等自然水域中，几千克重的大草鱼也不少，最大个体可达40kg左右，草鱼是一种大型淡水鱼类。

夏秋钓草鱼的技巧

（1）浮钓法。夏秋早晚，水的表层温度适宜，草鱼多在水域的中上层活动、觅食，故宜浮钓。浮钓先要打草窝，在岸边选一些鲜嫩的青草捆成把，甩在水面上；稍等片刻，草鱼便来光顾。浮钓草鱼的钓饵，以铁性草尖为佳。铁性草很常见，路旁、田坎上到处都有。垂钓者可取草尖嫩茎部分，约3cm长就行，一根一根地横穿在钓钩上，每次可穿4~5根；理顺后去其长叶部分，便可将饵钩甩到草窝旁边，待鱼上钩。

（2）半浮钓法。夏秋的中午、下午，水面表层温度高，草鱼多在水域的中下层游动、觅食，故宜半浮钓。半浮钓也要先打草窝。与浮钓不同的是，半浮钓要把青草捆成把，再准备一根绳子，一端拴在青草上，另一端拴在石头上。随后，将青草、石头一并甩入水中，青草便会悬浮在水的中层。不一会儿草鱼便会来进食，不时可看到青草的碎叶、碎茎和草鱼的粪便等浮到水面。半浮钓法最好用串钩。一则可以钓水域中不同层次的草鱼，二则可以分别穿上铁性草尖、嫩玉米粒、红薯粒等钓饵，以求投其所好。串钩钓法往往上钩率极高。

手竿浮钓草鱼的注意事项

（1）要注意隐蔽。草鱼虽属中下层鱼类，在追温或觅食的时候，却常常浮在水的上层。所以，草鱼对岸上的动静非常敏感，一有风吹草动，它们就潜入水下或逃往远处。

（2）用钩不宜大，挂饵不宜长。实践证明，野钓常见草鱼多为1kg上下，所使用的钓钩为伊势尼7~8号较合适；多使用草饵且挂饵不宜长，尤其是从春到秋，在许多坑塘中使用草饵效果较佳。因长草饵虽然目标大、易招鱼，但草鱼咬钩时很难吞到有钩部位，垂钓者往往抬竿却不中鱼。而短草饵虽然目标小、诱鱼差，但最大的好处是只要草鱼一吞钩，立刻就会被钩住，因而中钩率反而更高。

（3）甩钩入水要轻，落点要准。手竿浮钓草鱼，近递远甩是其有效方法。近递人人皆知，且容易做到，但采取“甩大鞭”方式钓较远处的草鱼，就必须掌握一定技巧。甩钩入水轻、落点准是钓到草鱼的必备条件。

（4）抬竿不宜早。垂钓草鱼，尤其是挂草饵，抬竿一定不要过早。抬竿早，是脱钩、跑鱼最常见的原因，垂钓者应特别注意。

钓草鱼时，垂钓者要注意隐蔽身形

浮钓草鱼时务必注意不穿鲜艳衣服，不大声讲话，走路要轻；在向有草鱼活动的区域靠近时，更要特别注意对自身的隐蔽。有遮挡物时尽量利用遮挡物掩住身体；无遮挡物时，就要蹲下身子或猫腰悄悄凑过去，避免让水中的草鱼发现。

当咬钩的大草鱼被人拉到岸边时，往往会装死翻白，垂钓者将其抄入网的瞬间，鱼会猛地往网底一窜，抄网细弱或陈旧老化一点，易被其身体钻坏。因此，钓草鱼时，若自制网圈，以粗牢为要。

钓草鱼打窝的方法

（1）浮草窝。“浮草引鱼”钓法为常用的方法。扯一些鲜嫩的青草在顺风的水边撒下，让其在水面上顺风漂流。用海竿带漂，将钓饵投在浮草边，打开绕线轮，让鱼漂带着钓饵随浮草漂去。人静守观漂，会看到鱼吃草时在水面的变化。钓饵用嫩草茎叶即可，草饵鲜嫩短小、就口方便。吞钩鱼讯一般有两种：黑漂斜走和快速平移。

（2）沉底草窝。垂钓者较多的鱼塘，鱼往往沉底不露面，也不吃浮草。在这种情况下，就要扎草捆打底窝了。方法是割来嫩草，将石块或砖头夹在草根处捆扎成草捆，将其沉入钓点。垂钓者可打2~3个窝，稍后注意观察每个窝子的动静，一旦草窝处有气泡或碎草浮上水面，就说明鱼已进窝吃食了，此时将钓饵抛至草窝边，最好用调漂的办法，让饵停在草尖处。

（3）常规诱饵窝。“常规”也就是说跟钓其他鱼打窝的用料和做窝方法无甚区别。星星点点撒些嫩玉米粒即可，扔几团糟食诱饵也行。

（4）海竿“觅钓”。与鲫鱼、鲤鱼相比，草鱼的集群习性要更为突出。草鱼一般是成群游动，而且活动范围广，巡游距离远；在一个塘里，如无明显水草区，鱼群可以说是到处游走。针对草鱼的这种特性，垂钓时，可以多用几副海竿，各自守住一个固定钓位不动，即可觅钓很大一片区域。具体方法是：用4~6副海竿在一定范围里分散抛钩，使之星散分布于远、近、左、右、深、浅、边、心等位置——哪里咬钩上鱼，就说明草鱼群正在哪里。一旦哪个钓区不再有鱼咬钩，便再行分散下竿、多头试探，另觅草鱼所在。

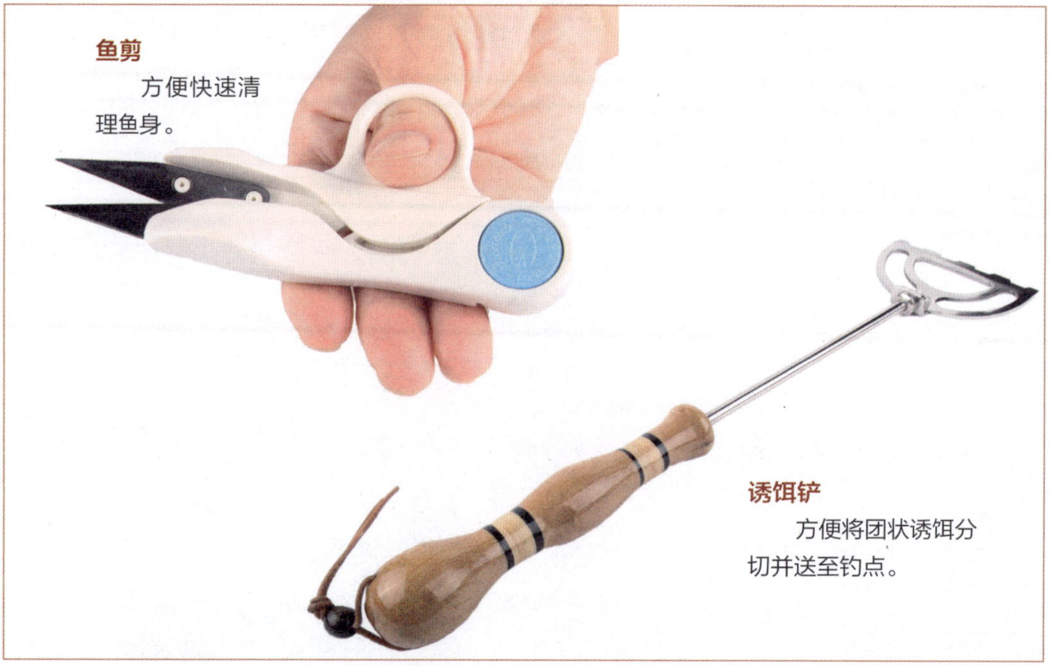

鱼剪

方便快速清理鱼身。

诱饵铲

方便将团状诱饵分切并送至钓点。

钓草鱼的选点方法

第一，在人工养殖草鱼的池塘中，钓点是投草料喂鱼的食台。因为这是饲养者抛投草料的地方，草鱼常常在此食草，形成了条件反射。

第二，选择河岸边有树荫的地方、长满藤蔓的田埂边。因草鱼有躲避日照，喜爱弱光的习性，光线较暗的地方，是它躲避敌害的场所，又有可以饱腹的树叶、树籽及陆生昆虫，自然是草鱼爱光顾的地方。

第三，依照施钓时的风向，选择下风处。因下风处的浪比上风处大，上下层水相互交汇，使得水中的溶氧量高，因此受到草鱼的喜爱。此外，下风处还能汇集大量的草屑、草籽、菜叶等可食之物，可令草鱼逐饵至下风处。

第四，选择长有植物和水体开阔明亮处的接合部，此处明暗适宜，也很受草鱼的喜爱，在此处垂钓，必定钓有所获。

如果选择水面开阔的地方施钓，可以考虑以下地点。

（1）水口两侧有清水注入的地方，往往是草鱼聚集的场所，且比较符合鱼类逆水上游的习性。此处水质清新、溶氧充足并具有随水而下的菜叶、昆虫等丰富饵料，草鱼自然很是喜爱。

（2）水中长有芦苇、稗草处，两山之间的湾汊或山体的背阴处。

（3）湖泊、水库等自然水域每年都有枯、盛水期。盛水期淹没的大量植物，如豆类等都可诱来草鱼。尤其黄昏和夜晚，草鱼会肆无忌惮地游至近岸食草。

（4）开阔水面的水草边，靠近农作物的岸边都是浮钓草鱼的好钓点。

（5）有挺水植物的水域，如果这里的植物只留茎干而无叶片，或是有芦苇及其他绿色植物倒伏的地方，也往往有草鱼出没。

此外，垂钓者还可以通过观察来确定适宜钓点。夏秋季节，草鱼常常三五成群地在水体中上层游弋觅食，仔细观察就很容易发现。若发现某处草鱼出现的频率较高，即可把此处作为钓点。草鱼在夏季的食量很大，排泄物很多，细心的垂钓者能在水中发现草鱼的粪便。

草鱼粪便呈灰绿色，形同死蚯蚓，若是发现水面上有漂浮的草鱼粪便，就可以将此作为钓点。垂钓者可就近采摘一些芦苇或黑墨草，扎制成草把抛入水中诱鱼，待发现草把处有鱼拽草或是看见草把下有大量鱼星泛出即可施钓。

part 5 鲢鱼

鲢鱼的生活习性

鲢鱼也称白鲢、鲢子、水鲢，是滤食浮游藻类的“肥水鱼”，在水库与池塘养殖中占有特别重要的地位。鲢鱼大概有以下几个特点。

（1）鲢鱼属中上层鱼。春、夏、秋三季的绝大多数时间，鲢鱼都在水域的中上层游动觅食，冬季则潜至深水越冬。正因为此，鲢鱼可与草鱼等混养。

（2）生长速度快。鲢鱼每年4~5月产卵，当年鱼可长到500~800g，三冬龄鱼体重可达3~4kg。

（3）食欲与水温成正比。鲢鱼喜温暖，最适宜的水温为23~32℃。炎热的夏季，鲢鱼的食欲也很旺盛。

（4）鲢鱼属于滤食性鱼类。鲢鱼终生以浮游生物为食，并喜吃草鱼的粪便和人类投放的鸡粪、牛粪。它们对酸味食物很感兴趣，对糟食也很有胃口。鲢鱼进食有明显的季节规律——春秋除浮游生物外，还大量地吃腐屑类饵料；夏季水位越低，其摄食量越大；冬季越冬则少吃少动。

（5）鲢鱼胆子小、怕惊扰，当受到惊扰或碰到网线时，便纷纷跳出水面越网而逃。

（6）鲢鱼喜欢跳跃，有逆流而上的习性，但行动不是很敏捷，较笨拙。

鲢鱼曾被认为是钓不到的鱼，因其只摄食水体中的浮游植物与有机碎屑，几乎不吃固定形态的钓饵。后来，得益于很多钓友的持续研究，出现了针对鲢鱼的特殊钓具，垂钓鲢鱼也就变得轻松起来。

钓鲢鱼用的爆炸钩

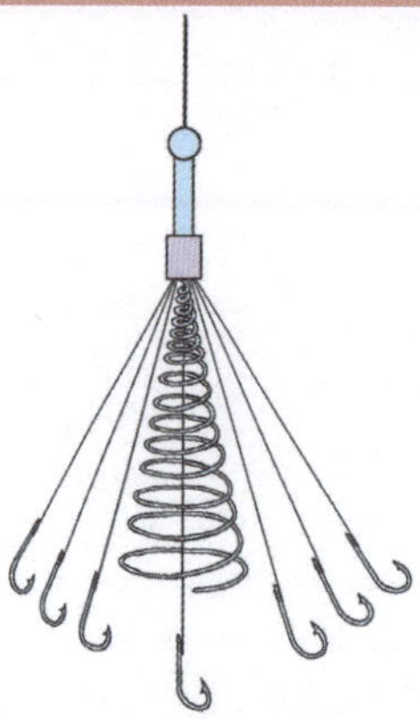

爆炸钩长约8cm，用弹簧做饵架，在弹簧的上端套上一节橡胶圈；以弹簧为轴心，等距离向四周辐射出7根长4~6cm的子线后，分别在子线上系钓钩，每根线上系一枚。钓时，将饵包裹住整个饵架，让上上下下的7枚钓钩分别置于饵团中，并呈漫天辐射状。利用饵团吸收水分后溶化形成的团雾，诱使鲢鱼吸食。

鲢鱼的钓法

（1）浮钓。浮钓鲢鱼，即钓水面以下约50cm处。如用手竿，可以调整鱼漂与钓坠，使钩半浮于水中适当处。此法缺点是漂随风动，难以固定钓点。因此可以采取“定点浮钓”，即选择较重钓坠使钓点固定，而钩距钓坠较远，调整好鱼漂，使钩悬于水面以下适当地方。此法需事先了解水的深度，设定好漂和钩悬在水中的位置。选择海竿，用顶点浮钓的方法操作起来更方便。比如，在钓具组合上主要利用活钓坠、大鱼漂，钓钩拴在距鱼漂约50cm处，与鱼漂相连、共同移动。鱼漂可用泡沫自制，浮漂中间留较大孔，在线上可自由地上下移动；漂上方装一太空豆，设定好它与钩的距离。由下到上组合顺序是钩、漂、坠、太空豆，海竿甩出时四者一起甩出。入水后，由于重力作用，钓坠沿线下滑，穿过太空豆，直沉水底，而鱼漂浮于水面，所带钓钩则按事先设定好的距离悬于水面以下。太空豆起到限制鱼漂任意上浮的作用。此法一般可配爆炸钩，将糟食握团后包住整个饵架。若钓饵味道合适，鲢鱼、鳙鱼都会积聚吸食饵料，从而将钩吸入嘴内。

（2）底钓。可用一般手竿钓法，仍可配爆炸钩，不要钓坠，选味道适当的大团饵料，以饵代坠，沉入水底。若用颗粒钓饵，一般应如黄豆或玉米粒大小较为合适。

（3）全方位钓。可用手竿串钩，上下数个钓钩，同时钓不同层次的鱼。也可将爆炸钩设在上层，下面拴一空钩，鱼群吃食时垂钓者找准时机、用力提竿，常能使下面的钩挂住鱼的身体，顺势将鱼提出水面。

夏季，一天中鲢鱼的摄食量最旺盛的时间是上午8时至下午4时，气温最高之时，鲢鱼的上钩率也最高。气温的高低对鲢鱼的摄食影响极大，这一点需要垂钓者注意。

part 6 罗非鱼

罗非鱼的生活习性

罗非鱼又名非洲鲫鱼，原产于热带地区，最适宜在20～30℃的水中生活；不耐寒，当水温为10℃时即停止生长，水温8℃时极易死亡。在我国除少数地区可自然越冬外，绝大多数罗非鱼都在室内保种，所以，垂钓罗非鱼季节性很强。罗非鱼生性迟钝，不像其他鱼那么怕惊扰，声响、倒影，甚至晃动的水体对它都没太大影响，因此，对垂钓初学者来说，罗非鱼就是他们最好的垂钓对象。

罗非鱼属底层鱼类，食性广而杂，常用的钓饵有蚯蚓、面团、饭粒、红虫等，以红虫为佳。罗非鱼食量大，群聚性强，所以用诱饵撒窝时要求量大，一般撒在离岸1m左右为好，最好呈宽60cm、长1.5m的带状，用量2～3kg。可用菜籽饼、豆饼、鸡饲料作为诱饵。

钓罗非鱼的注意事项

罗非鱼是一种吃饵凶猛、生长快的小型鱼类。钓罗非鱼应注意以下两点。

（1）多选在静水区，垂钓罗非鱼看风向，找准方向后，钓获量比较大。选择池塘或水库，刮南风时在北岸施钓，刮北风时在南岸施钓，其余风向以此类推，只要气温适宜，必有收获。

（2）依据罗非鱼“喜温”这一特性进行施钓，收获量较佳。夏天有时雨不停歇，人有凉意，一连几天天气都很凉爽，趁这机会钓鲶鱼、鲤鱼、鲫鱼，收获都会挺好，但罗非鱼在这种天气就比较难钓了。待到雨停日出，气温升高，罗非鱼才可能频频上钩。有句俗话：“神仙难钓午间鱼。”雨过天晴的午间，由于气温升高，却是垂钓罗非鱼的黄金时段。冬天，即使在并不寒冷的江南，在河里钓上罗非鱼也较困难。如果有开放的水库或池塘，且岸边有浅滩区域，温度一连几天都在17℃以上，有兴趣的垂钓者可以尝试垂钓罗非鱼，也可能会有收获。如果有2~3级南风且温度在22~24℃，在北岸的浅水区迎着风浪，15~20cm水深处则钓得罗非鱼的希望更大。较大个的罗非鱼往往喜欢待在离岸三四十米的水域外。值得一提的是，春秋时节，若一连几天温度低于15℃，便难以钓上罗非鱼；每年的4月下旬~5月下旬，在水库或池塘很难钓罗非鱼，因此时的罗非鱼不爱咬钩；6月初，河里的罗非鱼开始摄食，6月下旬~8月，每次大雨之后，从河水上涨的第二天开始算，在接下来的几天时间里，都是垂钓罗非鱼的好时机。

钓罗非鱼的钓位选择

罗非鱼喜暖怕寒，在选钓位时，应选在池塘、沟渠、库湾避风向阳的一面。此外，罗非鱼的活动区域在一天之中依据气温的不同而不同——清晨水温偏低时，多沉入水底活动；中午前后水温升高时，多活动于水体中层。根据罗非鱼的这个特点，钓手最好在中午时分选择浮钓。

在有外来水源流入的进水口处，由于从上游冲下来许多天然食料，加上其他浮游生物聚集于此，所以罗非鱼也喜欢到此处觅食。

水中有树桩等杂物的地方也是罗非鱼经常光顾的场所。垂钓者可选择这些地方作为垂钓罗非鱼的理想钓位。

个体大小不同的罗非鱼在水中的活动泳层也不同

垂钓罗非鱼重要的一点，是了解它的活动泳层与个体大小的关系。一般来说，活动在上层的罗非鱼多为个体小的；活动在中层的多为中型；活动在底层的多为个体大的罗非鱼。罗非鱼的这一特点，可以作为选择具体钓法时的参考。

part 7 鲶鱼

鲶鱼的生活习性

鲶鱼为广布性鱼类，一般在江河、湖泊、水库中均能见到其身影。

一年四季，鲶鱼的活动情况和地点并不相同。春天水温较低，鲶鱼多在向阳背风的浅水区活动；盛夏到秋季，烈日炎炎、光照强烈，鲶鱼白天多潜伏于深水或洞穴中，夜间凉爽时分则出来觅食；深秋气候转凉，鲶鱼又趋向于在深水区活动；冬天气温很低，鲶鱼多半也就蛰伏不动了。

鲶鱼有穴居的习惯，很多溪流里大石形成的洞穴都为鲶鱼占据。潭的入水口附近的洞穴由于食物多，所以常被大鲶鱼占据；潭尾的洞穴常被小鲶鱼占据，这是生物竞争的结果。鲶鱼口大且满嘴密布针样细牙，一般的虾、蟹、昆虫，鲶鱼很容易就可咬碎。鲶鱼视力不好，而且游动速度慢，而小鱼、小虾等动作灵敏，游动快速，所以鲶鱼捕食主要借助两条长触须发现猎物，借“浑水摸鱼”这一招才能捕到这些小生物。总体而言，鲶鱼畏光而喜暗，也喜欢浑浊一些的水域，鲶鱼的生活习性是确定钓鲶鱼环境的依据。

钓鲶鱼的钓饵

鲶鱼是肉食性鱼类，因此钓鲶鱼的钓饵应为鱼肉块、小鱼、大青虫、小泥鳅、鸡鸭肝、羊肝、蚯蚓等荤饵。较常用的是大青虫，效果较好。大青虫常生长于红薯叶、芋叶和一些观赏性花木上，虫体全身嫩绿色，选择虫体直径6～10mm、长度50～80mm的大青虫较为合适。

垂钓时大青虫的穿钩方法是：钩尖从虫头端大足开始依次穿过3～4只虫足，然后在虫体后半段中间两足处横向穿过，必须将倒刺穿透。另外穿钩前还应该将大青虫淹死，避免穿钩后虫体蠕动以致体液流尽，虫体变得太小，影响诱鱼效果。一般一虫一钩，若虫体太小，也可以一钩多穿几条。无论如何，必须注意不要影响钩尖刺入鱼体，否则会极大地影响鲶鱼咬钩。

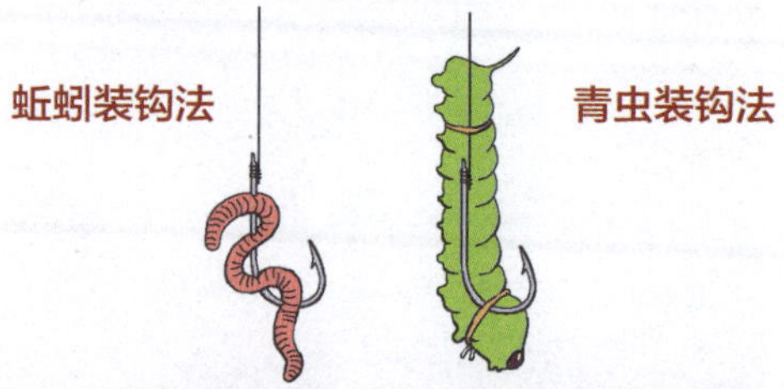

钓鲶鱼时，用蚯蚓或青虫做钓饵，都要用整条装钩，钩尖裸露。装蚯蚓要用腹钩法，装好后，蚯蚓头部和尾部在水中可不断蠕动。用青虫装钩时，除文中介绍的穿钩法，因青虫体粗，也可参见上图，将青虫用细线捆绑于钩上。

钓鲶鱼的钓点选择

（1）溪流是上佳的鲶鱼钓点，具体选位方法为大家总结如下。

在溪流中钓鲶鱼，首选是深潭。深潭的入水口又是首选钓点，因为来自上游的小昆虫首先流入这一位置，且上游下来的有机物碎屑也吸引众多小鱼、小虾在此觅食，形成鲶鱼食物集中区，所以深潭的入水口是钓鲶鱼的第一钓点。

其次为溪流的河床处，最好选择由没入水中的中等大小的石头铺成的石床段。这类区域表面看水流很急，但由于下层石头阻挡，水流相对平缓，石头之间的缝隙又恰好给鲶鱼提供了藏身之所；而途经此处的小鱼、小虾、小蟹等水生物也会由于表层水急而在下层石头后的缓流区停留，给鲶鱼带来丰富的食物，鲶鱼也喜欢在此出没。所以这类流段也是钓鲶鱼的好钓点。

再次为溪流的瀑布下。这里水深，食物充足，好藏身，大鲶鱼多在此聚集。

溪流瀑布下往往会有大鲶鱼

最后为溪流下游平缓的沙石河床，偶有大石突出水面形成的回水地段。这里有有机物碎屑回流聚集，从而吸引小鱼、小虾停留，而且大石也是鲶鱼的藏身点，因此这类区域也是不错的钓点。

（2）在湖泊、水库中，应选择岸边陡峭、水深、水底有坑洼处或有洞穴的地方作为钓点。

（3）当夏季江河涨水时，鲶鱼多逆流而上，游至上游水流较缓、水势平缓的支流湾汊内，因此这些地方也是好钓点。

溪流河床处也是钓鲶鱼的好钓位

（4）茂密的浅水水草丛中，同样因饵料丰富，小鱼、小虾多，鲶鱼喜欢到这些地方觅食，因此此类地方也是下钓的好地方。

水域中若长有茂密的水草，那么，水草区的边缘是钓鲶鱼的理想钓点。尤其是在宽阔水域中，水草茂密处往往藏有大鲶鱼。

水草茂密处也是鲶鱼喜欢的藏身处

鲶鱼的钓法

根据季节、钓场的不同，垂钓鲶鱼的方法有以下几种。

（1）直竿钓法。到溪边选好钓位后，把挂饵的钩直接垂入钓点（一定要把饵放到溪流的底层），然后手持钓竿凭感觉来钓鱼。当感觉钓线被扯拉，竿梢颤抖时，应顺势把竿往前送一送，稍放松一点钓线，让鲶鱼把饵吃入嘴里，然后默数5秒后，一抖竿把鱼挂牢并顺势飞鱼上岸。千万别让鲶鱼有机会钻回石隙里。通常一个钓位可钓十几分钟，一般会有3~4条鲶鱼上钩，之后上鱼的速度会慢很多。这时就应向上游走，换其他钓位；用此法钓鲶鱼不可恋钓一点，否则效率会很低。

（2）选窝钓法。先用酒泡小米打窝，招引小鱼进窝点。 鲶鱼发现小鱼群，纷纷窜出来“会餐”。可选大漂、重坠、大钓钩，0.5mm粗的钓线。 装钩使用小泥鳅、青虫或大蚯蚓。若发现窝内出现水泡，密密麻麻往上泛，则说明鲶鱼进了窝，及时下竿莫迟延。 “但见鱼漂沉下去，十拿九稳钓上鲶”，因为鲶鱼咬钩比较死，很少出现脱钩。

（3）沉底钓法。岸边陡峭的深水水域，水下多石多洞穴。可选用8m长的硬竿配粗钓线，大号钓钩和重钓坠，再以大蚯蚓做钓食较合适。甩钩时应使饵钩落水底，或者待钓饵落底后令竿上下稍移动——饵食晃动目漂显，引诱鲶鱼出洞中；手感沉重竿尖动，鲶鱼咬钩把竿扬。

（4）甩线夜钓法。选四五十米长的粗钓线，钓坠在前、钩在后，最好配用四五只大钩，彼此间隔半米左右。 钓线另一端拴木棍，插在岸边后把线放开。 钓饵使用大蚯蚓，不用钓竿，也不用漂。钓点选在进水口，鲶鱼觅食必经道，回水湾处更为好。数条长线同时抛至水中，傍晚时节把钩下，次日清晨把鱼收。

（5）鼯鼠钓法。选6m长的独节粗钓竿，多股锦纶线，线比钓竿长3m左右为佳。竿身下面绑铁环，线从铁环穿过，一端固定在竿上，另一端拴俩大歪钩，鱼漂、钓坠全都免。 江河陡峭深水域，旋涡出口选钓点。装钩使用小鼯鼠，颈后、臀部把钩穿；钩尖倒刺一定要露出来，两钩方向应相反。垂钓者应两手同时握住钓竿。 鼯鼠离水约半米远，要让其四爪扑腾， 鲶鱼看见美食，自然会忍不住上前，先用触须试探，接着回头便一口，吞钩拽线逃窜。此时，需要垂钓者眼明手快，用力提竿莫迟疑。

（6）癞蛤蟆钓法。选4~5m长的粗钓竿，配大钩、粗线、重钓坠，以褐色癞蛤蟆做钓饵，钩尖穿透其脊背。钓点选在水草旁，或者水下有树桩处。垂钓者要先隐蔽好，手持钓竿轻微晃动，令钓钩在水中摇摆，好似青蛙在跳动。钓钩不要离开水面，又不可以完全沉入水中。鲶鱼发现癞蛤蟆在“蹦跳”，往往会快速游到近前，先用触须试探，再用尾巴扇。当它发觉无异常，往往会直接张口吞钩，然后转身拉着钓线便要逃走，垂钓者一定要及时提竿。

（7）插竿钓法。选池塘水库里的洞穴旁边或江河陡岸的深水下，用斑竹代替钓竿，一米多长的斑竹就足够。钓线长度约2m，钓钩选用大歪把。钓饵可选用活的小泥鳅，也可使用癞蛤蟆。钩从钓饵的背部穿过去，钩尖裸露。钓时不用钓坠和漂，选择日落之前在岸边插竿（斜插）。须让钓饵紧贴在水面，令其不停地挣扎。鲶鱼夜间来觅食，见到后多半会上前咬钩。由于斑竹有弹性，鲶鱼一旦咬钩，脱钩难度非常大。一次垂钓可插十几根斑竹，此法的最佳垂钓季节是盛夏。

插竿钓法示意图

斑竹可直接架在岸边，也可固定在支架上。固定位置时，竿尖向上仰起，其角度应以钩上的活饵刚好悬在水体上层或水表面为佳。

总之，鲶鱼多半在夜晚主动出来咬钩，这是由其本身的生理特性决定的。鲶鱼是底栖肉食鱼类，它的视觉已退化，只能感觉到光线的明暗变化，它主要靠触须来感知周围的环境、发现猎物。除了前文说的，被鲶鱼捕食的小动物白天相当灵活，难以捕捉外，加上鲶鱼天性懒散，它捕食时不愿像其他鱼类那样，靠体力去追杀猎物。所以，鲶鱼白天总是喜欢找一些石缝等，把自己藏起来，静等小鱼送上门来。夜晚，可就是鲶鱼们的天下了，小鱼在夜晚会停留在岸边，而鲶鱼捕食是不需要用眼睛的，它们的触须完全能在昏暗甚至黑暗的环境中感知周围的猎物。因此，很多钓友会说：钓鲶钓鲶，要夜钓鲶鱼。

part 8 鳜鱼

鳜鱼的生活习性

鳜鱼的捕食方法不同于其他的肉食性鱼类，它常常隐蔽在水生植物的枝蔓处和根部，或潜伏在水下的土坎、涵洞旁，有时也藏身于乱石沟缝之间。鳜鱼喜欢一动不动，像块石头一般，并以它身上的斑块来迷惑其他鱼类，使之失去警惕。当路过的鱼、虾游至近旁，它就突然猛扑上去，将它们擒住。

钓鳜鱼选择地点至关重要，钓点一般必须具备两个条件：一是水流湍急，二是水底布满岩石，有岩缝。因为岩石是蚌、螺、蚬聚集的场所，这类动物栖息地又是河虾的生活区域，密集的河虾为鳜鱼提供了天然的食料，必然会引来鳜鱼群居。

钓鳜鱼的饵料

钓鳜鱼以活虾为饵最佳，活虾可在市场上购买，也可提前备一小网放入皮糠等物，在垂钓鳜鱼前诱捞河虾当钓饵。虾以个体中等、长4~6cm为宜；钩用普通鲫钓钩即可；可不用鱼漂；线宜长，一般比竿长0.5~1m为宜；坠子应重。钓时，将鲜虾背部挂住，注意不要弄伤虾的内脏。挂好饵后将钩甩出。手握钓竿让活饵在水底缓缓前进，当感到竿梢下弹有震动时，迅速提竿。提竿的时机必须把握好，太晚则饵钩容易进入鳜鱼胃中，极难取出。取钩时要特别注意，防止被鳜鱼鳍腺刺伤中毒；可将鱼平放地面用脚踩住，再趁势将钩退出。

小泥鳅也是钓鳜鱼的常用饵之一，但在挂钩时应将钩从泥鳅的一侧背部皮肤扎入，至脊背另一侧穿出，以保证泥鳅能在水中牵引钓线自由游动。钓鳜鱼时，若挂漂垂钓，当鱼漂沉入水中（黑漂）后即可提竿，此时多半可中鱼。

泥鳅装钩法

用活泥鳅为饵时，因泥鳅表皮厚且结实，只需在背部下钩，穿过一层表皮即可。

活虾装钩法

用虾装钩，需用活虾，选用体长4～6cm的虾，将钩紧贴硬壳从其背部穿过。

钓鳜鱼的方法

（1）加坠钓。钓饵参见前文，或用小虾从尾部的上端钩入，但钩上系坠，不用鱼漂，垂钓时将钓钩轻轻放入钓点，将钓线绷直，再慢慢提起放下；一般提起30cm停住不动，让钓坠牵着鱼饵慢慢游动，待约10秒钟若无鱼咬钩，再向上提30cm，如此反复，最后将鱼饵沉底重新开始。这样操作能够引鱼上钩。此法的特点是不用漂，垂钓者全凭手感提鱼。

（2）打窝钓。用炒香的麦麸加水拌成半干半湿状，抛到近岸处，诱使小鱼前来觅食，小鱼抢食的声音会引来鳜鱼。准备好较轻的钓坠与鱼漂，钓钩挂好鱼饵后放入窝内，并使鱼漂露出部分，鱼若咬钩则漂沉下，即可提竿钓起。若“无鱼问津”，可上下轻提钓线或左右移动，诱鱼咬钩。此法提竿宜慢不宜快，以便使鱼将钩吞牢。

（3）甩竿钓。将鱼饵挂好，投入钓点，收线绷紧，将竿在岸边架好，竿梢夹上小铃。如此设置四五支竿，一旦铃响即可观察竿梢，如竿梢下弯或有大的震动即应扬竿、收线、提鱼。

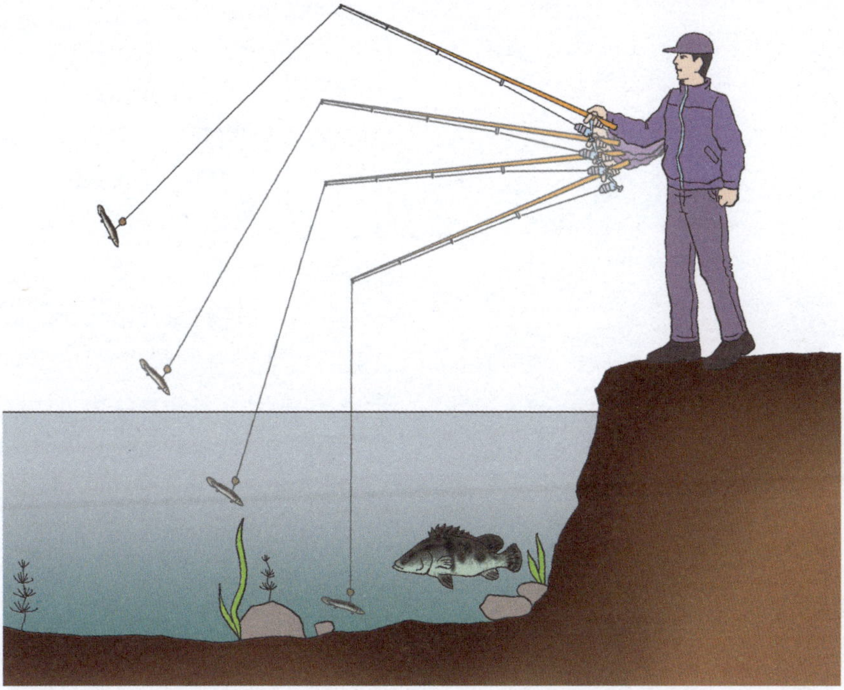

巧钓鳜鱼法

垂钓时，垂钓者首先根据钓点的水深，确定所需钓线的长度。一般来说，钓线应比水深长一倍。钓线长度确定后，要使穿好泥鳅的钓钩准确到达钓点，需将钓钩投在钓点前方1m处或更远些的水面。钓钩落水后，泥鳅会因为其特有的习性向水底暗处下潜，这时垂钓者要缓缓回拉钓线，引导泥鳅钻向选定石缝或钓点附近可隐藏的地方。当垂钓者感受到明显的下拽力量时，应及时提竿。此时，鱼会猛力从隐藏处冲出，并奋力逃窜，垂钓者应及时放线遛鱼。若鱼迟迟不咬钩，垂钓者可提起钓钩稍改变位置。

part 9 甲鱼

甲鱼的生活习性

甲鱼又名为“团鱼”“脚鱼”“水鱼”“鳖”“王八”等。其外形特征是形似乌龟，吻突尖长；头形似蛇，背腹是柔软的革质皮肤；背呈灰绿色，边缘有厚实的裙边；趾间有蹼，趾上有爪。

甲鱼主要生活在水中，是用肺呼吸的两栖动物。在我国，从南到北均有它的栖息地。它喜欢生活在岸边有沙滩或土坡的水域里。

甲鱼摄食和生长的适宜水温是20～33℃。15℃以下停止进食。因此钓甲鱼适宜的季节是每年4～10月。夏秋之间最好。

甲鱼寿命很长，俗话说“千年王八万年龟”，即形容其生命悠长。它生长缓慢，自然环境中，1.5kg重的甲鱼，需要五冬龄以上才能长成。

甲鱼的视觉、听觉非常灵敏，也有人认为甲鱼视觉强、听觉弱，一旦看到有人形等可疑物立即藏入水底。实际甲鱼胆小，警觉性极高，不管什么动静都会引起其警觉，多半会选择立即藏入水底不敢摄食。所以钓甲鱼要保持安静，避免身影晃动，垂钓者最好选择自然屏障，如灌木丛、大树、高芦苇丛等。也有人在没有天然屏障时，用绿塑料布搭好帐篷，挖一小孔，垂钓者躲在塑料布后面观察鱼漂，以不惊动甲鱼。

甲鱼一般有三喜和三怕。一喜水活水肥，二喜环境宁静，三喜太阳；一怕水浊，二怕受到惊扰，三怕大风。甲鱼多有晒太阳的习惯。当水温降到10℃以下时，甲鱼会潜入水底泥沙中冬眠，时间一般从11月到次年3月。当水温上升到15℃以上时，甲鱼才会苏醒摄食。

甲鱼在水底爬行时，水面常冒出细密成群的小泡，垂钓者可以借此判断水下有甲鱼，进而找出其行进路线，并据此进行垂钓。另有几条发现水下甲鱼的方法，详见下文。

发现甲鱼的要领

（1）看鱼星，即水下泛起的气泡。甲鱼在水底爬行时，水面必有气泡泛起。甲鱼的气泡密集，多呈双行带状或圈状，大小不等、移速缓慢、消失迅速，发现此种气泡说明水中有甲鱼。

（2）看浮头。风平浪静的炎热天气，甲鱼常浮上水面吸氧，俗称浮头。但它的警惕性甚高，稍有风吹草动便迅速潜入水中，因此垂钓者发现浮头的甲鱼不宜立即施钓，可记取位置，做好准备后择日来垂钓。

（3）看足迹。甲鱼在白天岸边寂静时，常爬上岸来晒太阳，夜晚上岸捕食昆虫、幼蛙等；繁殖期间，雌性甲鱼多在夜晚上岸打穴产卵，产后护卵。这样爬上爬下、进进出出，岸上必留足迹。甲鱼上岸的路径通常不超过10m，故垂钓者不必找寻过远。

钓甲鱼选择的钓具

钓甲鱼所用的钓竿长度和钩号大小均与钓鲫鱼相同。但甲鱼吃钩后，提竿时它往往四足抓地，缩头入腔形成较强的坐力。因此，与钓鲫鱼比较，钓甲鱼的竿梢要硬些，钩丝要粗，钓线拉力要大些，否则易折钩断线。

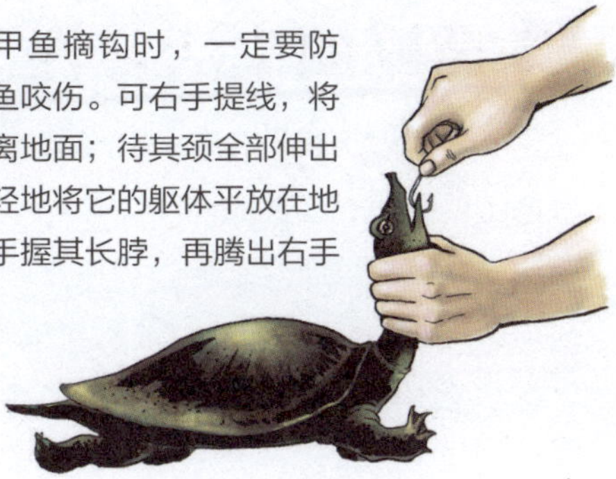

给甲鱼摘钩时，一定要防止被甲鱼咬伤。可右手提线，将甲鱼提离地面；待其颈全部伸出后，轻轻地将它的躯体平放在地面，左手握其长脖，再腾出右手摘钩。

甲鱼的钓（捕）法

（1）针钓法。用一小把3cm长的缝衣针，在每根针的中间部位锉一个圆槽，在圆槽里拴一根锦纶线，线长1.5m；再准备一根长3m的竹竿，竿的一头做一个带铅丝的小钩。操作时，针上拴生猪肝或蚯蚓，猪肝要切成长条形，将针从猪肝条的中段戳进猪肝条的一头，针刺出肝条一小半；接着用手捏住猪肝条上面的针尖，将多余的针体刺入猪肝条的另一头。这样整个针都穿入猪肝条，只有中间拴线部分露出；然后用一条黑线把猪肝条和针捆缠结实。垂钓时，将带猪肝饵食的针用竹竿前面的铅丝钩住，伸竿到钓位；将竹竿插在河岸固定好。可在一个水域中投放几根竹竿，来回检查上鱼情况。

（2）钩钓法。甲鱼吞钩时常是吞吞吐吐达3～5次之多，待第三次吞时，垂钓者应立即提竿，否则它觉得咬不动后会弃钩而走。摘钩应快，具体方法见上图，待从其口中摘下钓钩后，速将甲鱼放入鱼篓。

（3）笼捕法。用竹子或柳条编成肚大、颈细的笼子，备用；另编一漏斗状、有倒须的笼盖。笼内放入猪肝条或鸡血泡过的豆饼，以鸡血拌麸皮也可；饵料用纱布包好固定在笼内，再将有倒须的笼盖盖好，并固定；将笼沉入有甲鱼出没的水域。甲鱼闻到腥味后就会钻进笼内，一旦进入就难以逃出。垂钓者可头天晚上放笼，次日清晨取笼。可在笼内放一块石头，以利其沉底。

（4）捕捉法。夏日人们常去水库、湖泊、河流游泳，以锻炼身体，有时会踩到既不是石头又不是泥沙的硬物，此时可弯腰沿脚探摸，当确定是甲鱼时，就可以用手插入甲鱼体下，用拇、食二指卡住甲鱼后，再抬脚，将甲鱼移出水面。

part 10 黄鳝

黄鳝的生活习性

（1）喜爱洞穴生活。黄鳝常利用天然水体中的缝隙、石砾间隙和漂浮在水面的水草丛作为栖息场所。它们喜欢在水体的泥质底层或埂边钻洞穴居。钻洞时，其动作相当敏捷，很快就可钻入土中。黄鳝洞多呈圆形，洞长为其体长的2.5~3.5倍。洞道弯曲，多分岔，每个洞穴至少有2个洞口，一般相距60～90cm。洞口光滑，其中必然有一个洞口在水中，供其外出觅食或作临时的退路；另一个洞口通常离水面10～30cm，便于其呼吸；在水位变化大的水体中，有的黄鳝洞甚至有4～5个洞口。黄鳝并不完全需要依靠洞穴生活，挖掘洞穴是为了越冬、夏蛰等需要。

（2）避光喜暗。黄鳝眼退化，并为皮膜所盖，视觉极不发达，其习性是避光喜暗、昼伏夜出。晚上，黄鳝常守候在洞口或出洞捕食，阴雨天也不例外。渔民常利用此特性，在夜间用灯光照捕黄鳝。黄鳝的嗅觉和皮肤触觉灵敏，为觅食的主要器官。

（3）喜温暖。黄鳝为变温脊椎动物，体温随外界温度的变化而变化。水温高则黄鳝藏身于洞穴中，水温低则停食，钻入20～25cm深的泥土中越冬，达数月之久。当水温上升到10℃以上时，黄鳝开始外出觅食生长。

（4）比普通鱼类更耐水中低氧。黄鳝的鳃退化，从水中呼吸溶氧的能力大大下降，但其口咽腔内壁黏膜有直接呼吸空气的功能。黄鳝可竖起前半段身体，将吻端伸出水面，鼓起口咽腔直接进行呼吸。若水体的水位过高，黄鳝头部无法伸出水面，时间长了易缺氧致死。整体而言，黄鳝比一般鱼类耐低氧，这一特征也决定了其宜居环境，是垂钓者在垂钓时必须考虑的因素。

寻找黄鳝洞穴的方法

想成功钓取黄鳝，找到其藏身之处很关键，因此，寻找鳝洞是钓黄鳝最重要的一步。

1. 观察

（1）观察水质。到达一个新钓场，应先观察这一水域是否具备黄鳝的生存条件，通过闻水是否有臭味，看水源是否被污染，是否有水生动物如虾、蟹、鱼、昆虫等在此水域中生活，以确定是否具备垂钓黄鳝的可能。

（2）远距离观察。如果此处具备黄鳝的生存条件，那么开始进行实质性观察。可沿整个堤岸进行一次轻声细脚的巡视。通过观察，基本能侦察到3类黄鳝，即浮头鳝、护崽鳝和打洞鳝。浮头鳝喜欢在清晨至上午八九点钟这段时间里将头探出鳝洞或探出水面直接吸氧，由于这样的黄鳝通常都是大黄鳝，所以目标总是很鲜明的。护崽鳝将鳝头探出水面时，垂钓者当然也能看到其身体，但更多的时间，母鳝会潜伏在洞口护崽。由于母鳝需要不断地吸气然后对崽鳝进行供氧，就会在洞穴的上方形成一团黏稠的泡沫，这恰恰暴露了母鳝的位置。最后一类，黄鳝打洞时不可避免地要将底层水搅浑，同时也会泛起气泡，这是非常明显的目标，打洞鳝往往都是大黄鳝。通过远距离静态观察，基本确定这些黄鳝的钓点，再选择合适的时机一一钓之。

（3）近距离观察。在对一钓点施钓前忌盲目行动，在近水面时或下水前，垂钓者须再进行一次近距离观察，主要是确定在那个钓点旁边是否还有其他鳝洞存在；由于相邻很近的两个洞穴一般只能取其一（钓起一条时总会惊走另一条），所以碰到相邻鳝洞时二者选其大，即拣大的黄鳝钓；如果鳝洞间相隔较远（1m以上），可由近到远，逐一钓之。

2. 探穴

探穴是指用手对目不能及的洞底进行探索，以探明鳝洞在水下的具体位置。常见可探位置有均匀相间的芦根间、成丛的茭白根旁、水花生下，特别是水花生根与河泥的连接处。探穴的具体做法，是垂钓者将五指自然分开，然后放松指关节，注意力集中在指尖上；通过手指对洞口内壁的触摸还可评估出黄鳝的大小，因黄鳝一般比洞口大。若手指刚好划过泥面，哪个手指感觉接触不到泥面了应立即停住，然后将接触不到泥面的手指缓缓下探，直至用手指大体勾勒出洞口大小。

总之，钓黄鳝的方法不同于垂钓其他鱼类，所用的钓具也不同。钓鳝鱼时多采用探钓法垂钓。

鳝钓钩

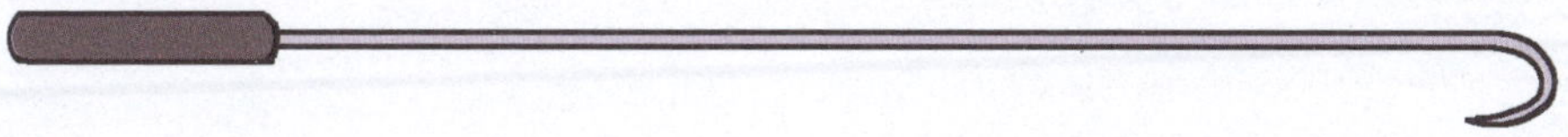

探钓法的钓具是一副特制的鳝钓钩。这种钓钩一般都是自制而成。选一根长0.5m、直径1.2~1.5mm的钢丝，将一端磨尖，弯成钩形，不要倒刺。钢丝的另一端弯成圆环形或安装一木柄，便于手握。

使用时，钩尖上挂饵（钓饵一般选比筷子细些的青蚯蚓），钩尖穿过蚯蚓后外露；随后将钩尖探进洞内，送饵时要拉动饵钩，当手感到有拽拉力量时，垂钓者要推送一下钢丝钓钩，再顺势转腕，使钩尖朝下，这样便能勾住黄鳝的下颚，将其从洞内拉出。

part 11 黄鱼

黄鱼的生活习性

黄鱼肉质鲜美，是我国北方沿海一带所产的鱼种之一，也是很多钓友选择海钓时的对象鱼。

黄鱼属肉食性鱼类，主要分布在我国辽宁、山东沿海一带，属于沿海礁石附近的底层鱼类。它们喜欢栖息于岩礁地带、石头滩周围及海草中。黄鱼经常一动不动地隐藏在阴暗处，当有饵料落下时，它们会迅速扑向食物，摄食完毕再返回原处。每年的3~5月、10~11月都是钓黄鱼的好时节。

钓黄鱼的饵料选择

因黄鱼是肉食性鱼类，钓饵最好选择沙蚕、小虾、蚬子肉等荤饵，也可以用鱼肉当钓饵，但用鱼肉的上钩率要差一些，尤其钓小黄鱼时更为明显。

黄鱼的钓法

（1）礁石探钓法。选择此种方法，能将钓点定在那些礁石陷进去的地方是最好的，如洞穴，呈堆集状的岩石、石块的周围等。垂钓者将钓钩放下后，再稍微上提钓线，令饵料稍微离开海底，然后慢慢地上下移动钓竿，使饵料在海水里呈自然状态，以诱鱼上钩。如很长时间无鱼上钩，垂钓者可采取打窝的方式诱鱼。根据黄鱼的摄食习惯，可在礁石附近采集海蛎等，砸碎后投到垂钓点作为诱饵，这是提高礁石探钓法上钩率的一个技巧。

（2）船钓法钓黄鱼。船钓为垂钓者寻找好钓点提供了有利条件，因为渔船可远离海滨，去往别人没有到过的地方垂钓，能有效提升垂钓效果。此种方法选取的钓具要依海域而定——在浅海垂钓，竿长些有利；在深海垂钓则相反，应使用短钓竿为好。不管哪种情况，船钓都应选软竿；钓坠选锤形或薄片形更好。此外，要根据海流的速度和海水的深度来确定钓坠的重量。大体而言，在浅水和没有海流的地方，选择轻一些的钓坠为好。

因黄鱼的警戒心非常强，即使已咬钩，如果它感觉异常，也可能会把饵料吐出来；因此，垂钓黄鱼时，钓饵上的钩尖最好不外露。由于黄鱼多在饵料飘然下落或慢慢上升时冲出摄食，所以，当垂钓者刚手感有鱼咬钩时，钓线要放松一些，使鱼不产生异样感，稍等几秒，待鱼已将钓饵实实在在咬住之后，垂钓者再提竿取鱼，这样更为稳妥。

part 12 带鱼

带鱼的生活习性

带鱼又叫牙鱼、刀鱼、裙带鱼等，为近海中上层暖温带鱼类，是我国四大海域主产鱼之一。带鱼喜栖息在距岸20~40m的近海，繁殖期间则游向距岸15m左右的浅海，冬天多栖息在距岸30m左右的深水区。

因带鱼喜温水，白天喜爱海底有微光的泥沙处，黎明和黄昏时则进入水体中上层。带鱼常常群聚后垂直移动，以捕食小鱼为主。在钓带鱼时，找到带鱼活动的水域和水层是关键，一旦找到，上钩率非常高。垂钓者一般选择距岸10~20m的近海浅水区为钓点，需利用渔船垂钓。

钓带鱼的饵料选择

带鱼凶猛贪食，几乎全年、全天均可摄食，其对饵料几乎来者不拒，所以钓带鱼时一般不需要用诱饵打窝。带鱼是肉食性鱼类，用各类小鱼、虾、软体动物等作为钓饵，在垂钓效果上几乎没有太大差异。

带鱼的钓法

（1）探钓。探钓的前提是垂钓者要能找到带鱼群，然后再施钓。由于带鱼个体不大，垂钓者可备短竿，长2m左右即可，配中型绕线轮，主线线径0.4mm，用中号钓钩，最好配双钩。因带鱼凶猛，牙齿十分锋利，普通子线极易被其咬断，因此垂钓带鱼的子线要用金属线，钓坠可用吊钟坠。

探钓时，垂钓者首先在钩上装好钓饵，再将钓钩甩入水中，使其沉入水底；随后将钓线绷直，然后不断地提竿、放下，重复多次。若没有鱼咬钩，则可将钓钩回撤3~5m，再行探钓，直至钓钩被拉至表层水面。

（2）拖钓。船在行进过程中，将钓钩投入水中；随着船的移动，钓饵犹如活饵，这样能刺激带鱼咬钩。拖钓一般不用钓竿，只需准备1个绕线架，上绕直径0.5~0.6mm、长50m左右的主线；子线要用多股不锈钢丝或铜丝做成；钓钩则配特制的长柄带钓钩，多用双钩，配20g左右的钓坠较为合适。

装好钓饵后，垂钓者顺船将钓线沉入水底，然后开船行进。一次可投放多根钓线。为避免钓线缠绕，尽量让船直线前进，不能拐急弯。垂钓者可坐在绕线架附近，手持钓线，若手感沉重，说明带鱼上钩了，此时可快速提线收鱼。

操作时垂钓者切忌离船弦太近，以免因船身倾斜发生危险。

含章新实用

美食菜谱 / 中医理疗

阅读图文之美 / 优享健康生活